Michel Drac

TRIANGULATION

Repères pour des temps incertains

Michel Drac

Essayiste non-conformiste, **Michel Drac** s'efforce de construire une grille de lecture originale de notre présent, pour esquisser notre devenir. Sa méthode : ignorer toutes les injonctions du politiquement correct, abolir toutes les barrières artificielles qui encagent notre réflexion, et réapprendre à énoncer le négatif pour rendre possible de nouvelles synthèses.

Triangulation
Repères pour des temps incertains

Première publication : Le Retour aux Sources, 2015

Publié par Le Retour aux Sources
www.leretourauxsources.com

Remerciements :

Je remercie les organisateurs des trois conférences regroupées dans cet ouvrage : d'une manière générale l'association Égalité & Réconciliation, et plus particulièrement les sections de Nancy, Bordeaux et Strasbourg.

Je remercie également Gabriele Adinolfi et Pierre Hillard, pour nos conférences communes à Nancy et Bordeaux, ainsi que Lucien Cerise, qui a réagi à ma conférence de Strasbourg. Nos désaccords ont nourri ma réflexion.

Sans eux tous, ce livre n'existerait pas.

« *Je donne mon avis, non comme bon mais comme mien.* »

Michel de Montaigne

1. Introduction

1.1. Genèse

En 2014, j'ai donné trois conférences organisées par l'association Égalité & Réconciliation, à Nancy en mars, à Bordeaux en juin, et à Strasbourg en novembre. À Nancy, en compagnie de Gabriele Adinolfi, nous avons parlé de stratégie de la tension. À Bordeaux, avec Pierre Hillard, il a été question de géopolitique : « Le mondialisme, enjeux et perspectives ». Enfin, à Strasbourg, j'étais seul pour parler d'économie : « Vive la faillite – la situation de l'économie française et ses implications politiques à court terme ».

Politique intérieure, géopolitique, économie : il manque la sociologie, la démographie et l'écologie pour balayer l'ensemble des champs dont l'examen est nécessaire pour circonscrire la situation d'une société humaine. Mais les trois axes abordés suffisent en tout cas à construire une *triangulation*. Voici la localisation d'un objet, la France, dans un espace à trois dimensions – choisies, il est vrai, assez arbitrairement.

Dans quel ordre présenter ces interventions ?

Celui dans lequel elles ont été prononcées n'est pas forcément le plus favorable à leur mise en perspective.

Pour une puissance moyenne comme la France, le sens des déterminations coule sans doute de la géopolitique vers l'économie, et de là vers la politique intérieure. On lira donc les trois conférences dans cet ordre, qui conduit des causes les plus générales aux conséquences les plus particulières :

1. « Le mondialisme, perspectives et enjeux »

2. « Vive la faillite ! – L'état de l'économie française et ses conséquences politiques à court terme »

3. « La stratégie de la tension »

Autre question à trancher : comment transcrire l'oral à l'écrit ? Faut-il se contenter d'un verbatim ? Doit-on reformuler ?

Profitons de la position du conférencier. Elle présente cet intérêt qu'on peut, en parlant, observer les réactions de son public. On sait, en regardant la salle, si l'on est compris ou pas. On devine les passages où décidément on se montre fâcheux à force de lourdeur.

C'est pourquoi j'ai repris dans cet ouvrage le texte des conférences sans le modifier fondamentalement. Je n'y ai introduit que les rectifications qu'exigeaient quelques impropriétés, redites et imprécisions, tolérables à l'oral mais rédhibitoires à l'écrit. Ici ou là, au détour d'un paragraphe, j'ai précisé une idée, restée implicite dans l'exposé oral, lorsque cela m'a semblé utile.

La position de l'essayiste présente, de son côté, quelques avantages d'une autre nature. L'écrivain peut plus aisément entrer dans la complexité. Surtout, il n'est pas tenu à la même linéarité que le conférencier. L'écrit permet de hiérarchiser visuellement le propos.

C'est pourquoi, dans cet ouvrage, l'essayiste supplée le conférencier. Lorsqu'il m'est apparu que des compléments importants seraient les bienvenus, je les ai insérés en notes complémentaires.

Le lecteur pourra, à son choix :

- se reporter à ces notes complémentaires depuis le corps des exposés,

- ou au contraire en prendre connaissance après avoir lu l'ensemble des conférences.

Je suggère pour ma part de lire tout simplement l'ouvrage dans l'ordre où il est présenté.

1.2. Objectif

L'objectif de ce recueil n'est pas de fournir des avancées significatives dans les trois domaines étudiés. Les conférences restituées ici n'étaient que de modestes tentatives de synthèse. Mais il est fructueux de les juxtaposer, pour faire surgir en chacune les interrogations que suscitent les deux autres.

Comment, par exemple, le dialogue franco-allemand sur la politique monétaire dans la zone euro interagit-il avec les choix des États-Unis au Moyen-Orient ? À priori, nous avons là des domaines très éloignés. Et pourtant, si l'évolution du prix des hydrocarbures surdétermine les choix monétaires de la BCE, il est clair que tout éloignés que soient ces domaines, ils vont interagir via les questions pétrolières.

Il y aurait un roman fabuleux et interminable à écrire sur les enchaînements de causalité qui peuvent relier une réunion de travail au siège de la Banque Centrale Européenne, une rencontre au sommet entre dirigeants des grandes banques d'affaires londoniennes, une note d'analyse destinée aux plus hauts cadres de la CIA, l'assassinat d'un leader djihadiste en Syrie, un attentat meurtrier dans les rues de Paris, un échange de bons procédés entre services français et russes, la renégociation d'un contrat gazier entre deux pays d'Europe centrale et une seconde réunion de travail au siège de la BCE. Peut-être d'ailleurs, un jour, l'ouverture des archives nous permettra-t-elle d'écrire a posteriori de semblables histoires. En attendant, nous pouvons déjà en peindre la toile de fond.

Cet exercice n'est pas tout à fait gratuit. Nous approchons manifestement d'un moment critique dans l'histoire de notre pays. Pour la première fois depuis longtemps, il devient envisageable qu'en France, un gouvernement de rupture arrive aux affaires, dans quelques années.

Dans ces conditions, nous devons changer de point de vue. Jusqu'ici, la littérature dissidente en France s'est bornée à critiquer le système existant. Mais critiquer n'est plus suffisant : de plus en plus, il faudra être capable de *proposer quelque chose.*

Dans ces trois conférences, il s'agissait avant tout d'essayer de prendre la mesure exacte de la réalité. Je me suis efforcé de tendre à l'objectivité, inatteignable, toujours à poursuivre. C'est que la réalité n'est ni libérale, ni antilibérale, ni socialiste, ni capitaliste, ni fasciste, ni communiste, ni rien qui se termine par un « iste ». La réalité est la réalité. Prendre sa mesure, c'est examiner les données dont on dispose, pour se faire une idée de ce qui est. Et c'est tout.

Un des enjeux des conférences regroupées dans cet ouvrage était précisément de renforcer cette posture intellectuelle dans un milieu dissident en formation, dans et autour de l'Internet français.

La France vit aujourd'hui sous un régime de répression feutrée des opinions dissidentes. En théorie, la liberté d'expression règne. Mais en pratique, une pression diffuse pousse au silence et au conformisme. On ne saurait assimiler la situation à ce qu'on observait jadis dans les systèmes totalitaires. Mais il ne serait pas absurde d'énoncer que la France contemporaine se situe, sur le plan de la liberté d'expression, *quelque part* entre la France des années 1970 et l'URSS de la même époque.

Pour dire les choses simplement, *nous filons un mauvais coton.*

Cette maladie sociopolitique présente toutefois des bénéfices paradoxaux. Aux marges du système, le conformisme ambiant a rejeté une constellation complexe de groupes dissidents. Sur Internet, ces groupes se sont épanouis dans un espace informationnel libre, qui fait aujourd'hui violemment contraste avec l'espace médiatique institutionnel, de plus en plus cadenassé. D'où une configuration très intéressante : l'espace mental collectif est *fragmenté.*

Plusieurs mouvances se combinent sur le web. Le meilleur côtoie le pire, naturellement. Mais l'ensemble forme un intéressant bouillon de culture, dont personne ne peut dire comment il va tourner. Si le pire prend le dessus, il ne sortira rien de sérieux de tout cela. Mais si le meilleur devait prédominer, qui sait ?

C'est l'association Égalité & Réconciliation qui a organisé les conférences dont les textes sont réunis ici. Elle n'est qu'un des groupes qui interagissent dans les marges que le système a renoncé à intégrer. Mais le fonctionnement en réseau de ces milieux fait qu'à travers les évènements qu'elle organise, elle fournit un vecteur vers l'ensemble de l'espace dissident – et vers les quelques centaines de milliers de personnes qui s'y meuvent déjà, si l'on en juge par les chiffres de fréquentation des sites Internet.

C'est pour ces gens que ces conférences ont été prononcées, et pour eux qu'elles sont aujourd'hui éditées. Il s'agissait de contribuer modestement à la réflexion de ceux qui essayent de réfléchir sérieusement, pour le jour venu agir efficacement.

2. Le mondialisme, perspectives et enjeux

2.1. Texte de l'intervention

2.1.1. Enjeux

2.1.1.1. Méthode

Voici un exposé théorique. Je ne chercherai pas à apporter une réponse détaillée à la question de savoir ce que sont les enjeux et les perspectives du mondialisme. Je vous propose plutôt une ligne générale de réflexion. J'espère suggérer une méthode.

Quel que soit le phénomène historique analysé, il y aura toujours quatre façons de le regarder :

☐ On peut se limiter à raconter l'histoire évènementielle. On considère alors que l'histoire est faite par ses acteurs.

☐ On peut s'intéresser plutôt à l'infrastructure. C'est la posture marxienne. On considère alors que l'histoire est faite d'abord par les rapports de production et de consommation induits par les infrastructures matérielles – et par les rapports de classe qui en découlent.

☐ On peut encore adopter l'approche structuraliste. On considère alors la société comme une structure d'ensemble, et on s'intéresse aux relations entre les composantes de cet ensemble, en particulier sous l'angle socioculturel.

☐ Enfin, on peut penser l'histoire à travers une vision mystique. C'est une approche généralement dévalorisée par les universitaires. Mais ceux-ci ont peut-être tort de regarder de haut les mystiques. On se rend compte en effet, à l'expérience, que très souvent, les mystiques perçoivent certaines choses mieux que les analystes prétendument rationnels.

Étudions le mondialisme sous ces quatre approches. Comment peut-on les combiner ?

2.1.1.2. Approche structuraliste

Commençons par reprendre la définition du concept.

Dictionnaire de l'Académie française, mondialisme : « doctrine ou tendance politique visant à l'unité de tous les peuples considérés comme formant une communauté unique. »

Regardons cette définition sous l'angle structuraliste. Qu'est-ce qui frappe en premier lieu ?

Il est clair que le mondialisme est spontanément en phase avec l'air du temps. Dans la plupart des sociétés de la planète, il y a des donnes socioculturelles qui font que cette doctrine est mieux admise que par le passé. La montée en puissance du mondialisme correspond donc *en partie* à un phénomène spontané.

Pourquoi ?

Tout d'abord, nous observons une augmentation générale du niveau éducatif sur la planète. C'est là une chose que nous ne percevons plus très bien en Occident, parce que chez nous, cette augmentation s'est arrêtée. Mais c'est un phénomène majeur à l'échelle planétaire.

En conséquence, on constate une augmentation régulière de la proportion des gens sur terre dont l'horizon s'élargit à l'échelle planétaire. C'est un mécanisme naturel : quand le niveau éducatif monte, l'horizon des populations s'élargit.

Deuxième élément dans la donne socioculturelle qui favorise l'adhésion au mondialisme : l'augmentation des flux migratoires. Une proportion croissante de personnes est issue d'un métissage racial et/ou culturel. Ces gens peuvent sans doute assez facilement percevoir l'humanité comme une communauté unique.

Enfin, et c'est à mon avis le facteur le plus important, nous sommes en train d'assister à une mondialisation des flux d'information. Voilà quelque chose que nous expérimentons tous. Je me souviens très bien que quand j'étais étudiant, l'information dont nous disposions était une information française. Même quand elle venait de l'étranger, elle passait par l'intermédiaire de médias français. Nous avions rarement accès aux médias étrangers. Aujourd'hui, sous réserve de parler les langues concernées, avec Internet, vous avez pratiquement accès à tout ce qui est publié à l'étranger, ou presque.

La formation d'une pré-conscience globale est donc en partie spontanée. C'est un élément à intégrer dans notre réflexion : il ne faut pas forcément *tout* ramener aux stratégies d'acteurs ou aux dynamiques de classe.

2.1.1.3. Approche infrastructurelle

Cela dit, évidemment, il faut aussi s'intéresser à l'approche infrastructurelle.

Dans ce domaine, on constate qu'il y a une raison simple et objective pour qu'une forte proportion des classes dirigeantes dans le monde promeuve l'idéologie mondialiste. C'est tout simplement que cette idéologie justifie le développement du libre-échange, qui, lui-même, introduit dans toutes les sociétés le niveau d'inégalité existant dans la structure globale.

Arrêtons-nous un instant sur ce point.

Les économies égalitaires sont favorisées par des systèmes régulés et protectionnistes, parce que dans un tel cadre, elles peuvent utiliser leur plus grande capacité à ouvrir des marchés solvables. À l'inverse, quand vous mettez en concurrence dans un cadre de libre-échange deux économies dont l'une a un niveau d'inégalité plus fort que l'autre, la libre circulation des facteurs de production, des marchandises et des personnes va favoriser l'économie la plus inégalitaire, parce que c'est celle qui saura le plus facilement jouer sur ses avantages compétitifs. Le libre-échange a donc tendance à pousser les sociétés vers un accroissement de leur niveau d'inégalité interne.

Or, nous sommes dans un contexte général où l'on sait qu'il va être très compliqué de continuer à faire croître la richesse mondiale réelle, parce que le système productif bute sur des limites écologiques. Dans ces conditions, du point de vue des classes supérieures et dirigeantes, le renforcement des inégalités est un moyen de continuer à faire croître leur propre niveau de vie.

L'inégalité est une solution du point de vue de ces classes – d'où le soutien qu'elles apportent au libre-échange, et donc à l'idéologie mondialiste. C'est pourquoi, s'agissant du mondialisme, il n'est nul besoin de recourir à une quelconque théorie du complot pour comprendre les motivations des classes supérieures et dirigeantes. C'est une simple question de logique.

2.1.1.4. Approche évènementielle

Cela étant, ces approches structuralistes et marxiennes ne disent pas toute la complexité du sujet.

Je suis d'accord avec Pierre Hillard pour penser que si on veut vraiment bien comprendre ce qu'est le mondialisme, il faut s'intéresser à l'approche évènementielle sous l'angle géopolitique. Je pense que c'est l'approche clef dans le contexte général que je viens de décrire.

2.1.1.4.1. Les mondialismes, faux-nez des impérialismes

Pour commencer, une remarque sur les conséquences de la définition du mondialisme du point de vue de la structure politique générale. Lorsqu'on évoque « l'unité de tous les peuples considérés comme formant une communauté unique », on entretient une ambiguïté. Est-ce qu'on parle d'une communauté unique des peuples, chacun d'entre eux constituant une communauté distincte ? – Une communauté de communautés, en somme. Ou est-ce qu'on considère l'hypothèse d'une communauté planétaire dont la brique de base serait l'individu, tous les peuples ayant vocation à se fondre dans cette communauté unique globale ? Cette question reste pendante dans la définition du terme. Et de fait, ce non-dit existe dans l'idéologie mondialiste actuelle.

On ne nous dit pas clairement de quoi il s'agit quand on nous parle de gouvernement mondial. Beaucoup de gens en parlent. Jacques Attali ne peut pas dire trois phrases sans employer cette expression. Mais qu'est-ce qu'il veut dire par là ? Parle-t-il d'un gouvernement coordonné à l'échelle globale entre des États démocratiques ? D'une gouvernance globale qui impose ses décisions aux échelons intermédiaires ? D'une disparition pure et simple de ces échelons intermédiaires ? On ne sait pas. On reste dans l'ambiguïté.

Si on réfléchit à l'instrumentalisation potentielle de l'idéologie mondialiste dans un système géopolitique quelconque, on arrive à la conclusion que cette ambiguïté ouvre la porte à un glissement spontané [*Voir note 2.2.1. Sur le concept de communauté globale unique*]. Et là encore, il est tout à fait inutile de recourir à une quelconque théorie du complot pour arriver à cette conclusion. Ce glissement peut être indépendant de la volonté des acteurs. Ils sont forcément tentés de jouer sur l'ambiguïté, car elle renvoie à leurs dynamiques spontanées.

Arrêtons-nous un instant sur ces dynamiques.

Dans un monde à plusieurs acteurs, il y a toujours un acteur qui est plus puissant que les autres. Cet acteur le plus puissant est amené à jouer les juges de paix. Les autres acteurs se tournent en effet vers lui : « Tu es le plus puissant, tu es capable d'imposer tes décisions, aide-nous à organiser les choses ». Donc cet acteur le plus puissant prend des décisions. Et inévitablement, ses décisions vont faire des heureux et, aussi, des mécontents.

Ces derniers diront : « Ce juge de paix ne prend pas les bonnes décisions, et donc je vais me mettre en situation de contester ses décisions. Comment faire cela ? Eh bien, cherchons le numéro deux dans l'ordre des puissances. Allons demander à celui-là : es-tu content de ce que fait le numéro un ? Ne voudrais-tu pas être numéro un à la place du numéro un ? Oui ? Eh bien, montons une contre-coalition. »

Voilà une chose qui ne peut pas ne pas arriver. Dans n'importe quel système à plusieurs puissances, il y a une coalition autour du numéro un, et une contre-coalition autour du numéro deux.

Ce mécanisme implique que pour la puissance dominante, la paix n'est pas possible. Elle sera forcément contestée. Elle aura forcément une contre-coalition en face d'elle. Elle n'a donc que deux possibilités : ou elle renforce sans cesse sa propre coalition, ou elle accepte de renoncer à sa place de numéro un. La paix n'est possible que pour les puissances petites et moyennes. Pour les très grandes puissances, structurellement, elle ne peut pas durer.

Pour renforcer une coalition, il existe diverses méthodes. Une d'entre elles consiste à construire une idéologie partagée par tous les membres de la coalition. Or, la puissance dominante, si elle parvient à unifier le monde, y imposera ses normes et règles. L'idéologie de cette puissance prônera donc l'unification du monde. Ce sera un *mondialisme*.

C'est là un phénomène constant dans l'histoire. Tous les empires [*Voir note 2.2.2. Sur l'idée d'empire et 2.2.3. Sur la typologie des idéologies impériales*] sont mondialistes. Ils ne le sont pas tous à la même échelle, parce que tous n'ont pas évolué dans des mondes de la même taille. Mais ils sont tous mondialistes.

Naturellement, dans l'optique de puissance qui est celle de la puissance dominante, le monde unifié ne saurait être administré par un gouvernement des peuples se coordonnant. Ce sera forcément un gouvernement imposant le point de vue de la puissance dominante. Encore une fois, celle-ci n'a pas le choix : elle est condamnée à dominer. Sinon, elle perd la prédominance qui fait très largement sa substance.

Tous les empires fonctionnent ainsi. Et au fond, tous les mondialismes sérieux, qui prétendent *réellement* unifier le monde, sont fondamentalement, toujours, les faux nez des *impérialismes*.

2.1.1.4.2. Essence de l'impérialisme anglo-saxon

Cette remarque d'ordre général implique que nous devons adopter un certain point de vue sur la critique de l'empire auquel nous sommes aujourd'hui confrontés. Si elle veut être efficace, notre critique doit s'exonérer de toute appréciation de valeur sur l'idéologie de cet empire. Ce n'est tout simplement pas le sujet [*Voir note 2.2.3. Sur la typologie des idéologies impériales*].

L'idéologie actuelle du mondialisme est, on le sait, l'idéologie des Droits de l'homme. Il est relativement peu utile de démontrer le caractère absurde de cette idéologie, car en fait, elle n'est pas là pour faire ce qu'elle dit qu'elle fait. Elle est là pour cautionner un impérialisme, et c'est dans ces termes-là, dans les termes de l'impérialisme, dans les termes des rapports de forces, qu'il faut analyser cette idéologie. Tout le reste n'est que rideau de fumée.

D'où vient l'empire que nous affrontons ? Deux mots à ce sujet. Les Français, je crois, ne se représentent pas bien l'origine de l'empire qui est en train de les assujettir.

C'est un empire anglo-saxon. Donc, si on veut le comprendre, il faut réfléchir à la manière des anglo-saxons. Or, les anglo-saxons ne pensent pas tout à fait comme nous.

Nous, latins, avons une certaine tendance à ramener les phénomènes à des explications d'ordre général. Il nous faut rechercher la cause universelle d'une chose. S'il se passe quelque chose, il faudra dans notre esprit que, derrière ce quelque chose, il y ait « l'humanité », « l'homme », « la nation », ou d'autres grands concepts de cet ordre.

Ce n'est pas ainsi que les anglo-saxons réfléchissent. Leur pensée est plus empirique, et c'est en fonction de cet empirisme qu'il faut analyser la constitution de leur empire.

Cet empire a changé plusieurs fois d'idéologie. Il s'est constamment adapté pour produire l'idéologie à caractère mondialiste ou pré-mondialiste qui lui convenait le mieux, à une certaine phase de son développement.

Mais sa substance, elle, n'a guère varié. Sa substance, en effet, n'est pas du tout son idéologie. Sa substance est ailleurs.

Les Français ont tort quand ils essayent de ramener cet empire à la réforme protestante du XVI° siècle ou aux Lumières du XVIII° siècle. C'est là une vision française, qui vient du fait que nous ramenons tout à l'universel.

En fait, l'origine de l'empire anglo-saxon contemporain se situe entre ces deux périodes, au XVII° siècle. L'empire britannique, qui est à l'origine de l'impérialisme américain contemporain, s'est constitué d'une part par la victoire de l'Europe du nord sur l'Europe du sud, et d'autre part, au sein de l'Europe du nord, par la victoire de la Grande-Bretagne sur la Hollande. C'est alors que cet empire a succédé à l'empire hispano-portugais comme puissance dominante productrice de l'idéologie impérialiste européenne.

Par le traité de Tordesillas, en 1494, déjà, on avait vu les empires espagnols et portugais se partager le monde. C'est que, dès que les européens eurent la navigation hauturière, ils pensèrent le globe comme quelque chose qu'il fallait conquérir.

Et il y eut donc, déjà, avant l'Empire britannique, une idéologie européenne tendant à justifier la création d'un empire planétaire. En l'occurrence, c'était le catholicisme d'État de l'Europe du sud. Une idéologie qu'on peut approuver ou pas, bien sûr – mais encore une fois, là n'est pas la question.

Officiellement, il s'agissait de propager la Foi partout dans le monde. En réalité...

L'empire hispano-portugais priorisait les intérêts de ses classes supérieures. Ceux-ci se confondaient très largement avec l'empire colonial espagnol en construction dans l'espace océanique. L'Europe du sud venait en effet d'entrer en crise à cause de la rétraction de l'espace méditerranéen, consécutive à la montée en puissance de l'Empire ottoman.

Ainsi, l'empire espagnol et portugais s'est étendu sur l'Amérique du sud. Et au passage, qu'on me permette ici de mentionner un détail amusant. Le premier empire amérindien détruit au cours de ce processus fut l'empire aztèque. Or, cet empire s'appelait, en langue nahuatl, « Cem Anahuac », c'est-à-dire « Toute la terre entourée d'eau ». Ainsi, le petit empire aztèque avait incubé une sorte d'idéologie mondialiste à l'échelle du Mexique central. C'est que, dans l'histoire, il n'y a pas d'un côté les bons et de l'autre les méchants. Il y a des forts et des faibles, et les forts se succèdent au pouvoir : voilà de quoi il s'agit.

Après la conquête de l'Amérique, il est arrivé à l'empire espagnol ce qui arrive souvent aux empires : il est mort de sa victoire. Les Espagnols avaient mis la main sur des flux de métaux précieux tels que les classes dirigeantes espagnoles se sont désintéressées de l'économie productive de la métropole. Pendant un certain temps, ce fut la fête, parce que les Espagnols avaient capté 80% des flux de métaux précieux du monde. Et puis le jour où les mines ont été épuisées, l'Empire espagnol s'est retrouvé vidé de sa substance productive réelle, tandis que sa source de monnaie artificielle avait disparu. Voilà un fait historique, soit dit en passant, qui devrait inspirer de salutaires réflexions à certains dirigeants actuels !

Une fois l'empire espagnol affaibli, s'est imposé l'empire britannique. Voilà donc qu'entre en piste notre protagoniste principal.

Cet empire a gagné le droit d'exister d'abord en résistant à la tentative des Espagnols de l'écraser dans l'œuf, à la fin du XVI° siècle. Puis il s'est constitué au XVII° siècle dans une séquence que je vais très rapidement vous balayer. C'est cette séquence qu'il faut bien connaître si on veut comprendre l'essence de l'impérialisme anglo-saxon contemporain.

L'affaire commence vers 1640 quand, à Londres, la monarchie Stuart fait faillite une première fois. En effet, si l'économie britannique se porte bien, la monarchie est pauvre. Celle-ci incarne le pouvoir de ce qui sert à l'époque d'aristocratie en Grande-Bretagne : la classe possédante de la terre. Or, la bonne santé économique de l'Angleterre profite surtout à une nouvelle classe possédante, qui monte en puissance : les marchands. D'où la faiblesse financière de la monarchie : elle ne parvient pas vraiment à capter la richesse de la nouvelle classe possédante. Fondamentalement, la monarchie Stuart, c'est le parti des perdants sur le plan économique.

Avec la faillite de 1640 s'ouvre une séquence de guerre civile, à l'occasion de laquelle le Parlement va arracher le pouvoir au roi. Celui-ci finira décapité – à plus d'un titre, la première révolution anglaise du XVII° siècle préfigure notre révolution de 1789, survenue 150 ans plus tard.

Il y a une idéologie derrière la victoire du Parlement. C'est l'idéologie puritaine de la *New Model Army*. Elle est incarnée par un homme : Oliver Cromwell. Pendant un temps, il sera le dictateur de l'Angleterre – une étape dans un processus.

L'idéologie puritaine n'est qu'un outil. C'est un moyen de détruire l'idéologie de l'ancienne classe dirigeante. Il faut bien comprendre une chose : quand Cromwell disait qu'il allait délivrer la Grande-Bretagne de ce qu'il appelait l'idolâtrie papiste, il s'agissait en réalité de détruire le système idéologique de cautionnement de l'ancienne classe dirigeante. Il est probable que Cromwell lui-même ne se représentait pas les choses ainsi. Religieusement il était vraisemblablement sincère. Mais dans les faits, son idéologie servait à détruire le fondement de la domination que, politiquement, il entendait anéantir.

C'est ce qui explique la rapidité avec laquelle, une fois Cromwell mort et son œuvre de destruction accomplie, la bourgeoisie britannique ascendante s'éloigna du puritanisme. L'idéologie, décidément, n'était qu'un outil. Une fois qu'on eut utilisé cet outil, on le jeta.

Il faut admettre que l'empire anglo-saxon, en fait, n'a *jamais* été protestant en profondeur. Ce n'est pas sa vraie nature. Le protestantisme a été utilisé par la bourgeoisie ascendante pour se saisir des biens de l'Église, car la grande affaire de la conquête du pouvoir par le Parlement, à l'époque, en Angleterre, est surtout là.

Pourquoi, au XVII° siècle, les marchands veulent-ils les biens de l'Église ? Eh bien pour des raisons logiques de leur point de vue : ils souffrent à l'époque de la concurrence hollandaise, parce que les flux financiers sont captés par Amsterdam. Les taux d'intérêt dont bénéficient les marchands hollandais sont plus bas que les taux d'intérêt dont bénéficient les marchands anglais. Mettre la main sur les biens de l'Église, c'est d'abord un moyen de faire rentrer de l'argent dans l'économie marchande anglaise, et donc de faire baisser les taux d'intérêt.

Telle est la substance profonde de l'empire anglo-saxon, dès son origine. C'est une affaire d'argent et de taux d'intérêt. C'est l'Empire de l'émission monétaire. *C'est l'Empire de la Banque.*

Une fois Cromwell mort, on replaça la dynastie Stuart à la tête du pays, car elle constituait un gage de stabilité. Mais en 1672, à nouveau, cette monarchie Stuart eut des problèmes financiers. On répéta alors le même travail qu'avec Cromwell, mais cette fois sous le couvert d'une idéologie protestante déjà sensiblement différente de la première. Ce fut la Glorieuse Révolution de 1688.

En cette fin de XVII° siècle, la Franc-maçonnerie, telle qu'elle serait organisée par la Grande Loge de Londres, trois décennies plus tard, était déjà en gestation. Mais ce n'était là encore qu'un outil. Le véritable enjeu de l'affaire, c'était que le Parlement reprenait le pouvoir – et, à nouveau, pour faire baisser les taux d'intérêt. C'est alors que se constitua formellement le cœur de ce que nous appellerons désormais « l'Empire », avec un grand « E ».

Deux dates-clefs marquent cette fondation. Deux dates presque ignorées aujourd'hui, et pourtant d'une importance historique considérable.

La première date, c'est 1694. Cette année-là fut créée la Banque d'Angleterre.

Voici la Banque unifiée, et contrôlée à l'époque par le Parlement – et quand on dit le Parlement en Angleterre, au XVII° siècle, on parle des classes marchandes dirigeantes.

Cette Banque émet des effets négociables, en contrepartie du financement qu'elle accorde à l'État. Elle adosse donc le financement du Marché à la dette publique. Dès le départ, et il ne faudra jamais l'oublier quand on réfléchira à la question des Banques centrales, la Banque d'Angleterre a donc été constituée explicitement pour cela.

La deuxième date, c'est 1708. C'est alors qu'après une lente maturation, la Banque d'Angleterre obtient le monopole d'émission des billets de banque. Ces billets de banque renvoient à la dette publique. La boucle est bouclée : l'Empire de l'argent-dette est constitué.

Ainsi, la substance de l'Empire britannique, *c'est celle d'une entreprise commerciale.* Cette entreprise est financée à crédit en incorporant dans la masse monétaire l'espérance de gain liée essentiellement au développement des colonies américaines, puis indiennes, africaines...

On comprend dès lors pourquoi cet empire put si facilement changer d'idéologie à plusieurs reprises. Il a été au départ un court moment protestant puritain. Puis il a été protestant d'une autre manière. Puis il s'est appuyé sur des réseaux maçonniques, développés à partir de la Grande Loge de Londres – c'est l'origine de l'Intelligence Service. Puis au XIX° siècle, les Britanniques ayant mis la main sur l'Inde, leur idéologie a muté à nouveau. Ils ont commencé à se représenter leur Empire comme une famille de peuples où ils étaient dominants. Ce fut l'idéologie de Cecil Rhodes.

Toutes ces idéologies successives ne formèrent jamais la substance de l'Empire. Elles débouchèrent finalement, petit à petit, sur la fabrication de l'idéologie actuelle, celle des Droits de l'homme et du droit d'ingérence.

Mais tout cela n'est qu'outil.

Nous avons défini la nature de l'Empire : l'Empire de la Banque [*Voir note complémentaire 2.2.4. Sur l'histoire de l'empire britannique*]. Nous avons vu que l'idéologie n'avait jamais été qu'un prétexte.

Et nous pouvons donc soupçonner que l'idéologie mondialiste contemporaine n'est, elle aussi, qu'un prétexte.

En fait, dans le mondialisme réellement existant, il ne s'agit peut-être pas du tout de former une communauté humaine unique.

Et s'il ne s'agissait que de défendre un système de coalition autour du plus fort, système qui entend rester significativement plus fort que le système de coalition autour de la deuxième plus grande puissance ?

Le mondialisme, concrètement, c'est peut-être tout simplement le faux-nez de l'impérialisme contemporain. Il s'agit de savoir si cet impérialisme doit rester dominant.

Voilà l'enjeu *réel*.

2.1.2. Perspectives

2.1.2.1. Un empire proche de sa fin ?

Alors, maintenant, parlons des perspectives.

La situation actuelle veut que, de par sa nature même, l'empire anglo-saxon soit aujourd'hui confronté à de grandes difficultés. C'est un empire de la monnaie de crédit. Il est donc fondé sur la croissance. C'est en quelque sorte dans son code génétique : il repose sur l'idée qu'on fera croître le territoire économique, et que, donc, on peut incorporer des gains futurs dans la masse monétaire qu'on émet.

Le problème, précisément, c'est qu'on ne peut plus faire croître les territoires économiques. En tout cas, en Occident, cela devient très difficile.

Voilà pourquoi, en profondeur, l'Empire fuit désormais dans une dette toujours croissante. C'est une dette qui sert à rembourser la dette, faute de croissance du territoire économique sous-jacent. [*Voir note complémentaire 2.2.5. Sur la crise du mondialisme néolibéral*]

Cette dette s'avèrera probablement impossible à rembourser. Si, par hypothèse, il se produisait un miracle technologique permettant d'enclencher une période de très forte croissance, il n'y aurait plus de problème de la dette. Avec une croissance énorme, vous pouvez vous permettre une dette énorme. Mais aujourd'hui, ce n'est pas le cas. L'empire de la monnaie de crédit est devenu l'empire de l'argent-dette – ou, si l'on préfère, l'empire des créances douteuses.

2.1.2.2. Stratégies de survie impériale

Alors comment les classes dirigeantes de l'Empire vont-elles réagir ?

Listons leurs options.

Un empire, obligé de défendre la coalition qu'il a structurée autour de lui [*Voir note complémentaire 2.2.6. De la crise économique à la dislocation géopolitique*], peut procéder de quatre façons.

Première méthode : la contrainte directe.

C'est la méthode la plus classique. Elle se subdivise elle-même en plusieurs variantes, plus ou moins brutales.

L'Empire peut menacer les dirigeants des États vassaux. Par exemple, l'empire napoléonien, un empire fabriqué en catastrophe et trop vite, avait une certaine tendance à enfermer ses voisins dans une alternative brutale : ou vous êtes avec moi, ou je vous fais la guerre.

Cela dit, en matière de contrainte directe, il existe des manières de faire plus subtiles. On peut fragiliser les vassaux, juste assez pour les obliger à rester solidaires de leur protecteur.

Les déplacements de population sont depuis des millénaires une stratégie délibérée des cœurs impériaux pour fragiliser leur périphérie. Il s'agit d'insécuriser les vassaux pour leur ôter toute velléité d'indépendance. On peut remonter jusqu'à la Haute Antiquité et aux stratégies de l'empire assyrien : on retrouvera des migrations forcées, instrumentalisées pour fragiliser les États vassaux.

Selon des procédures évidemment différentes, l'immigration actuelle en Europe sert aussi, sans doute, à fragiliser les États vassaux des États-Unis. On se souvient que l'Ambassade américaine en France cherche très ouvertement à développer une stratégie d'influence vers les quartiers ethniques qui parsèment désormais notre pays.

L'Empire peut aussi, autre stratégie classique, diviser les populations qui se trouvent déjà sur un territoire donné. Il suffit de redécouper les frontières de manière à créer les problèmes qu'on affectera ensuite de résoudre. Et puis, là où il y avait un grand vassal qui pouvait vous dire non, on peut toujours le fragmenter en cinq ou six petits vassaux qui ne pourront rien refuser. C'est exactement ce qu'explique Pierre Hillard, s'agissant du rôle des régionalismes en Europe.

Au demeurant, rien de nouveau sous le soleil, et nous, Français, devrions être les derniers surpris. Quand on s'intéresse par exemple à la stratégie de découpage des États africains pendant la soi-disant décolonisation de la fin des années 50, le parallèle saute aux yeux : ce que l'Europe de Bruxelles nous prépare aujourd'hui, nous l'avons fait jadis à d'autres.

Après la contrainte directe, voici une deuxième méthode, bien plus subtile : la contrainte indirecte. Il s'agit d'utiliser l'existence du contre-empire, de la contre-coalition, pour faire peur aux vassaux qu'on veut fidéliser.

C'est une technique toujours risquée. À vouloir effrayer, on risque de faire *trop* peur. Mais si on parvient à rendre l'autre empire encore moins désirable que soi, on solidarise ses vassaux.

Un très bon exemple nous fait là encore remonter loin dans l'histoire : comment, dans l'Antiquité, l'empire romain d'Occident et celui d'Orient ne connurent pas le même destin. Les vassaux de l'empire d'Orient avaient peur des Perses. Ils avaient à leur porte un grand ennemi, encore plus prédateur que l'empire byzantin. Et ainsi, alors que les provinces occidentales se révoltaient contre le centre romain, celle d'Orient restèrent fidèles à Byzance.

Stratégie subtile, consistant à se garder un ennemi, et à s'appuyer sur lui pour pouvoir rester plus fort que lui. Stratégie subtile, mais qui fut conduite avec succès historiquement, à plusieurs reprises.

Une troisième méthode, quand l'Empire est devenu vraiment trop grand, c'est de le diviser pour réduire ses coûts de gestion.

C'est à peu près la stratégie que recouvre la ligne développée aux USA par la Commission trilatérale. Celle-ci préconise une organisation autour de trois pôles : Japon, USA, Europe. Il s'agit au fond de maintenir l'Empire de la Banque, mais en lui évitant le coût insupportable lié à l'existence d'un centre unique, qui se trouverait structurellement aux USA. La Commission trilatérale prend acte du fait que le point de concentration du capital a de plus en plus tendance à se diluer, et elle préfèrerait accompagner ce mouvement plutôt que de s'y opposer. D'où l'idée de l'Empire à trois centres coordonnés.

Enfin, il existe une quatrième stratégie : la montée aux extrêmes. C'est la stratégie ultime, celle qui consiste à relancer le processus de conquête coûte que coûte. En général, cela ne marche pas, et l'histoire est remplie d'empires qui sont morts de cette course en avant. Un exemple fameux : la désastreuse campagne napoléonienne de 1812. Quand un empire commence à fonctionner ainsi, en cherchant la guerre pour la guerre, en général, c'est qu'il est proche de sa fin.

2.1.2.3. L'empire anglo-saxon à la croisée des chemins

Alors, quid des perspectives du mondialisme, c'est-à-dire de l'impérialisme ?

Laquelle de ces options stratégiques l'Empire privilégie-t-il ?

Eh bien, pour être tout à fait honnête, je n'en sais rien. En fait, on dirait que les dirigeants du monde occidental ne choisissent pas franchement. Ils oscillent entre diverses possibilités. Il y a des *tendances* au sein des classes dirigeantes de l'Empire de la Banque. Ces tendances s'affrontent au sommet, et c'est pourquoi l'idéologie mondialiste, faux-nez des stratégies impérialistes, est plus que jamais une idéologie à géométrie variable.

Bien sûr, quelques personnages pittoresques nous aident à garder nos repères. Jacques Attali, par exemple, rêve tout haut d'un gouvernement mondial à Jérusalem – étonnant, non ?

Mais dès qu'on passe à des gens qui ont en réalité plus de pouvoir, on voit très bien qu'à l'intérieur des classes dirigeantes de l'Empire, il y a fondamentalement deux grandes forces qui s'affrontent :

☐ Une tendance veut combiner la division maîtrisée et l'usage de la contrainte indirecte dans le cadre d'un condominium où le contre-empire russo-chinois serait maintenu en position légèrement subalterne – c'est la vision portée par la Commission Trilatérale, largement soutenue par l'école des conservateurs réalistes.

☐ Une autre ligne, celle des néoconservateurs, semble portée vers la contrainte directe, voire la montée aux extrêmes.

Dresser la cartographie complète de ces mouvances serait trop long pour ce court exposé.

Mais sans entrer dans le détail, ce qu'on peut dire en synthèse, c'est qu'il n'est pas impossible que la montée aux extrêmes aille jusqu'à son terme. Ce n'est pas *impossible*.

Un empire se cautionne en produisant des territoires idéologiques fantasmatiques, qui sont faits d'abord pour enfermer mentalement les dominés, mais dont les dominants sont souvent eux-mêmes largement dupes. Et c'est un phénomène historique assez fréquent que, dans les empires finissants, les dirigeants connaissent une fuite dans l'irrationnel.

D'où le problème posé par les stratégies actuellement poursuivies par l'Empire. Ces stratégies visent à instrumentaliser les tensions qui parcourent un vaste arc d'instabilité entourant l'ensemble russo-chinois. Mais jusqu'à quel point fera-t-on monter ces tensions ?

Si on se place dans la logique des conservateurs réalistes, il s'agit essentiellement de créer de la tension pour s'appuyer sur l'ennemi, et ainsi rester plus fort que lui – Byzance face à la Perse. Dans ce cadre, en Ukraine, en Mer de Chine, en Syrie, on cherche, en suscitant des tensions, à repousser les vassaux de l'empire vers son cœur. On crée l'instabilité pour vendre ensuite de la stabilité. Les tensions ne vont jamais jusqu'au dénouement, parce qu'on cherche la tension en elle-même, pas la guerre qui pourraient en résulter.

Mais dans la perspective néoconservatrice, les données du problème sont différentes. C'est là qu'on touche aux explications mystiques. Nous pouvons après tout avoir affaire à des gens qui veulent vraiment que la tension aille jusqu'à la guerre [*Voir note complémentaire 2.2.7. Sur la dimension religieuse du mondialisme*].

En réalité, on ne peut pas savoir laquelle de ces deux lignes va prédominer. D'où le caractère angoissant de la situation actuelle.

2.1.3. Conclusion

En conclusion après ce tour d'horizon malheureusement beaucoup trop rapide, de quoi s'agit-il ?

Quand on combine les différentes approches, on voit que :

☐ Dans une approche structuraliste, il faut bien le dire, la construction d'une coordination gouvernementale à l'échelle mondiale, ce n'est pas qu'un fantasme impérial. C'est aussi quelque chose qui a tendance à devenir pensable, et peut-être d'une certaine façon *souhaitable*. À tout prendre, il vaudrait mieux se coordonner au moment où notre économie risque de buter sur ses limites écologiques.

☐ En revanche, quand on s'intéresse aux explications par l'infrastructure, à l'histoire événementielle et à la géopolitique, on perçoit tout de suite en quoi l'émergence de la gouvernance coordonnée à l'échelle globale peut constituer un problème. C'est que la nécessité d'une telle gouvernance, aujourd'hui réelle, est *instrumentalisée*. Elle l'est d'une part par les classes supérieures dans les différents pays du monde, et d'autre part, à l'échelle globale, par la puissance impérialiste – principalement anglo-saxonne, et secondairement israélienne, européenne et... française.

En résumé, sur les enjeux et les perspectives du point de vue des peuples :

☐ L'enjeu est simple, c'est notre liberté. C'est pour la préserver qu'il faut lutter contre le mondialisme, c'est-à-dire, en fait, contre l'impérialisme.

☐ La perspective, en revanche, est complexe. Il ne s'agit pas d'empêcher l'établissement d'une coordination gouvernementale planétaire, mais au contraire de la rendre possible dans un cadre raisonnable, westphalien, appuyé sur des entités politiques stables, qui se respectent les unes les autres.

Le véritable adversaire du mondialisme, c'est un nationalisme ouvert, c'est donc un patriotisme ouvert [*Voir note 2.2.8. Sur l'internationalisme*]. Il ne s'agit pas du tout de promouvoir des nationalismes agressifs, des ethnicismes de repli. Au contraire, pour les mondialistes, ce genre de tendance est positif : leur dangerosité permet à la puissance dominante de se poser en alternative au chaos.

Quant au détail des évènements à venir, il dépendra évidemment des décisions qui seront prises au niveau du centre impérial. Et là, je dois me reconnaître incapable de faire une prévision.

2.2. Notes complémentaires

2.2.1. Sur le concept de communauté globale unique

Il existe tellement d'officines mondialistes prônant l'établissement d'une communauté globale unique qu'il est pratiquement impossible de les lister toutes ici. Les spécialistes en dénombrent plusieurs *centaines*.

À défaut d'entrer dans ce maquis où nous nous perdrions, on peut lister les *types* d'organisations mondialistes :

☐ Les associations de « citoyens du monde » prônent l'établissement d'une démocratie mondiale utopique. Le fait qu'il n'y ait pas de peuple mondial ne semble pas déranger ces « démocrates ». Ces groupes justifient en général leur démarche par la nécessité d'aborder globalement les problèmes globaux – par exemple le réchauffement climatique, thématique qu'on dirait formulée tout exprès pour cautionner l'approche mondialiste. On pourra citer dans cette catégorie, exemples pris au hasard dans une liste interminable, l'Assemblée des Citoyens du Monde et le Conseil International de Liaison pour une Autorité Mondiale de l'Environnement.

☐ Des centaines d'associations « fédéralistes » prônent l'établissement d'une gouvernance globale appuyée sur les nations. Ces groupes se situent souvent sur le plan théorique à la frontière entre mondialisme et internationalisme, mais leur coopération régulière avec des organisations purement mondialistes les rattache en pratique à ces dernières. On pourra citer dans cette catégorie, par exemple, le Comité Permanent Mondialiste.

☐ Les organisations transnationales liées aux puissances du Capital sont bien plus capables que ces ligues utopistes de promouvoir concrètement le mondialisme. Ces organisations sont de deux types :

▪ Certains réseaux d'influence recrutent à très haut niveau, comme par exemple le Groupe de Bilderberg, la Commission Trilatérale, le Council of Foreign Relations, la French-American Foundation, la Fondation Atlantik Brücke, etc. On peut sans doute amalgamer à ces réseaux d'influence des institutions européistes et euro-américaines, telles que le « Dialogue transatlantique du monde des affaires » ou le « Dialogue transatlantique des législateurs », etc. L'ensemble met en réseau la quasi-totalité des classes dirigeantes occidentales et japonaises, au point de rendre effective leur gouvernance coordonnée.

▪ Certaines organisations opérant sur un domaine précis bénéficient de moyens financiers considérables, comme la Fondation Bertelsmann, la Fondation Ford, le réseau Open Society Foundations fondé par George Soros, etc. Ces entités soutiennent parfois des « organisations non gouvernementales » pour le compte des centrales de renseignement occidentales. Elles sont aussi, parfois, les inspiratrices des associations fédéralistes ou de « citoyens du monde », mentionnées ci-dessus. Elles développent enfin des stratégies de lobbying vers les pouvoirs politiques, ce qui les rapproche de la catégorie des réseaux d'influence.

La majorité des organisations mondialistes sont dominées par l'influence anglo-saxonne. Quelques-unes sont européennes, et celles-là sont généralement régies par une entente cordiale germano-britannique. Toutes se présentent comme porteuses d'un projet de paix, conduit dans l'intérêt des peuples. Certaines proposent même une voie apparemment raisonnable vers la construction d'une approche confédérale globale, relativement respectueuse des souverainetés locales.

Mais derrière la façade, on devine facilement qu'un autre projet existe. Peut-on connaître ce projet *caché* ?

Les organisations mondialistes ont produit une masse de documentation si considérable que je confesse bien volontiers n'avoir même pas tenté d'en prendre connaissance intégralement. Et d'ailleurs, pourrais-je seulement comprendre ce qui se cache derrière ces textes ? Le maquis des officines est impénétrable. On se perd à essayer de deviner laquelle est financée par quelle puissance, laquelle est soutenue par quelle coalition d'intérêts, laquelle ne représente en réalité qu'elle-même. Il est très possible que certaines des organisations listées ci-dessus n'ait jamais eu la moindre influence réelle. Il est aussi possible qu'elles aient eu une influence décisive. Dès qu'on tente de comprendre le mondialisme, on se heurte à la quasi-impossibilité de quantifier le poids des acteurs qu'on étudie.

C'est pourquoi, ici, je ne tenterai pas de me faire historien de la mouvance mondialiste. N'ayant ni le talent ni la persévérance d'archiviste qui animent les spécialistes du domaine, je me bornerai à dresser un constat très simple sur les dynamiques spontanées de l'idée qui anime cette mouvance. N'étant pas capable de percer à jour le secret des organisations qui promeuvent le mondialisme, je veux en revanche réfléchir à ce que ces organisations *doivent* logiquement être amenées à vouloir, si elles veulent les conséquences de ce qu'elles veulent.

La notion de communauté est définie dans le dictionnaire de l'Académie : « un groupe humain dont les membres sont unis par un lien social ». D'emblée, on peut remarquer que cette définition *doit* logiquement poser problème aux mondialistes.

Il y a des communautés plus petites que l'humanité : la famille, le clan, le village, la province, la nation, voire la civilisation − quoique l'existence d'une vie communautaire à cette dernière échelle relève sans doute largement d'une vue de l'esprit. De toute évidence, ces communautés infra peuvent s'opposer les unes aux autres, et donc défaire la communauté supra.

D'où le glissement spontané des mondialistes de la communauté unique globale vers la négation des communautés infra.

Pour eux, il *faut* rendre plus ténue l'existence d'un niveau rival de coordination des acteurs, pour affirmer plus fortement l'existence d'une coordination globale. Ce glissement ne tient pas seulement aux dynamiques naturelles des systèmes à plusieurs puissances. Il correspond aussi à un mécanisme inscrit en quelque sorte comme une fatalité dans la notion même de communauté unique globale. À la limite, même s'il n'y avait qu'une seule hyperpuissance absolument dominante et par hypothèse impossible à remettre en cause, on peut penser qu'elle serait animée d'une pulsion unificatrice sans objet.

D'où le caractère spontanément *totalisant* du projet mondialiste.

À toutes les échelles, on observe que pour s'imposer face aux niveaux infra, les communautés les plus grandes ont tendance à ramener la définition de la communauté à celle de la société[1]. C'est en effet que communautés « infra » existent sans être obligatoirement aussi institutionnalisées que les communautés supra. Ramener la notion de communauté à un fonctionnement institutionnalisé permet donc de faire exister la communauté supra en quelque sorte « plus » que les communautés infra.

Ou pour le dire autrement : les communautés existent d'autant plus fortement qu'elles sont petites, alors que les sociétés peuvent largement ignorer cette règle : réduire la communauté à la société, c'est-à-dire réduire le lien social à son codage institutionnel, est donc une stratégie naturelle des partisans de l'unification la plus large.

Ce mécanisme existe à tous les niveaux. Il explique par exemple qu'en France, la Nation soit potentiellement totalitaire, et l'est effectivement en règle générale plus que la province, et a fortiori la commune. Au fond, il n'est pas absurde de voir dans l'histoire politique de l'Europe une très longue marche pour créer

---

[1] Nous opposons ici la *communauté*, existant spontanément, à la *société*, instituée par des règles.

des entités qui, de plus en plus homogènes, et appuyées en outre sur une conscience politique de plus en plus large, purent grandir en devenant totalitaires *le moins possible*. En ce sens, la Nation est sans doute aujourd'hui le meilleur compromis entre les bénéfices de l'effet d'échelle et le nécessaire refus du totalitarisme – tandis que l'Europe est, peut-être, un compromis futur encore à édifier.

Le mondialisme, lui, définit une ambition politique sans rapport avec le niveau effectif des liens sociaux structurant les communautés réellement existantes. Le concept de communauté globale unique ne permet pas de rechercher un compromis entre les bénéfices de l'effet d'échelle et le refus du totalitarisme : il impose que la première exigence soit satisfaite au mépris de la seconde. Construction politique globale, le mondialisme est donc, pour l'humanité réellement existante, ici et maintenant, *nécessairement* totalitaire. Quand bien même ses inspirateurs seraient authentiquement démocrates et fédéralistes, de par l'échelle de leur ambition, le projet qu'ils défendent les conduira, nécessairement, à se faire totalitaires.

2.2.2. Sur l'idée d'empire

Peut-on parler d'empire pour décrire le pouvoir géopolitique global qui tente de s'imposer en ce début de XXI° siècle, depuis son centre américain ? L'expression s'est imposée en France dans la foulée de l'ouvrage publié par Alain Soral en 2011, « Comprendre l'Empire ». Mais le mot décrit-t-il la réalité de la force qu'il évoque ?

Sans doute faut-il pour commencer définir ce qu'on entend par empire.

Ouvrons le dictionnaire de l'Académie française.

« Empire » :

☐ État soumis à l'autorité absolue d'un empereur.

☐ Forme de gouvernement autoritaire, pouvant s'étendre sur des peuples de race, de religion, de langues différentes.

☐ Par analogie, État n'ayant pas à sa tête un empereur, mais puissant et dominateur.

☐ Par extension, ensemble de vastes territoires soumis à un État étranger, quelle que soit la forme politique de ce dernier.

Il ressort de ces définitions que le terme « empire » a au moins deux sens bien distincts. Il peut désigner une forme de gouvernement ou une puissance matérielle :

☐ Si on le saisit comme forme de gouvernement autoritaire, l'Empire est une autocratie, qui s'oppose à la République.

☐ Si on le saisit comme puissance, il se distingue de la Cité par son étendue, et de la Nation par son hétérogénéité. Il est alors, fondamentalement, un système dans lequel un centre de pouvoir s'impose par la force à des entités périphériques.

Au regard de ces définitions, essayons maintenant de préciser ce qu'est « l'Empire » contemporain :

☐ Si on le saisit comme forme de gouvernement, on doit sans doute le décrire comme une République faussement démocratique, en réalité oligarchique.

☐ Si on le saisit comme puissance géopolitique, il semble qu'il faille le ranger dans la catégorie des hégémons : un État, les USA, qui prend la tête d'une ligue d'autres États, à l'intérieur de laquelle il exerce une influence prépondérante.

Historiquement, les rapports entre la puissance étatsunienne et ses alliés rappellent, mutatis mutandis, ceux noués au sein de la ligue de Délos entre Athènes et les cités rangées dans sa mouvance. Certains théoriciens de l'impérialisme mondialiste anglo-saxon ont d'ailleurs assumé la référence :

☐ Au début du XX° siècle, des hommes comme Alfred Milner et Cecil Rhodes jetèrent les bases de la Round Table Society avec l'objectif pratiquement avoué de reconstituer une nouvelle thalassocratie athénienne, dont ils estimaient que le centre pourrait un jour être transféré aux États-Unis.

☐ En l'occurrence, les Britanniques ne faisaient qu'aller à la rencontre du Président Theodore Roosevelt. À la même époque, en effet, celui-ci mettait en pratique les idées d'Alfred Mahan, un géopoliticien américain qui avait théorisé la nécessité pour les États-Unis de devenir une puissance maritime.

☐ La boucle est bouclée avec le géopoliticien anglais Halford Mackinder, qui énonça en 1904 la théorie du *heartland* : l'espace eurasiatique est le pivot de l'histoire. Même s'il formule ses idées avec subtilité et sous le couvert d'une réflexion purement historico-géographique, Mackinder jette ici les bases de la grande crainte des thalassocraties modernes : si une puissance devait unifier l'Eurasie, elle aurait les moyens de prédominer à l'échelle planétaire. Les anglo-saxons ne peuvent donc pas tolérer une telle unification.

Tous les théoriciens de l'impérialisme anglo-saxon se sont depuis inscrits dans cette grille de lecture :

☐ Ouvertement pour Nicholas Spykman, qui théorisa le rôle décisif du *Rimland*, c'est-à-dire les marges du continent eurasiatique, dans le processus d'interdiction opposé par la thalassocratie à l'unité eurasienne.

☐ Plus indirectement pour les divers théoriciens qui ont proposé des approches originales en vue de maintenir la division de l'ensemble eurasiatique – par exemple l'instrumentalisation des heurts civilisationnels chez Samuel Huntington, ou encore l'influence sur le *Rimland* par l'usage du *soft power*, chez Joseph Nye.

La lecture de ces auteurs démontre que sur le plan géopolitique « l'Empire » contemporain peut être qualifié comme tel, mais pas au sens où l'Empire romain était un empire, et encore moins au sens où le Saint-Empire Romain Germanique constituait un « *Reich* ». On peut parler d'un empire américain, ou disons américano-centré, comme on parla, jadis, de l'empire athénien pour décrire la ligue au sein de laquelle Athènes exerçait une hégémonie. Mais on ne peut pas comparer la très peu pacifique « *pax americana* » avec la longue « *pax romana* » du règne des Antonins.

C'est donc à bon droit que, rappelant par exemple les constats d'Alain de Benoist dans son court essai consacré à l'idée d'empire, certains intervenants hésitent à utiliser le terme « Empire » pour qualifier l'hégémon étatsunien.

Et cependant, pour ma part, je me rallie à ce terme, « Empire », s'agissant de la puissance américaine et de ses alliés proches, parce qu'il s'agit d'un artifice de rhétorique pertinent :

☐ Tout d'abord, si à ce stade, les États-Unis sont encore officiellement une démocratie, ils se transforment de plus en plus clairement en un système autoritaire. Cette dynamique interne commence d'ailleurs à se refléter dans leur attitude sur la scène internationale : ils se font de plus en plus directifs à l'égard de leurs alliés et clients.

Petit à petit, l'hégémon républicain se transforme donc effectivement en un empire à proprement parler. Parler de l'OTAN comme du bras armé de l'Empire, c'est donc souligner une dynamique, anticiper sur sa conclusion, et projeter l'auditeur dans un avenir possible, sinon probable.

☐ Ensuite, soyons lucide : le concept d'empire n'évoque pas, pour la plupart des gens, le Saint-Empire Romain Germanique. Il est probable que la majorité de nos contemporains ignore jusqu'à l'existence passée d'une telle entité politique.

Le terme « Empire » évoque dans le grand public la saga « *Star Wars* ». Dans l'esprit de nos contemporains, l'Empire, c'est tout simplement un système de domination appuyé sur l'usage de la technologie militaire. En ce sens, parler de

« l'Empire » pour évoquer l'ensemble formé par les USA et leurs principaux alliés, c'est à tout prendre un raccourci acceptable et qui fait sens.

2.2.3. Sur la typologie des idéologies impériales

Les idéologies mondialistes peuvent être classées selon divers critères. Mais quelle que soit la typologie retenue, l'examen des principaux exemples historiques indique que le contenu de ces idéologies vise à préserver une combinaison instable entre les relations de classes en leur cœur et les rapports de domination entre ce cœur et sa périphérie. En général, la priorité est donnée à la stabilité du cœur. Les empires ont donc tendance à représenter leurs rapports avec leur périphérie de manière à cautionner les relations de classes en leur centre.

Cette relation de dépendance n'implique toutefois nullement une équivalence directe et systématique. Dans certains cas, il y a équivalence. Dans d'autres cas, pas du tout.

Deux exemples :

☐ L'empire soviétique était officiellement formé de « pays-frères » exactement comme l'URSS elle-même était officiellement peuplée de citoyens égaux, tandis que le rapport entre le « grand frère soviétique » et les « pays frères » n'était pas sans rappeler la relation supposée entre les membres du Parti Communiste et le reste de la population de l'URSS. Ici, il y eut isomorphie entre les relations au sein du centre et les relations du centre avec sa périphérie.

☐ Au nom de sa « mission civilisatrice », la République Française parvint pendant près d'un siècle à concilier sa devise, « Liberté – Égalité - Fraternité », qu'elle tentait dans une certaine mesure de traduire dans les faits en Europe, avec le maintien du statut de l'indigénat en Afrique du Nord. Ici, il n'y eut pas d'équivalence.

L'opposition entre le choix soviétique et la méthode française s'explique probablement par de simples considérations d'utilité :

☐ L'URSS avait pendant la guerre froide besoin de maintenir l'illusion de son égalitarisme, pour se poser en rivale des États-Unis dans une confrontation globale déséquilibrée. C'est que la capacité du régime à se définir comme un acteur global fondait idéologiquement sa légitimité devant la population.

☐ La III° République française, elle, avait plutôt besoin de restreindre le principe d'égalité à l'Europe, pour pouvoir acheter dans la métropole des compromis de classe fragiles.

On aurait probablement tort de penser qu'il faille nécessairement hiérarchiser entre ces formes idéologiques sur le plan de leur dureté pratique. Les deux questions semblent largement déconnectées :

☐ Certains empires officiellement égalitaires sur le plan idéologique se sont avérés plutôt prédateurs sur le plan pratique – l'empire soviétique en Europe de l'est, par exemple.

☐ D'autres empires officiellement inégalitaires sur le plan idéologique se sont montrés en pratique relativement peu prédateurs – l'empire colonial français en Afrique du nord par exemple, qui coûta pour finir plus cher qu'il ne rapportait – raison secrète de son démantèlement.

En fait, il semble bien qu'historiquement, ce qui détermine fondamentalement l'intensité de la prédation d'un empire sur sa périphérie, ce n'est pas du tout son idéologie. C'est plutôt une combinaison instable entre les nécessités financières et les rapports de forces politico-militaires.

Un empire est généralement une machine énorme, dont la complexité et la puissance dépassent les capacités de pilotage de son centre. Pour l'essentiel, un empire est donc agi par ses dynamiques internes, souvent contradictoires, plus qu'il n'est acteur à proprement parler. Par conséquent, l'idéologie promue par son centre n'a souvent que peu d'impact sur le comportement de ses forces sur le terrain.

Constat vieux comme l'histoire : déjà Thucydide, dans sa « Guerre du Péloponnèse », remarquait que la militariste Sparte, en fin de comptes, devait apparaître aux cités grecques comme un hégémon moins prédateur que la commerçante et démocratique Athènes. C'est qu'Athènes avait les moyens et les besoins de son expansion, alors que Sparte, fragilisée par son régime politique, n'avait en tête que la promotion de la stabilité.

2.2.4. Sur l'histoire de l'empire britannique

2.2.4.1. Un empire « britannique » ?

L'empire britannique fut-il jamais britannique ?

À bien y réfléchir, son appellation même est trompeuse. Le roi d'Angleterre, à partir de 1688, fut un Allemand installé sur le trône par une armée venue de Hollande, forte d'un appréciable contingent français. Quant aux capitaux qui irriguaient la Cité de Londres, depuis qu'avec l'Acte de navigation de 1651 et la guerre qui s'en était suivie, la Royal Navy avait pris le pas sur la flotte hollandaise, ils allaient et venaient entre les deux rives de la Mer du Nord, lançant des pseudopodes d'abord vers la Baltique, puis vers l'Italie du nord bientôt dominée économiquement à son tour, et plus tard à travers l'Atlantique, et finalement vers l'Inde, la Chine et à peu près toute la planète. La Grande-Bretagne, dans tout cela, qu'était-ce ?

En réalité, la force de l'empire britannique, et son triomphe final d'abord sur l'Espagne, ensuite sur la France, et enfin, à travers son avatar américain, sur la quasi-totalité du globe, s'explique par un fait très simple : la dynamique de cet empire s'est toujours confondue avec celle du capitalisme. Et pour cause : cet empire n'était que très accessoirement l'empire des Britanniques. Il était fondamentalement l'empire des capitalistes.

C'est flagrant quand on observe la composition de ses classes dirigeantes comparée à celle des classes dirigeantes de ses rivaux. En Espagne ou en France, jusqu'à la fin du XVIII° siècle, les classes dirigeantes sont encore formées pour l'essentiel par l'alliance de la noblesse d'épée et de la noblesse de robe – des guerriers, qui peuvent créer une économie de pillage comme l'Empire espagnol, et une bourgeoisie d'État, qui peut administrer efficacement une économie colbertiste à la Française. Au contraire, en Angleterre, dès le milieu du XVII° siècle, la classe dirigeante, celle qui prédomine au Parlement, c'est la bourgeoisie d'affaires. C'est la classe sociale qui détient la fortune mobilière, et vit de la captation d'une fraction de la plus-value des activités marchandes et industrielles.

Énorme avantage pour l'empire britannique : empire des capitalistes, il s'est mis dans le sens de l'histoire avec un bon siècle d'avance sur son rival le moins retardataire, la France. Cromwell a, au milieu du XVII° siècle, fait le trajet que Robespierre et Napoléon Ier effectueront plus tard : il a brisé un ordre ancien adapté à la domination du capital agricole, pour créer un ordre nouveau adapté au capitalisme moderne, industriel et, surtout, *bancaire*.

2.2.4.2. Qu'est-ce que la « Banque » ?

L'Espagne avait trouvé une source de monnaie artificielle temporaire : les mines de Potosi. Mais l'empire britannique, lui, découvrit en 1694 une source de monnaie virtuellement intarissable : la banque centrale émettrice d'une monnaie de crédit.

Sans doute, ici, n'est-il pas tout à fait inutile d'expliquer en quoi une banque centrale unifiée n'est pas de la même nature qu'un chapelet de banques particulières. On parle, parfois, de la

« Banque », avec un grand « B ». Voyons en quoi cette « Banque » avec un grand « B » ne se confond pas avec « les » banques, au pluriel.

Lorsqu'une banque prête de l'argent à un client, ce client peut utiliser cet argent de diverses manières. Il va en laisser une partie sur son compte à la banque. Il va en dépenser une autre partie. Sur cette part dépensée, une partie va revenir à la banque à travers les comptes des acteurs en relation avec l'emprunteur.

Mettons qu'une banque prête 1000 euros à quelqu'un. Une fraction de cette somme va lui revenir. Disons 100 euros, que l'emprunteur laissera sur son compte, à quoi s'ajouteront 300 euros, sur un compte ouvert par une personne à qui l'emprunteur a acheté quelque chose avec l'argent emprunté. Au total, la banque aura donc prêté 1000 euros pour en récupérer quasi-instantanément 400. Il lui reste donc, à l'issue de l'opération, 400 euros *de plus à prêter*.

Imaginons que ce mécanisme se répète à nouveau avec ces 400 euros. La banque les prête. À nouveau, 4/10° de la somme vont lui revenir, soit 160 euros. Si elle prête ces 160 euros, elle en récupérera 4/10°, soit 40 euros.

On démontre mathématiquement que :

Avec T, la proportion de ses prêts qu'une banque récupère dans ses comptes, cette banque peut prêter K fois ses fonds propres,

$K = 1 / (1-T)$

Par exemple, dans notre exemple, T était égal à 0,4,

D'où :

$K = 1 / (1 - 0,4) = 1 / 0,6 \cong 1,67$

K est appelé le « multiplicateur bancaire ». Pour notre banque, ce multiplicateur implique qu'avec 1 000 euros réellement en caisse, notre banque peut en prêter 1 670. C'est en cela qu'on dit qu'une banque peut « créer » de l'argent – en l'occurrence, notre banque a « créé » 670 euros.

À priori, ce constat mathématique ne paraît guère bouleversant. Mais imaginons que le multiplicateur bancaire soit égal à 10. Alors notre banque pourrait « créer » 9 000 euros avec des fonds propres de 1 000 euros. Où l'on commence à comprendre l'intérêt de l'affaire.

Imaginons maintenant que notre banque soit la seule banque existante – ou encore qu'elle soit une banque centrale fonctionnant, pour les autres banques, comme la seule « banque des banques ». Cette banque étant la seule, *tout l'argent qu'elle prêtera va forcément revenir vers elle* – puisqu'il n'aura nulle part ailleurs où aller.

Dès lors : T = 100%

Et donc K = 1 / (1-1) = 1 / 0 *tend vers l'infini.*

Le recours à un sous-jacent métallique ne fut pas consenti pour renforcer la puissance de l'instrument de création monétaire, mais au contraire pour la limiter, de peur que des dirigeants mal avisés en abusent. On comprend mieux, dans ces conditions, ce qu'implique la décision du 15 août 1971 qui, en abolissant cet ultime garde-fou, a libéré une puissance théoriquement infinie.

Une banque *unifiée* n'est pas de même nature qu'une banque « normale ». Elle détient le pouvoir extraordinaire de « créer » de l'argent indéfiniment. Bien entendu, en pratique, elle ne crée pas de richesse – mais elle peut faire semblant de le faire, et dans une certaine mesure, en créant l'illusion qu'elle peut le faire, *elle le fait effectivement* – du moins aussi longtemps que le consensus des acteurs ne bute pas sur des limites matérielles infranchissables.

Voilà ce qu'est la « Banque » avec un grand « B ». C'est l'institution qui se donne le pouvoir de créer optiquement de la richesse à partir de rien.

C'est en toute sincérité que Lloyd Blankfein, le patron de la banque Goldman-Sachs, déclara un jour qu'il avait l'impression de faire le « travail de Dieu ». En théorie, créer quelque chose ex nihilo est bien le privilège du Créateur.

Sous cet angle, la Banque est tout autre chose qu'une institution commerciale. C'est en réalité une forme contemporaine du Temple comme institution religieuse centrale. Ce que Lloyd Blankfein a dit, c'est qu'en tant que banquier, il a le pouvoir de pénétrer sur le territoire de la divinité, d'où les autres hommes sont exclus.

Évidemment, ce genre de constat implique un arrière-plan religieux. Quand la direction d'une grande banque centrale se réunit pour décider du taux directeur, elle pose un acte qui, d'une certaine manière, *singe* celui posé jadis au Temple de Jérusalem, par le Souverain Sacrificateur, quand, une fois par an, il était, seul dans tout son peuple, autorisé à pénétrer dans le lieu très saint du tabernacle. Quelque part, à l'intersection improbable entre des conceptions remontant à la Haute Antiquité proche-orientale et un remarquable esprit d'adaptation aux nécessités matérielles des temps, une certaine vision du monde s'est semble-t-il perpétuée. À cet égard, il n'est pas tout à fait anodin de relever que dans la théologie chrétienne, le Christ, par son sacrifice, est devenu le seul Souverain Sacrificateur, permettant à tous les hommes de se présenter eux-mêmes devant Dieu.

Il convient ici d'être très précis. Certains esprits lucides perçoivent ces enjeux. Mais beaucoup en sous-estime la complexité. Cette situation est dangereuse. On sait quelles catastrophes ont historiquement résulté de la confusion opérée entre la logique du capitalisme et l'héritage religieux et culturel juif.

Il faut donc dire, très clairement, que parmi les gens qui, aujourd'hui, prétendent tenir ce rôle de Grand Prêtre de la Banque, il n'y a pas que des juifs, et que parmi les juifs, très peu prétendent tenir ce rôle. Le judaïsme même, en tant que religion, incorpore potentiellement et le principe de la Banque, et sa contestation. Et on observera que parmi les critiques les plus lucides de ce principe, on trouve beaucoup de personnes issues du monde juif.

La question à se poser, c'est : quelle force utilise quelle force ? Est-ce qu'une religion, dans le monde contemporain, peut utiliser des organisations politiques ou financières ? On voit bien qu'étant donné les rapports de force, il semble très probable qu'en l'occurrence, ce soit la Banque qui récupère et utilise l'héritage de la Synagogue, et non l'inverse.

En ce sens, la force motrice de la Banque, c'est bien le capitalisme en tant que système de domination. Il se trouve évidemment que la colonisation des esprits par la représentation financière de l'Etre peut recycler en partie une vision du monde religieuse. Mais ne soyons pas dupes des apparences : fondamentalement, il s'agit du capitalisme, et de lui-seul.

2.2.4.3. Sous la peau du serpent

L'Empire britannique s'est en grande partie construit par la conquête militaire, principalement celle des Indes au XVIII° siècle. Ce fut une entreprise de pillage absolument odieuse.

Mais on aurait tort de le réduire à cette dimension. En fait, ses dirigeants se sont toujours montrés pragmatiques. Quand il était rentable de faire la guerre pour accroître le territoire économique servant de soubassement à la monnaie émise, ils ont fait la guerre. Mais quand l'investissement productif et le développement technologique apparaissaient comme profitables, ils y ont sacrifié sans hésiter.

Contrairement à ce qu'on a parfois dit, il est de l'intérêt de l'Empire de maintenir en expansion le territoire économique qu'il administre – même si cela passe, parfois, par l'organisation de stagnations périphériques pour financer l'expansion de l'activité du cœur. L'Empire détruit les activités économiques que son système de codage ne recouvre pas. Il cherche au contraire à développer celles qu'il code, à travers sa monnaie.

Les capitalistes britanniques ont en effet très vite compris où se trouvait la source véritable de leur puissance : dans leur « commerce ». Ce que les Espagnols n'avaient pas saisi, les Anglais l'ont vu dès qu'ils ont prédominé sur les océans : l'important n'est pas le métal précieux, mais le contrôle des échanges.

Où l'on se souviendra de la devise du navigateur Walter Raleigh :

« Qui tient la mer tient le commerce du monde,
« Qui tient le commerce du monde tient sa richesse,
« Qui tient la richesse du monde tient le monde lui-même ».

C'est ce système du commerce que les capitalistes « britanniques » ont préservé tant qu'ils l'ont pu, quitte à intégrer dans leurs rangs, après de longues réticences, les financiers juifs au départ marginaux à la Cité de Londres. Puis la préservation de cette puissance exigea, après la Première Guerre Mondiale, que l'Empire cessât officiellement d'être britannique, pour devenir américain. Qu'à cela ne tienne ! À Wall Street reviendrait la capitalisation boursière la plus importante, mais à Londres resterait le marché des changes – toujours, il faut sauver *l'instrument de codage des échanges*.

Voilà ce qu'il faut bien comprendre : l'empire britannique est toujours là. Il a simplement changé de peau, comme un serpent. Cela ne lui a posé aucun problème : il n'avait de toute façon jamais été anglais, ni même réellement britannique.

Ici se pose forcément la question délicate du principe qui assure la persistance de cet être en lui-même, s'il peut changer de peau constamment. De quoi est faite la chair sous la peau du serpent ?

Aujourd'hui au moins aussi juive que protestante sur le plan religieux, l'hyperclasse impériale s'est semble-t-il convertie à une doctrine schizophrène : un endroit cosmopolite et un envers sioniste [*Voir note 2.2.7. Sur la dimension religieuse du mondialisme*]. Et sans doute, en effet, l'influence du monde juif est-elle aujourd'hui disproportionnée – ce qui fait croire à beaucoup que la substance de l'Empire est intrinsèquement liée au judaïsme.

Mais ici un argument surgit, qui oblige à relativiser cette thèse : l'influence juive n'est pas structurelle. Jusqu'à la fin du XIX° siècle, l'Empire des capitalistes ne fut juif qu'à la marge. Des signaux encore faibles, mais bien présents, laissent en outre penser que demain, par exemple en contrecoup de l'intégration des classes dirigeantes des BRICS, l'élément juif pourrait redevenir marginal. Si cela advient, il est possible que l'empire des capitalistes cesse d'être unitaire – mais ce n'est pas certain. Et de toute façon, le capitalisme comme système n'en mourra pas.

Force est de constater que sur la longue période, *tout s'est passé comme si* l'Empire n'avait au final pas d'autre substance que le Capital en lui-même – le Capital avec un grand « C », le Capital comme *principe*.

Ce n'est pas impossible, même si c'est difficile à conceptualiser. Un système peut perdurer *en tant qu'il fait système*, presque indépendamment des éléments physiques qu'il incorpore.

Et après tout, ce ne serait pas une grande nouveauté. Prenez l'histoire de l'Empire romain : à la fin de son évolution, il n'avait plus de romain que le nom. À partir des Antonins, les empereurs furent majoritairement des provinciaux. La substance de l'Empire, au fond, c'était la Légion : c'était elle qui décidait du nom de l'Empereur, et en retour, c'était pour la conserver que l'Empereur gouvernait et prélevait l'impôt. L'outil de la domination était devenu son essence. De là à considérer que la substance de l'Empire était le *principe* de la discipline militaire, il n'y a qu'un pas – que le lecteur acceptera de faire s'il partage mon goût pour l'abstraction.

Peut-être en sommes-nous au point où le même mécanisme est vérifié dans l'Empire de la Banque. Après avoir été l'empire de groupes qui détenaient les capitaux et s'en servaient pour dominer, il serait ainsi devenu l'Empire du Capital lui-même – un Empire de la Banque qui n'est plus qu'en surface l'empire des banquiers.

Finalement, Lloyd Blankfein devrait faire son examen de conscience. Il n'est que le Grand Prêtre. Et un Temple où le Grand Prêtre se prend pour Dieu, c'est un Temple qui finira par tomber.

2.2.5. Sur la crise du mondialisme néolibéral

Il est dans la nature des systèmes à prétentions totalisantes d'échouer. Ils reposent en effet sur une réduction du réel à son codage dans le système de représentation maîtrisé par le pouvoir. Or, il y a toujours un moment où le réel échappe au codage.

Le réel est un système chaotique, composé principalement de sous-systèmes chaotiques. Sa dépendance sensitive à ses conditions initiales fait que, quelle que soit la technique de codage utilisée, il ne sera jamais possible à un système à prétentions totalisantes de programmer sa réalité. Tôt ou tard, il sera donc confronté à une part de réalité qui lui échappe.

Il sera alors obligé de reconnaître son échec. S'il tente d'échapper à cette malédiction, il y sera ramené :

☐ Ou bien comme l'URSS de Brejnev, qui avait pratiquement fini par sortir du réel, à force de réputer que ce qui était extérieur à son codage ne pouvait pas être réel.

☐ Ou bien comme l'URSS de la perestroïka gorbatchévienne, qui tenta d'ouvrir un espace de liberté dans son programme en croyant pouvoir l'y inclure, et vit cet espace avaler littéralement le programme, jusqu'à le faire entièrement disparaître.

☐ Ou bien comme l'Empire napoléonien, qui ne parvenait pas à « programmer » l'Europe qu'il voulait, faute d'accord avec le Tsar, décida d'inclure la Russie dans son « programme » … et s'y perdit.

Absolument tous les systèmes à prétentions totalisantes ont connu l'échec final, sous une forme ou une autre. Et comme les empires sont, pour les raisons expliqués précédemment, des systèmes à prétentions totalisantes [*Voir note 2.2.1. Sur le concept de communauté globale unique*], tous échouent – quoiqu'avec, il est vrai, une certaine pluralité de destin, tous les empires n'étant pas totalisants au même degré[2].

Sous ses dehors scientifiques, la théorie économique actuellement dominante fournit une parfaite illustration de ces mécanismes vieux comme l'histoire. Beaucoup plus idéologisée que ses tenants ne le croient eux-mêmes [*Voir note 3.2.3. Sur l'économie financiarisée contemporaine*], elle repose implicitement sur l'idée qu'il est possible de constituer un système parfaitement stable sans intervention extérieure – ce qui suppose une superbe ignorance de la théorie du chaos. Tout à fait représentative de la dérive totalitaire spontanée des idéologies impériales, cette économie, dite néo-classique, est aujourd'hui entrée profondément en crise. C'est probablement la première fois qu'un échec de ce type est formulable sur le plan mathématique – mais ce sera tout de même un échec.

Afin de retarder leur chute, les empires peuvent extraire l'esprit des dominés du réel en les entraînant dans des territoires virtuels entièrement programmable – une démarche que je

---

[2] À ma connaissance, il existe une exception, et une seule : le Saint-Empire Romain Germanique. Mais on a souvent dit qu'il n'était pas un empire. En fait, sur le plan des structures politiques, il permet d'imaginer ce que le Royaume de France serait devenu sans le centralisme capétien.

propose de nommer : le surcodage. Il est en effet beaucoup plus facile d'attirer les populations dominées vers les constructions imaginaires et réconfortantes de l'esprit que de figer réellement l'évolution d'un système complexe.

Pour qui aborde l'étude des phénomènes sociaux contemporains en les ramenant à la structure générale de l'information qu'ils engendrent, et qui en retour les engendre, un simple tour d'horizon suffit à se convaincre que la société occidentale a développé un surcodage gigantesque. En quoi, d'ailleurs, cette société commence à reproduire, sous des formes entièrement nouvelles, les configurations qui caractérisèrent la naissance de l'Empire de la Banque – mais avec, cette fois, la Banque dans le rôle de la structure de pouvoir *menacée*.

J'admets qu'il est un peu *tordu* de comparer, par exemple, l'esthétique surchargée de la contre-réforme catholique et le déferlement de graphiques boursiers dans les médias économiques actuels. Mais je suggère au lecteur de réfléchir à ce paradoxe sans a priori. Je suis certain qu'il trouvera du sens à ma comparaison sacrilège.

2.2.6. De la crise économique à la dislocation géopolitique

Il existe de multiples causes à l'effondrement des grands systèmes fédérateurs humains. Mais les causes de l'effondrement se ramènent presque toujours au même schéma : un dérèglement, très souvent *économique*, déclenche la dislocation *politique*.

Dérèglement économique : le système est caduc dès lors qu'une part croissante de sa substance doit être consacrée à son maintien. C'est ce qui finit par arriver quand le système se complexifie – raison pour laquelle seuls les systèmes en stagnation ou en régression cyclique contrôlée peuvent théoriquement durer indéfiniment.

La hausse des coûts de gestion est inéluctable au fur et à mesure de l'extension territoriale ou organisationnelle du système, du simple fait de la loi des rendements dégressifs. Le centre du système, pour maintenir son emprise, doit donc accroître progressivement, mais indéfiniment, sa prédation sur la périphérie.

Et puis, épuisement des ressources naturelles ou simple oscillation dans les conditions générales de l'activité économique, quelque chose finit par survenir, qui crée une situation où cette prédation de la périphérie par le centre franchit un seuil critique.

Dislocation géopolitique : lorsque le coût de la prédation apparaît comme excessif au regard des avantages apportés par le maintien de la structure, des acteurs de plus en plus nombreux réalisent qu'ils n'ont plus intérêt au prolongement du système. Dès lors, les forces centrifuges s'accroissent, jusqu'au point où la structure d'ensemble se disloque.

Dans le cas de l'Empire de la Banque, comme expliqué précédemment, la ressource fondamentale du centre est la monnaie de crédit. Mais cette monnaie de crédit ne peut être émise sainement que si la croissance économique vient lui donner un substrat. Seule l'extension du territoire « codé » par l'instrument financier permet de construire a posteriori un soubassement matériel à l'argent qui a été « fabriqué » par la Banque.

Actuellement, nous n'avons plus de croissance. Et lorsque la monnaie de crédit n'est plus appuyée sur la croissance, elle devient de l'argent-dette. Or, la dette, il faut bien tôt ou tard que quelqu'un la rembourse.

Sans croissance, une économie fondée sur le crédit ne peut s'équilibrer temporairement que par l'accroissement de la prédation des détenteurs du capital sur les autres acteurs économiques. Ce mécanisme trouve son couronnement à l'échelle géopolitique. Tôt ou tard, la prédation croissante entraînera donc une remise en cause du système par sa périphérie.

C'est une issue logiquement inéluctable – à moins qu'un évènement nouveau et inattendu ne vienne relancer la croissance.

Une question reste ouverte : la dislocation de l'Empire de la Banque impliquera-t-elle celle de l'empire américain ? À cette question, on ne peut pas répondre de manière simple. Il n'est en effet pas exclu que la dislocation géopolitique de l'Empire de la Banque ouvre la porte à l'émancipation du centre impérial américain à l'égard des puissances du capital transnational.

On pourrait alors voir émerger un empire américain purement militariste. Si c'est le cas, ce ne sera plus le même empire. Ce sera un autre empire, dont le centre se trouvera au même endroit que l'actuel centre impérial, mais dont les ressorts seront fondamentalement différents.

Il faut reconnaître que c'est un scénario possible. Etant donné la capacité de l'Amérique à redéfinir rapidement son identité, tout peut arriver.

2.2.7. Sur la dimension religieuse du mondialisme

2.2.7.1. Quelques considérations préliminaires prudentes

Personnellement, je n'aime pas beaucoup parler de la religion, et spécialement de celle des autres. À mon avis, le discours religieux est performatif. Il n'y a guère de sens à l'étudier sous l'angle rationnel. Il n'est pas son contenu, il est son effet. En ce sens, les seuls à comprendre une religion sont ceux qui la partagent. Les autres ne peuvent qu'en examiner l'écorce, sans en goûter la sève.

Cela dit, on peut, sans jamais porter de jugement de valeur, constater ce qu'est l'effet des doctrines religieuses. On peut aussi, toujours sans juger, constater ce que disent ceux qui professent telle ou telle croyance, quant aux effets qu'ils attendent des actions qu'ils conduisent. C'est pourquoi la religion des autres, dont nous ne savons au fond rien en tant qu'elle est ce qu'elle est, nous est par contre accessible en tant qu'elle fait ce qu'elle fait.

C'est dans cet esprit que je suggère d'aborder la question des relations entre les religions et le mondialisme. Il ne s'agit que de dresser des constats factuels, et de les mettre en regard avec quelques observations psychosociologiques simples.

2.2.7.2. Psychosociologie d'une possible religion mondialiste

Une observation préalable : la religion et le mondialisme doivent logiquement interagir souvent, parce que leurs finalités respectives se recoupent partiellement. La religion veut *relier* les hommes en implantant en eux des idées qui faciliteront l'interconnexion de leurs esprits. Le mondialisme veut construire une communauté globale unique, et on a vu qu'à cette fin, une tendance spontanée le pousse à réduire toute communauté humaine à son fonctionnement institutionnalisé. On voit bien que les deux démarches vont fréquemment se rencontrer.

À la limite, on peut même se demander si le mondialisme n'est pas, en lui-même, une religion. De fait, les mondialistes tendent généralement à l'idée qu'un monde unifié constituerait un tout auto-justifié. Le mondialisme peut être vu comme la religion du Dieu-Monde.

Je dois donc compléter la définition du mondialisme donnée précédemment. Si le mondialisme est le faux-nez de l'impérialisme, il n'est pas *que* cela. Il y a aussi, en lui, une dimension proprement religieuse.

Le mondialisme renvoie à une pulsion totalisante spontanée dans l'esprit humain. Nous avons généralement du mal à admettre l'existence de singularités dans notre environnement. Nous avons tendance à nier la possibilité de l'inconnaissable. Or, nier qu'il existe des territoires extérieurs au monde encodé par le système, c'est précisément une des caractéristiques du mondialisme.

Le fantasme politique du « village global » parfaitement unifié renvoie manifestement au fantasme individuel du retour vers le monde clos et non-conflictuel de l'utérus maternel. En cela, le mondialisme peut constituer une mystique. Mystique primitive et même régressive, certes, puisqu'elle ne repose que sur un fantasme infantile. Mais mystique tout de même.

Cette observation psychologique appelle un prolongement sociologique. Il semble assez évident qu'une population sera d'autant plus docile qu'elle aura accepté l'idée que l'abolition du conflit est souhaitable en elle-même. On peut donc poser que dans l'ensemble, la promotion de la pseudo-mystique mondialiste constitue une stratégie d'ingénierie du consentement parmi d'autres, du point de vue des classes dominantes.

2.2.7.3. L'impérialisme face aux religions

Au-delà de ces constats psychologiques et sociologiques, que peut-on dire des rapports concrets entre les religions et le mondialisme ?

Une première observation s'impose : l'histoire des religions est doublement inséparable de celle des empires. Les grandes religions se sont toutes formées ou réformées en réaction aux abus d'un empire, après avoir été ou avant de devenir l'idéologie de cautionnement d'un autre empire. Au cours de leur longue histoire, toutes les grandes religions du globe ont ainsi servi de cadre idéologique à une construction impériale. Et toutes ont aussi été, à d'autres moments de leur évolution, les vecteurs d'une résistance anti-impériale.

Le tableau ci-dessous fournit, pour les principales religions, quelques exemples des deux situations :

Religion	Idéologie impériale	Idéologie anti-impériale
Paganismes	Empires hellénistiques Haut empire romain	Résistance au bas empire romain et à l'empire carolingien
Hindouisme	Empire Gupta (brahmanisme)	Résistance à la domination britannique
Judaïsme	Empire khazar Sionisme	Résistance aux empires égyptien, perse, grec, romain
Bouddhisme	Empire Maurya (Inde) Empire Sui (Chine) Empire tibétain	Persécution sous l'empire Tang (Chine) Résistance au Tibet
Confucianisme	Toutes les dynasties chinoises depuis les Han	Persécution et résistance sous l'empire Qin
Taoïsme	Soutien accordé à la dynastie Tang précoce	Révolte des turbans jaunes contre la dynastie Han
Christianisme	Bas-empire romain Byzance Empire carolingien Empire colonial espagnol Empire russe tsariste Christianisme sioniste contemporain	Résistance au Haut Empire romain Résistance protestante à l'impérialisme espagnol (Pays-Bas) Résistance catholique à l'impérialisme américain (Mexique)
Islam	Empires arabe, persan, ottoman, moghol (monothéisme à vocation syncrétiste)	Révolution islamique iranienne Résistance palestinienne contemporaine

À partir de ce constat, on peut d'emblée exclure tout essentialisme quant à la relation pouvant exister entre telle ou telle religion et l'impérialisme comme principe. Si certaines religions apparaissent aujourd'hui comme plus compatibles avec l'Empire que d'autres, ce n'est pas parce qu'elles seraient *per se* plus ou moins impérialistes.

Dans l'ensemble, l'expérience prouve que le rapport des pouvoirs impériaux au fait religieux est avant tout pragmatique. Les empires adoptent la ou les religions qui maximisent leur domination. Et les fidèles des religions « adoptées » n'y peuvent pas grand-chose, dans la mesure où, forte du soutien de la puissance temporelle, la fraction collaboratrice du clergé prend le dessus sur la fraction résistante.

C'est pourquoi il est vain, pour les thuriféraires d'une religion quelconque, de mettre en accusation une religion rivale. En général, ce genre de procès historique évoque irrésistiblement la parabole de la paille et de la poutre.

Le catholique souligne le rôle du judaïsme dans le règne des puissances d'argent, et va chercher dans le Talmud la « preuve » du caractère intrinsèquement pervers de la religion rivale. Le juif, en retour, souligne que le thomisme, avec sa théorie de la hiérarchie des êtres, fournit jadis la caution idéologique des abus commis par les aristocraties médiévales.

Ce genre de querelles n'est pas très intéressant. En fin de comptes, dans les idéologies de cautionnement des dominations, il n'a jamais été *réellement* question du catholicisme, du judaïsme ou de n'importe quelle autre religion. Le mal réside dans les dynamiques inéluctables des sociétés humaines, faites par une majorité de braves gens manipulables, que surmonte une minorité de sociopathes manipulateurs. Si les doctrines religieuses y sont mêlées, ce n'est pas parce qu'elles sont ce qu'elles sont, mais parce qu'elles sont là où elles sont, quand elles le sont. Dans la genèse des religions d'État, l'existence précède l'essence, n'en déplaise aux clergés dont le rôle est bien souvent de dissimuler ce fait.

Aujourd'hui comme hier, la relation entre les puissances temporelles et les religions est largement instrumentale. On s'en rend bien compte quand on étudie les liens entre les centrales de renseignement et les institutions et mouvements religieux. Sur ce point, voici par exemple quelques observations factuelles qui, sans prétendre à l'exhaustivité, donnent une idée de la manière dont la CIA « fonctionne » par rapport aux religions.

□ À l'égard du protestantisme, la CIÀ a forcément eu, longtemps, un rapport particulier. Les milieux fondateurs de l'OSS, ancêtre de la CIA, étaient en effet très majoritairement protestants. C'est l'élite WASP, *White Anglo-Saxon Protestant*, qui a incubé la grande centrale de renseignement américaine, depuis les universités prestigieuses de l'*Ivy League*, dans le nord-est des États-Unis.

La CIÀ n'a certes jamais hésité à instrumentaliser les diverses dénominations protestantes. Mais dans l'ensemble, elle ne s'est pas servie de la religion protestante classique. Elle a plutôt utilisé sa variante évangélique du Sud des États-Unis. Celle-ci a reçu l'appui de la centrale de renseignement américaine pour contrer la théologie de la libération en Amérique Latine dans les années 70. Elle sert aujourd'hui de vecteur à l'influence américaine un peu partout dans le monde, et plus particulièrement en Afrique du Nord, où l'on observe une vague de conversions importante, surtout en milieu kabyle, et en Chine, où l'expansion du christianisme évangélique devient un problème important pour les autorités communistes.

□ À l'égard du catholicisme, la CIÀ a observé historiquement une attitude plus ambiguë. Dès son origine, elle comptait un certain nombre de catholiques parmi ses plus hauts cadres. À partir de la fin des années 40, sa branche « *covert actions* » a été dominée par l'influence catholique, tandis qu'une alliance structurelle était trouvée en Italie avec le Vatican. De nombreux cadres catholiques de la CIÀ ont par la suite été faits depuis chevaliers de l'Ordre de Malte.

Cela étant, il est malaisé de dire si, en l'occurrence, c'est systématiquement la CIÀ qui a infiltré l'Église catholique. Celle-ci présente en effet, aux dires mêmes des spécialistes des services secrets, une particularité unique parmi les grandes religions : elle est, aussi, une centrale de renseignement majeure. L'ordre des Jésuites a d'ailleurs servi de modèle organisationnel à la quasi-totalité des services secrets des grandes puissances contemporaines. On peut penser que les rapports de forces étant ce qu'ils sont, l'influence de la centrale de renseignement américaine sur l'Église catholique est plus forte que l'influence symétrique – mais ce n'est pas une certitude.

☐ Nous sommes très mal renseignés sur l'attitude de la CIA à l'égard du judaïsme. À l'origine, il n'y avait pratiquement pas de juifs au sein de la centrale de renseignement. Mais on peut penser que, dans l'esprit des descendants de puritains à l'origine de la fondation de la CIA, le judaïsme était en quelque sorte une religion cousine.

À ce propos, qu'on me pardonne un trait d'humour. Le blason de l'université de Yale, très liée à la centrale de renseignement, porte les mots hébreux « Lumières et Perfections ». Ces mots étaient inscrits sur le pectoral du Grand Prêtre d'Israël[3]. Lloyd Blankfein est diplômé d'Harvard, mais apparemment, il n'aurait pas été dépaysé à Yale [*Voir note 2.2.4. Sur l'histoire de l'empire britannique*].

En 2015, pour la première fois, un des plus hauts cadres de la CIA est juif : il s'appelle David Cohen, et c'est le numéro 2 dans l'organigramme. À peu près au même moment, la commission d'enquête sur la pratique de la torture déstabilisait la centrale de renseignement américaine. Il est possible que toute cette affaire modifie l'équilibre des relations entre CIA et MOSSAD, mais à vrai dire, personne ne peut le savoir, à part quelques très rares initiés.

La nature exacte des relations entre les milieux juifs et les milieux protestants est de toute manière impossible à déterminer avec certitude, quand on parle des cercles constitutifs de l'État profond américain. Dans l'ensemble, l'impression générale est que les deux groupes sont alliés et se partagent le travail. Mais des frictions restent possibles. L'expansion de l'influence juive semble d'ailleurs mal perçue par une partie des élites protestantes, plutôt en recul.

---

[3] Exode, chapitre 28

❑ À l'égard de l'islam, l'attitude de la CIÀ est l'instrumentalisation systématique. Soutien aux rebelles afghans pendant les années 80, soutien temporaire aux Talibans au début des années 90, probable participation à la création de l'État islamique : les exemples ne manquent pas. D'une manière générale, la CIÀ aide les musulmans rétrogrades, certes capables de tuer d'autres musulmans, mais incapables de se dresser contre le pouvoir américain. À l'inverse, elle combat les musulmans avancés, dangereux pour Washington. C'est de bonne guerre.

❑ En Chine et dans la périphérie chinoise, la CIÀ aide toute religion qui entrave le contrôle social du Parti Communiste Chinois. Elle a soutenu pendant un demi-siècle le Dalaï-lama, inventant au passage un génocide tibétain imaginaire. Elle a largement financé la secte bouddhisto-taoïste Falun Gong, à qui elle a confié l'organisation des protestations contre les Jeux Olympiques de Pékin. En Corée, elle avait chargé les services secrets de Séoul de monter la secte Moon, qu'elle a ensuite utilisée dans la lutte anti-communiste.

À travers l'exemple de la CIA, nous pouvons dégager une image générale des rapports entre l'Empire et les religions. Concrètement, l'impression d'ensemble est que les États-Unis et leurs alliés actionnent leurs capacités d'influence à travers le monde, pour :

❑ Manipuler *systématiquement* les religions qu'ils peuvent manipuler *facilement*. Il s'agit des religions qui ne sont pas structurées autour d'un clergé stable (une partie de l'islam sunnite, le pentecôtisme, divers protestantismes[4], une partie du bouddhisme[5]), ou, mieux, qui sont manipulables à travers des

---

[4] Ici se posent des problèmes spécifiques. Le protestantisme énonce un principe de responsabilité individuelle peu compatible avec une quelconque uniformité d'opinion. Donc manipuler les protestantismes ne permet pas forcément de manipuler les protestants. C'est probablement pour cette raison que la CIÀ préfère utiliser les dénominations évangéliques, et pas le protestantisme classique.
[5] Avec des réserves proches de celles applicables au protestantisme.

alliés des États-Unis (une autre partie de l'islam sunnite, une autre partie du bouddhisme).

☐ Infiltrer si possible, combattre sinon, les religions qu'ils ne peuvent pas facilement manipuler. Donc principalement des religions fortement structurées par un clergé stable (islam chiite, catholicisme, luthérianisme, orthodoxie, hindouisme).

Ces religions posent problème aux mondialistes parce qu'elles définissent des résistances locales difficilement contournables (chiisme en Iran, hindouisme, luthérianisme en Allemagne). Le catholicisme pose un problème encore plus sérieux : il s'agit d'une organisation *planétaire*, donc capable de penser les enjeux à la même échelle que le centre de pouvoir impérial.

À l'égard des religions du cœur anthropologique de l'Empire, calvinisme, méthodisme, judaïsme, anglicanisme, l'objectif est semble-t-il le contrôle et le verrouillage. À l'exception parfois de l'anglicanisme, ces religions ne sont *pas* utilisées comme vecteur d'influence extérieur. C'est probablement dû au fait qu'il est préférable de ne pas compromettre les capacités de contrôle des classes supérieures du système, « marquées » par ces religions, aux États-Unis et en Israël.

Les centrales de renseignement occidentales développent des approches spécifiques, toujours empruntes de pragmatisme, à l'égard des minorités et dissidences religieuses. Il s'agit de les utiliser dans le cadre plus général des stratégies mentionnées ci-dessus. En la matière, les nécessités tactiques commandent.

C'est pourquoi les tendances planétaires ne doivent pas être systématiquement plaquées sur les situations locales. En Irak, les USA ont temporairement soutenu les chiites pour affaiblir le nationalisme arabe. En Ukraine, les services américains travaillent aujourd'hui avec l'Église orthodoxe ukrainienne du Patriarcat de Kiev. L'instrumentalisation des religions par les centrales de renseignement ne s'embarrasse pas de cohérence théologique. Ce n'est pas le sujet.

2.2.7.4. Les religions du mondialisme

2.2.7.4.1. Religion et inconscient de classe

Après avoir étudié la relation instrumentale que les centrales de renseignement entretiennent avec les diverses religions, nous allons mettre de côté cet aspect des choses. Penchons-nous à présent sur un problème tout à fait différent : quelle est la religion des milieux mondialistes ? – si tant est qu'ils en aient une.

Ici, nous entrons en terrain miné. La perception du sujet dépend largement de notre cadre conceptuel. La neutralité axiologique n'est plus possible : il s'agit de savoir ce que nous pensons de la religion.

Pour ma part, je distinguerais d'emblée :

- la religion telle qu'elle comprise par les esprits contemplatifs,

- et la religion telle qu'est perçue par la majorité des êtres humains.

La religion des contemplatifs est, à mon humble avis, une annexe de la philosophie – à moins que la philosophie ne soit une annexe de cette religion-là. La religion des gens ordinaires, en revanche, toujours à mon humble avis, n'a aucun lien avec la philosophie. Elle doit être située d'emblée dans les champs où elle produit un effet, nommément le politique, l'économique et le social au sens large.

Je considère que cette religion du plus grand nombre est un *bobard utile*. C'est un bobard, parce que ce discours religieux ne dit pas des choses « vraies », au sens où elles transcriraient une réalité dans le langage. Mais c'est un bobard utile, parce que ce qui est vrai, c'est *l'effet* produit par le discours religieux : il rend possible le travail de reproduction physique et culturel du corps social.

Fondamentalement, la religion est pour le plus grand nombre un moyen d'agir conformément aux intérêts du groupe, en rendant acceptable cette vérité désagréable que le sujet auto-référant n'est à tout prendre que sa propre illusion. Toutes les religions n'effectuent pas ce travail de conditionnement de la même manière. Les plus anciennes, incubées avant l'émergence de l'individu comme entité sociale signifiante, utilisent des dynamiques collectives – ainsi le catholicisme. D'autres religions, plus tardives, poursuivent le même objectif de reproduction sociale en équipant l'individu d'une éthique adaptée – ainsi le protestantisme. Mais au-delà de ces différences dans la méthode, l'objectif est toujours le même : il s'agit de coordonner les esprits individuels à travers un réseau d'idées, de concepts, de symboles et de valeurs.

À mes yeux, les religions de masse sont en somme aux sociétés humaines ce que la gamme des phéromones est aux sociétés insectes. Voyons où me conduit cette analogie.

Dans les sociétés insectes, les émissions de phéromones dépendent entre autres choses de la caste des individus. Et semblablement, dans les sociétés humaines, la religion du plus grand nombre n'a, je crois, pas tout à fait le même sens en haut et en bas de la société.

D'une certaine façon, la vie est beaucoup plus simple pour les dominés. C'est généralement pourquoi ils se laissent dominer. Les individus situés tout en bas de la structure sociale ont assez peu de décisions à prendre. Leur individualité peut moins enfler que celle des individus inscrits dans des strates supérieures. Les pauvres se perdent dans le travail, dans l'obéissance forcée, dans la *masse du troupeau*.

Ce que les braves gens attendent de la religion est donc avant tout un cadre anthropologique stabilisateur. Au fond, pour la plupart des fidèles, en pratique, le travail du curé est de célébrer les mariages et les enterrements. On lui demande aussi d'apporter une *consolation*. Et puis cela ira bien, n'est-ce pas ?

Dans les groupes dominants, les ressorts du religieux sont traditionnellement plus complexes. Les individus ont davantage l'occasion de se pencher sur eux-mêmes. La question du pourquoi, informulée par celui qui n'a qu'à obéir, se pose inévitablement à celui qui doit commander. Et donc le besoin de consolation, bien présent aussi dans les classes supérieures, a tendance à se doubler chez elles d'une exigence de *justification*.

Dans les strates intermédiaires et les classes sociales ascendantes, cette exigence de justification passe le plus souvent par la rationalisation spirituelle des actions qui permettent l'ascension sociale. L'idéal chevaleresque chrétien renvoie à ce ressort psychologique dans la noblesse guerrière féodale. L'éthique protestante couvre le même besoin du point de vue de la petite noblesse productive et de la bourgeoisie, de la Renaissance à la Révolution industrielle.

Quand on arrive tout en haut de la stratification sociale, la justification devient plus délicate. Situés au sommet de la pyramide, les membres des milieux dirigeants n'ont pas la possibilité de s'absorber dans son ascension pour se donner un but. Ils sont confrontés au constat insupportable que leur seule fonction biologique réelle, c'est la réplication de leurs gènes – une fonction biologique dont le pendant social est la transmission du capital. En fait, les individus situés en haut de la pyramide sociale prennent conscience qu'au-dessus d'eux, il n'y a *rien*.

Le ressort psychologique du religieux, dans les classes supérieures, souvent oisives, tient donc beaucoup au besoin de remplir un vide. D'où le fait que dans ces milieux, la religion relève du divertissement, quand on s'ennuie, ou du travestissement, quand on a quelque chose à faire. On se divertit pour ne pas voir qu'on n'a rien d'autre à faire que se reproduire. Et on travestit, derrière tel ou tel culte à mystères, la trivialité de cette exigence de reproduction biologique et sociale. Bien souvent, le seul secret des initiés, dans les cultes initiatiques propres aux classes supérieures, c'est qu'ils savent qu'il n'y a rien à quoi être initié.

Ne soyons pas dupe des apparences : même si les classes supérieures se donnent parfois bien du mal pour se convaincre que l'argent n'est qu'un moyen[6], et qu'elles poursuivent des finalités plus élevées, en réalité, elles ne font que chercher à persévérer dans leur être, comme tout le monde. Ces gens-là sont trop puissants pour penser longtemps à autre chose qu'à étendre leur puissance. L'idéalisme chez les riches, c'est comme le vol chez les poules : on retombe vite.

2.2.7.4.2. Les références religieuses

Essayons maintenant de situer les références religieuses des milieux mondialistes au regard de ce cadre de réflexion.

Ces références s'organisent autour de six lignes de force perceptibles : la franc-maçonnerie, un protestantisme mutant et polymorphe, diverses tendances issues du judaïsme kabbaliste, un vague néo-paganisme reconstructionniste, une sorte de syncrétisme panthéiste flou et un scientisme millénariste.

☐ La franc-maçonnerie pose un problème spécifique : il est difficile de dire si c'est à proprement parler une religion. On peut aussi la voir comme une méthode de vectorisation de messages potentiellement très divers, dont certains peuvent être regardés comme religieux.

---

[6] Voir à ce propos, sur Internet, l'entretien accordé par Aaron Russo à Alex Jones, à propos de ses conversations avec son ami Nicholas Rockefeller. Russo affirme que Rockefeller lui aurait dit que l'argent n'est qu'un moyen, et que le but est politique. Voici ma question : fallait-il s'attendre à ce que Rockefeller avoue qu'il ne savait pas au fond *pourquoi* il voulait un monde unifié ?

Il existe une franc-maçonnerie déiste et une franc-maçonnerie athée. Il existe une franc-maçonnerie sioniste et une franc-maçonnerie non-sioniste, voire antisémite. Il existe, surtout, *une* franc-maçonnerie mondialiste et *des* franc-maçonneries nationales, dont certaines ont historiquement incubé des projets nationalistes.

Il reste que la plus grande partie de « la » franc-maçonnerie est caractérisée par deux traits qui l'orientent spontanément vers le mondialisme :

- Presque toutes les obédiences maçonniques sont cosmopolites, en cela qu'elles définissent entre leurs membres des obligations de solidarité préférentielle indépendantes de l'appartenance ethnique ou nationale. Les francs-maçons peuvent éprouver une fraternité entre gens qui n'ont rien d'autre en commun que leur appartenance à la maçonnerie. Par conséquent, un monde, où l'on mêlerait quantité de gens qui n'ont rien en commun, serait un monde très favorable aux intérêts bien compris des francs-maçons. Ceux-ci pourraient se coordonner, dans un environnement où les autres en seraient incapables.

Donc, tout comme une partie du monde juif prône l'abolition des frontières parce que certains juifs bénéficient d'un avantage compétitif dans les sociétés multiculturelles, une partie de la franc-maçonnerie peut logiquement soutenir par intérêt le projet mondialiste. Il est naturel qu'une organisation soit favorable à des évolutions qui créent un environnement favorable à son épanouissement.

- Presque toutes les obédiences maçonniques partagent une vision du monde géométrique, donc relativement désincarnée. C'est un système de pensée, *voilé* pour le profane, *dévoilé* pour l'initié, exprimé toujours au moyen d'allégories et de symboles. Dans la mesure où ces allégories et symboles définissent un réseau sémantique universel, les maçons intériorisent une identité en superstructure de facto libérée de tout enracinement. En cela, l'idée maçonnique est intrinsèquement mondialiste. Quand on peut « penser » le monde comme un espace géométrique, il est évidemment facile de l'appréhender aussi comme une substance homogène.

En France, nous avons une certaine tendance à confondre les réseaux mondialistes avec l'influence maçonnique, parce que chez nous, la franc-maçonnerie constitue un des principaux soutiens du mondialisme, sinon le principal. Mais notre perception est ici largement biaisée. À l'échelle globale, la franc-maçonnerie est aujourd'hui une force en recul. Ses effectifs augmentent chez nous, mais ils diminuent aux États-Unis. En Grande-Bretagne, sa patrie d'origine, la franc-maçonnerie est aujourd'hui une forteresse assiégée.

Au final, la maçonnerie apparaît comme une structure historiquement à l'origine des idées qui sous-tendent l'idéologie mondialiste contemporaine. On retrouve d'ailleurs des références maçonniques à travers les symboliques des autres religions du mondialisme. Mais, peut-être parce qu'elle exige une certaine discipline intellectuelle, la franc-maçonnerie en tant que telle paraît de moins en moins structurante au sein de l'ensemble des courants mondialistes, dont le niveau moyen est orienté à la baisse.

☐ Aux États-Unis, si la religion chrétienne est encore beaucoup plus présente qu'en Europe, il n'est pas certain que son sens ait été mieux préservé. Une partie du protestantisme anglo-saxon contemporain a développé un rapport au texte biblique incompatible avec son interprétation classique. Ce courant accorde en particulier à l'Apocalypse une signification littérale tout à fait contraire à l'interprétation généralement retenue.

Je n'entrerai pas dans les détails des diverses écoles qui s'affrontent pour déterminer à quel point le peuple de Dieu est avancé dans ses tribulations. Le sujet si complexe qu'il doit être réservé aux érudits – ce qui nous dispensera de l'étudier. Mais j'ai tout de même remarqué une chose : à la fin, dans tous les scénarios, le monde est unifié sous le règne éternel de l'Amérique, alliée à Israël. C'est, je pense, le fond du message.

Cette sensibilité recrute surtout dans la classe moyenne américaine du *Bible Belt*, mais elle est semble-t-il assez bien représentée dans les cercles dirigeants du Parti Républicain. Il est difficile de savoir à quel degré on doit prendre les théories explosives du prédicateur John Hagee, conseiller spirituel officiel du sénateur John McCain, candidat républicain lors de l'élection présidentielle 2008. Mais ce qui est en tout cas certain, c'est qu'entre deux exposés érudits sur la survenue prochaine de l'Antéchrist, monsieur Haggee a froidement appelé à une frappe nucléaire préemptive sur l'Iran.

Il est assez facile de comprendre à quoi on a affaire avec ce genre de « chrétiens » nord-américains. Dans son livre « *In defense of Israel* », pour lequel il a reçu une distinction du B'nai B'rith America, John Haggee a remis en cause le fait que Jésus Christ ait été le Messie. La boucle est bouclée.

☐ Le judaïsme kabbaliste prédomine actuellement au sein des milieux mondialistes issus du monde juif. Il se subdivise en plusieurs écoles, qui dialoguent entre elles. Il semble que la kabbale frankiste soit structurante dans les groupes les plus haut-placés dans la stratification sociale.

Cette prédominance soulève des questions spécifiques. La kabbale frankiste est en effet caractérisée par un rapport paradoxal au *mal*. Elle incorpore l'idée que la maximisation des maux accélère le cours de la Création, participe à la destruction des forces négatives et prépare la réparation complète d'un monde unifié et délivré du conflit.

Il n'est pas anodin de relever qu'en son temps, au XVIII° siècle, le rabbin Frank a délibérément propagé des rumeurs antisémites pour provoquer des pogroms. Il espérait que la souffrance ainsi infligée aux juifs hâterait la venue du Messie – un holocauste offert à Yahvé pouvant L'incliner à hâter la libération de Son peuple. On n'imagine que trop bien comment cet esprit kabbaliste étrange pourrait un jour « rencontrer » l'exégèse thermonucléaire d'un John Hagee.

À mon humble avis, cette kabbale frankiste est la seule influence religieuse qui, au sein du mondialisme contemporain, puisse être regardée comme *peut-être* structurante. Les autres courants me paraissent en comparaison anecdotiques. Je ne prétends pas être érudit en la matière, mais je dois reconnaître que les seuls écrits qui m'ont impressionné dans l'univers du mondialisme religieux, ce sont ceux des kabbalistes. Il y a là, réellement, une vision du monde cohérente, et qui peut fonder un projet global structuré et structurant.

☐ Le néo-paganisme reconstructionniste se teinte fréquemment d'un antichristianisme radical, parfois sataniste. Et pourtant, il peut aussi être pratiqué conjointement avec une religion chrétienne ou réputée telle. Il est vrai que sa nature profonde nous reste inconnue, car il se compose principalement de cultes initiatiques à mystères. Dans l'ensemble, pour autant que nous puissions connaître sa substance, celle-ci nous paraît renvoyer à divers « glocalismes » politiques, hostiles aux États-nations.

Ce type de courants peut paraître insignifiant. Mais on doit se souvenir que cette tendance fut historiquement à l'origine de la Société Thulé, matrice du futur parti nazi allemand – ce qui incite à la prendre au sérieux. Cette mouvance folklorique recrute d'ailleurs à très haut niveau. En Grande-Bretagne, le couple Blair est connu pour avoir fréquenté ces milieux.

☐ Le panthéisme syncrétiste se présente sous la forme d'une sensibilité plus que d'une religion à proprement parler. Il combine en proportions variables des références néo-païennes et gnostiques – la gnose servant, dans ce cas précis, à réconcilier assez arbitrairement les divers monothéismes. Cette sensibilité se répand à travers diverses religions, en partie grâce à l'action des réseaux d'influence mondialistes. Elle recourt souvent à la symbolique maçonnique, sans qu'on puisse être tout à fait certain qu'elle le fasse conformément aux principes maçonniques proprement dits. Nous nous trouvons ici à l'intersection entre la question d'une éventuelle religion mondialiste et celle de l'instrumentalisation des religions par les groupes mondialistes.

Il est difficile de synthétiser le contenu de cette tendance, car à vrai dire, elle n'a pas de doctrine à proprement parler. Disons qu'elle ramène la religion au rapport de l'humanité à son environnement, nie la transcendance bien qu'elle affecte de l'inclure, et énonce plus ou moins explicitement que la réconciliation de l'humanité avec elle-même constitue en soi la fin ultime de toute quête spirituelle. Il n'est pas absurde de voir, dans une telle « religion », une thérapeutique déguisée en spiritualité.

Cette tendance syncrétiste construit ce qui ressemble le plus à une religion intrinsèquement mondialiste. Les esprits curieux pourront par exemple se documenter sur le « Palais de la paix et de la réconciliation », construit à Astana, au Kazakhstan. C'est là que se tient un « Congrès des religions », où l'on réfléchit à la constitution de la future religion planétaire – une idée qui a de l'avenir.

☐ Le courant scientiste du mondialisme est assez hétéroclite. S'y côtoient des sectes comme l'Église de scientologie et des mouvements plus ouverts, certains plus philosophiques que religieux. Il n'est pas possible de synthétiser en quelques phrases les doctrines qui se rattachent à ce courant, car leur diversité est beaucoup trop grande pour qu'on les amalgame.

Cela étant, si les doctrines sont très diverses, la sensibilité générale est relativement homogène. Le scientisme déplace l'espérance métaphysique dans la matière, et confie à la technologie le rôle tenu par la magie dans les religions archaïques. Au rebours des apparences, il s'agit donc en réalité d'un retour en arrière dans l'évolution spirituelle de l'humanité. À bien des égards, le scientisme ressemble à une technicisation des sensibilités panthéistes et néo-païennes.

Le lien entre scientisme et mondialisme est indirect. Le scientisme a généralement pour objectif avoué de transcender la condition humaine à travers la technique. Par la force des choses, cette ambition prométhéenne l'amène à se situer au-delà des enracinements humains préexistants. Le scientisme ne débouche pas nécessairement sur un avenir post-humain unifié à l'échelle planétaire, mais il entend dépasser le présent humain dans sa diversité.

2.2.7.4.3. Qu'en déduire ?

Il ne faut pas s'exagérer la cohérence de cet étrange bestiaire mystico-religieux. Dans les classes supérieures, l'excentricité religieuse est depuis toujours assez bien portée. C'est un privilège de classe.

Il ne faut pas non plus s'exagérer le poids des religions au sein des milieux dirigeants. Si certains membres de ces milieux adhèrent à des cultes initiatiques, il s'agit surtout de personnalités secondaires, et beaucoup n'ont pas ces fantaisies. Une minorité est réellement inscrite dans une religion assez proche de celle pratiquée par les gens ordinaires – pour autant que je puisse le savoir, Benjamin Bernanke, par exemple, est un juif pieux, ni plus, ni moins. Quant à la majorité des membres de l'oligarchie, elle ne semble pas particulièrement intéressée par les questions religieuses.

De toute manière, à mon avis, dans ces milieux, la religion n'est que rarement prise au sérieux. Encore une fois, il s'agit le plus souvent d'une activité de divertissement et d'une occasion de travestissement. Nous pouvons donc espérer que John McCain n'a en réalité jamais écouté John Haggee, que la kabbale frankiste est vue par les *Big Jews* de Wall Street comme une activité intellectuelle de délassement, et que les cérémonies néo-païennes du Bohemian Club constituent avant tout « *an excuse for a beer* »[7].

---

[7] « Une excuse pour une bière » : aux États-Unis et en Grande-Bretagne, se dit parfois des activités qui servent de prétexte à la visite d'un débit de boisson.

Cela étant, il n'est pas absurde de considérer qu'une activité folklorique dit quelque chose sur ceux qui la pratiquent. À cet égard, force est de constater que dans bien des cas, les « spiritualités » en vogue au sein des milieux les plus engagés dans le mondialisme contemporain proposent des *magies*, et non des *éthiques*. Ceci n'est pas tout à fait anodin. On pourrait peut-être en tirer quelques conclusions sur le niveau moral des milieux mondialistes.

Il n'est pas absurde non plus d'envisager l'hypothèse que, derrière une activité pseudo-religieuse en elle-même anodine, se dissimulent des réseaux d'influence on ne peut plus sérieux.

À cet égard, il n'est pas anodin que certaines tendances religieuses du mondialisme contemporain soient dans l'ensemble très « élitistes » ; certes pas au sens où elles exigeraient des qualités d'élite ; mais au sens où elles constituent de bons instruments de cooptation. La plupart des mouvances religieuses ou pseudo-religieuses mondialistes fondent en effet une hiérarchie plus ou moins explicite en opposant une minorité des initiés à la majorité infériorisée.

Sur ce plan, toutes ces « spiritualités » ne se situent pas au même niveau. Certaines ont de bonnes chances d'en contrôler indirectement d'autres.

☐ Le judaïsme et le christianisme sionistes forment un premier ensemble. Cet ensemble, qu'on pourrait nommer le « mondialisme monothéiste », est en réalité à la fois sioniste et mondialiste. Dans la vision du monde de ces gens, les deux termes ont apparemment tendance à converger dans le même projet politique.

On peut raisonnablement supposer qu'en l'occurrence, ce sont les milieux juifs qui manipulent les groupes protestants. La kabbale juive définit en effet une vision du monde infiniment plus sophistiquée que l'exégèse plutôt frustre des télévangélistes nord-américains. Et les capacités de coordination interne et d'influence externe des milieux juifs paraissent bien supérieures à celles des groupes évangéliques, même si ces derniers ont l'avantage du nombre.

☐ Le néo-paganisme, le scientisme et le syncrétisme panthéiste forment un deuxième ensemble, dont l'articulation semble beaucoup plus lâche. On pourrait appeler ce bloc : le « mondialisme polythéiste ». Toutes ses sensibilités partagent en effet le rejet de l'espérance métaphysique, et mettent en avant la même conception d'un monde auto-justifié dans son immanence.

La relation avec le sionisme ne peut être que très indirecte sur le plan doctrinal. Il n'en va pas nécessairement de même sur le plan organisationnel. Dans l'ensemble, les réseaux qui prédominent dans cette mouvance semblent liés historiquement à la franc-maçonnerie et à l'aristocratie britannique. Par ces intermédiaires, il existe certainement des passerelles avec le complexe formé par le christianisme sioniste et le judaïsme des réseaux pro-Israël, mais comment en déterminer la solidité ?

Au sein de cette mouvance floue, les cultes ésotériques néo-païens doivent logiquement prédominer. Ce sont des religions à mystères. Ils sont donc parfaitement équipés pour former des réseaux à plusieurs niveaux d'initiation. De tels réseaux peuvent facilement infiltrer et noyauter la sensibilité floue du panthéisme millénariste et, dans une moindre mesure, les milieux scientistes – où ils doivent sans doute croiser l'influence kabbaliste.

En fin de comptes, toutes ces démarches convergent vers la même sensibilité. C'est *l'effacement des frontières par la négation des identités*, sauf une dans le cas du sionisme, jusqu'à la *désincarnation* pure et simple du principe de la personnalité.

Voilà résumée la question d'une hypothétique « religion mondialiste », à très gros traits.

Pour le reste, je ne souhaite pas entrer dans des considérations trop poussées concernant la religion. J'ai conscience de mes lacunes en la matière. Je suggère simplement au lecteur de rester à l'écoute de tous les signaux, même très faibles, qui peuvent nous parvenir sur cette question.

L'attitude grotesque consistant à sur-interpréter ces signaux pour reconstruire une cohérence factice me paraît révélatrice d'un déni infantile de la complexité du monde. Mais il ne faudrait pas qu'inversement, nous ignorions que cette complexité est aussi tissée par les réseaux d'influence incubés par les sociétés initiatiques.

L'irrationnel est un paramètre à prendre en compte dans toute vision rationnelle du monde. Et cela semble plus vrai que jamais.

L'irruption de l'irrationalité au cœur du pouvoir contemporain n'est pas une exclusivité de l'empire anglo-saxon ou de son annexe israélienne. En Russie, au paroxysme de la crise ukrainienne, le Président Vladimir Poutine a prononcé des discours à côté d'étendards frappés aux armoiries de la Russie. Or, celles-ci portent une représentation de Saint-Georges terrassant le Dragon – allégorie de la victoire de la foi chrétienne sur le Démon. J'ai cru remarquer que les drapeaux étaient placés de manière à mettre cette *icône* en évidence.

On peut supposer qu'il ne s'agit que de propagande, mais tout de même : qui peut garantir que dans l'esprit des dirigeants russes, leur résistance à l'OTAN n'est pas, aussi, l'expression d'un combat spirituel aux prolongements apocalyptiques ?

2.2.8. Sur l'internationalisme

Une des clefs de la stratégie idéologique des mondialistes est l'opposition qu'ils ont construite entre *nationalisme* et *internationalisme*. Cette opposition est en partie fallacieuse. Il faut la déconstruire, si nous voulons un jour pouvoir rendre à l'idée nationale la place qui devrait être la sienne dans l'espérance humaine.

Le nationalisme est une étape dans la construction de la conscience collective des masses. Cette étape n'est un obstacle dans la marche en avant de l'humanité que si elle est pensée comme un aboutissement en soi. Un nationalisme ouvert n'est donc pas l'adversaire de l'internationalisme ; il est au contraire une étape vers celui-ci.

Du point de vue de la mouvance nationaliste, l'opposition réelle ne se joue donc pas entre nationalisme et internationalisme, mais entre un nationalisme ouvert sur la potentialité de l'internationalisme, et un nationalisme fermé à cette potentialité. Ces deux formes de nationalisme s'opposent comme deux projets antinomiques, même si ces deux projets sont apparemment situés au même niveau national et dans le même horizon temporel d'actualité.

En fait, ce qui s'oppose à l'internationalisme, *c'est le mondialisme*. Il s'agit, là encore, de deux projets antinomiques, qui sont quant à eux situés au même niveau planétaire et dans le même horizon temporel lointain. Ces deux projets s'opposent parce que l'internationalisme ne nie pas les nations, alors que le mondialisme les nie. En détruisant les nations, le mondialisme rend évidemment impossible l'inter-nationalisme. Il n'amène pas l'humanité à un stade supérieur dans la prise de conscience d'elle-même ; il rend au contraire impossible le dépassement du stade national en faisant régresser le niveau de conscience en amont de ce stade.

À présent que nous avons esquissé la dialectique du nationalisme et de l'internationalisme, allons plus loin. Essayons de déconstruire la sophistique qui pour l'instant permet la victoire idéologique des mondialistes.

Filons une métaphore artistique. Imaginons un peintre en train de préparer sa palette. Il a du bleu, du jaune et du rouge. Il doit choisir entre peindre une forêt l'automne ou la même forêt l'été. S'il peint cette forêt l'automne, il aura surtout besoin de jaune et de rouge, avec une touche de bleu, parce que la teinte dominante de l'automne, c'est le brun. S'il peint la forêt l'été, il aura surtout besoin de jaune et de bleu, avec une touche de rouge, car la teinte dominante de l'été, c'est le vert.

Ceux qui opposent nationalisme et internationalisme se comportent comme des gens qui opposeraient le rouge à la forêt d'été. Ceux qui confondent mondialisme et internationalisme, et prétendent nier l'étape du nationalisme, se comportent comme des gens qui diraient : « l'été et l'automne, c'est pareil, et par ailleurs nous ne voulons pas de rouge ».

Ce genre d'attitudes n'a aucun sens. Certes, si on préfère l'été, on aura besoin de moins de rouge que si on préférait l'automne. Mais on en aura besoin. Et au fond, on voit bien que chercher à évacuer le rouge de la palette est un moyen d'empêcher le peintre de peindre – car même pour peindre l'été, il lui faudra du rouge.

3. Vive la faillite !

3.1. Texte de l'intervention

3.1.1. Introduction

Cette conférence est intitulée de façon provocante « vive la faillite ».

Il s'agit de l'économie française et de l'interaction entre cette économie et son contexte. Il s'agit, surtout, de comprendre ce que cette interaction amènera sur le plan politique, à l'horizon de quelques années.

Une précision d'emblée : je ne prétends pas ici prévoir ce qui va se passer. J'en suis absolument incapable. En revanche, je vais essayer de circonscrire l'univers des possibles. Je ne saurais vous dire ce qui va se passer, mais peut-être puis-je essayer de déterminer ce qui *peut* se passer.

Nous allons essayer de réfléchir ensemble à la façon dont les évènements peuvent s'enchaîner. On verra que pour des raisons précises, il y a finalement un nombre assez limité de scénarios principaux. Et nous verrons qu'une fois qu'on saura lequel de ces scénarios va se réaliser, la suite des évènements risque d'être à la fois rapide et fluide. Mais n'anticipons pas.

En ce qui concerne la méthode, voici ce que je vous propose. Nous allons nous débarrasser de tous nos présupposés idéologiques. Je ne suis pas là pour vous dire où est le bien et où est le mal. D'ailleurs ça ne vous intéresserait pas de savoir où je situe le bien et où je situe le mal. Je suis là pour essayer, avec vous, de regarder la réalité telle que je peux la percevoir, en fonction des chiffres.

Des chiffres, j'essaierai de ne pas en communiquer trop, et je me bornerai aux grandes tendances, aux ordres de grandeur. Cet exposé sera un peu technique, mais je vais essayer de faire en sorte qu'il puisse être compris sans problème par quelqu'un qui n'a pas une formation de base en économie.

De toute façon, l'économie n'a rien d'une science exacte. C'est un domaine qu'on embrouille à plaisir aujourd'hui, mais en fait il suffit de quelques bases simples pour comprendre comment elle fonctionne – sauf quand on entre dans le domaine de la finance de marché, qui, lui, ne peut pas être abordé sans une solide formation technique.

Le plan de l'exposé sera le suivant : dans un premier temps, je vais vous décrire le contexte global. On ne peut pas comprendre les enjeux de la situation économique de la France si on n'a pas ce contexte en tête. Dans un deuxième temps, je vous présenterai les forces et les faiblesses de l'économie française au regard des questions soulevées par le contexte. Il ne s'agira pas d'un exposé exhaustif : nous ne parlerons que des forces et faiblesses *au regard de l'enjeu principal du contexte*, tel que nous l'aurons mis en évidence. Enfin, dans un troisième temps, nous regarderons comment les ruptures de contexte possibles peuvent interagir avec la politique intérieure française.

Mon objectif n'est pas qu'à la fin de cette conférence, vous repartiez avec des réponses. Mon objectif est que vous repartiez avec des questions. Avec ces questions que, peut-être, si vous n'êtes pas familier des problématiques économiques, vous ne vous étiez pas posées jusqu'ici. À mon avis, quand on réfléchit à l'avenir, le but, ce n'est pas la réponse. Le but c'est la question.

3.1.2. Le contexte

3.1.2.1. Un pouvoir assiégé

3.1.2.1.1. L'humanité prend conscience

Passons maintenant à l'exposé du contexte économique global.

Qu'est-ce qui frappe en premier, quand on regarde l'économie mondiale avec le regard dépassionné du contrôleur de gestion ? Remettons les choses dans leur contexte et dans un cadre large. La première chose qui frappe, et je vais vous étonner, c'est que ça va extraordinairement *bien*.

Nous n'en avons pas conscience, mais en réalité, nous sommes d'une certaine manière collectivement [*Voir note 3.2.1. Sur le concept de richesse collective*] très riches.

Un des moyens de mesurer le pouvoir d'achat des peuples, c'est de regarder combien de temps les gens doivent travailler pour se procurer des biens de base. On peut choisir divers étalons, depuis le kilo de farine jusqu'au costume de ville en passant par la paire de chaussures. L'œuf est sans doute une des références les moins mauvaises, parce qu'il y a peu de variations d'un œuf à l'autre sur son poids. Il y a des nuances de qualité, mais elles ne sont pas énormes.

On a essayé d'estimer combien de temps il fallait à un travailleur en moyenne pour s'acheter un œuf à différentes époques. Quand on remonte loin dans le temps, au Moyen Âge par exemple, les calculs deviennent très incertains. Mais ce qui est sûr, c'est qu'en 1950, sur la base du salaire moyen dans les pays développés, il fallait dix à douze minutes de travail pour un œuf. Or, aujourd'hui, pour s'acheter un œuf, dans les pays développés, il faut environ *trente secondes* de travail.

Cet étalon n'est pas parfait bien sûr, mais il situe les ordres de grandeur. Les pays développés ont aujourd'hui atteint un niveau d'aisance qui aurait fait rêver nos arrière-grands-parents, et que leurs arrière-grands parents n'auraient probablement pas pu imaginer.

Si on définit la richesse comme la capacité à se procurer des choses, nous sommes riches. Nous n'en avons pas conscience. Nous avons souvent l'impression d'être pauvres parce que le sentiment de pauvreté est quelque chose de tout à fait relatif. Mais en termes objectifs, nous sommes riches.

Si on allait expliquer ce que sont les problèmes des Grecs dans certains pays très pauvres d'Afrique, il est probable qu'on ne serait pas compris. Pour les pauvres des pays pauvres, les problèmes des pauvres des pays riches sont des problèmes de riches.

D'une certaine façon, tout va très bien, chez nous. Et cela a une implication politique directe et immédiate. Comme, en un certain sens, nous allons bien économiquement, nous sommes révolutionnaires.

Ce ne sont pas les pauvres qui font les révolutions. Les pauvres, les *vrais* pauvres, sont surtout occupés à survivre. Éventuellement, ils sont utilisés comme masse de manœuvre dans les révolutions. Mais les classes qui font les révolutions, ce sont les classes ascendantes. Car ce sont ces classes qui, enrichies, ont le temps de se mettre à réfléchir. Quand elles butent sur les classes qui les surplombent, ces classes ascendantes prennent conscience des rapports dans lesquels elles sont enfermées. C'est ainsi que l'esprit révolutionnaire naît.

Une très grande partie de l'humanité est aujourd'hui en train d'entrer dans ce processus de conscientisation politique. De plus en plus de personnes en ont les moyens matériels. Des pans entiers de l'espèce sont en train de sortir de la logique de survie. À l'échelle planétaire, le nombre de gens qui ont développé une conscience politique est absolument sans précédent. Leur *proportion* même est sans précédent.

En France, nous ne nous en rendons pas compte, parce que l'humanité qui avance, aujourd'hui, ce n'est plus nous. Nous sommes une avant-garde immobile, mais derrière nous, il y a des masses formidables qui prennent conscience politiquement – en

Chine, en Inde, dans le monde musulman, en Amérique Latine et, même si c'est un peu plus difficile, en Afrique subsaharienne.

Une humanité riche, une humanité qui prend conscience, une humanité révolutionnaire : c'est aujourd'hui *le* fait marquant sur le plan économique et politique à l'échelle planétaire.

3.1.2.1.2. L'activisme trompeur du pouvoir

Qu'est-ce que ce fait implique du point de vue des centres de pouvoir ?

Nous avons l'impression aujourd'hui que nous vivons une époque d'unification et de concentration des centres de pouvoir à l'échelle planétaire. En un sens, c'est vrai, parce que, pour la première fois, on a vu émerger un empire réellement global. Les USA sont aujourd'hui réellement en situation d'apposer leur marque à l'échelle planétaire.

Mais en même temps, notre perception est très fausse. Cet empire est aujourd'hui fragile. Les fondamentaux qui définissent objectivement la puissance autonome se dispersent à nouveau à l'échelle planétaire. Cette dispersion résulte de la montée en puissance de mondes nouveaux, mais aussi des dynamiques spontanées induites par les évolutions technologiques.

Par conséquent, ne soyons pas dupes des apparences.

Nous observons une grande agressivité de la part du cœur du pouvoir dans l'hémisphère occidental, mais ce n'est pas une preuve de sa puissance. C'est au contraire l'indice que ce pouvoir redoute le déclin. Le pouvoir aujourd'hui a peur, car il se sait fragile. Nous avons l'impression qu'il est très fort, mais ce n'est pas vrai du tout. Le pouvoir est en face d'une humanité enrichie et donc révolutionnaire. Il est confronté à la dissémination des pouvoirs à l'échelle planétaire. Et il a peur.

3.1.2.1.3. Le retour de la Chine

Le cœur occidental du pouvoir a, en particulier, un problème majeur. Le fait structurant principal de l'époque, c'est en effet l'émergence de la Chine – ou plutôt, sa réémergence, car pendant la plus grande partie de l'histoire, la Chine a été la première puissance économique du monde.

Pour vous donner une idée de ce que représente ce retour de la Chine à son poids historique dans l'économie mondiale, deux éléments d'information.

Un. Le pays qui a connu le décollage économique le plus rapide et le plus constant de toute l'histoire, jusqu'ici, c'est la Corée du sud. Or, la Chine a des fondamentaux anthropologiques proches de ceux de la Corée. Le quotient intellectuel moyen est comparable et les cultures sont apparentées. Or, la Chine, c'est vingt-cinq fois la Corée. Elle rentre dans l'économie mondialisée en reproduisant la trajectoire de la Corée, et cela revient à dire que vingt-cinq Corées du sud vont rentrer sur le marché mondial – du moins si le mouvement actuel est prolongé jusqu'à son terme. Concrètement, cela implique que les États-Unis risquent fort de perdre très vite leur position centrale dans l'économie mondialisée. Ce n'est pas une certitude, mais c'est une possibilité.

Deux. On dira : « oui, mais les Chinois ne font que rattraper leur retard, ils copient, c'est tout. » C'est déjà ce qu'on disait jadis des Japonais ou des Coréens… Seulement voilà : quel est le pays qui, en 2012, a déposé le plus de brevets dans le monde ? Les USA ? Perdu. C'est la République Populaire de Chine : premier déposant de brevets en 2012.

Il faut se représenter l'impact politique de ce retour chinois en le situant dans un cadre général de dilution du pouvoir géostratégique. Le pouvoir occidental se sent assiégé parce que non seulement le monde se disperse, mais en outre, s'il devait se regrouper, ce ne serait pas nécessairement autour des États-Unis.

3.1.2.2. Un pouvoir dépassé

3.1.2.2.1. Le piège de la croissance

Deuxième élément de contexte : ce pouvoir assiégé est aussi un pouvoir dépassé. Il administre un système qu'il sait non viable, mais qu'il ne sait pas comment réformer.

Partout à travers le monde, les peuples entendent s'aligner sur les standards actuels des pays riches. Cela implique en théorie qu'à terme, vers 2040, dix milliards de personnes devraient, chacune, consommer en termes énergétiques à peu près autant que ce que consomme un Français aujourd'hui. Certes, on va faire des gains en termes d'efficacité énergétique. Mais il y a des limites à cette dynamique positive.

Pour que dix milliards de personnes puissent consommer autant d'énergie qu'un Français d'aujourd'hui, il faut quatre fois l'offre mondiale énergétique actuelle. Et si, par hypothèse, l'humanité entière devait en 2040 consommer autant d'énergie que les Américains contemporains, il faudrait alors à peu près sept fois l'offre énergétique mondiale actuelle.

Facteur aggravant, nous allons vers un problème d'approvisionnement en combustibles liquides à l'horizon d'une dizaine d'années. Le pétrole conventionnel a franchi son pic d'extraction en 2006. Les pétroles de schistes vont peut-être faire croître l'offre encore quelques années, mais dans le courant de la prochaine décennie, il est fort possible qu'elle commence à diminuer. Plus grave encore : l'offre énergétique globale pourrait baisser à partir de 2040 environ, quand on ne pourra plus accroître l'extraction de gaz naturel.

Sauf changement de paradigme technologique imprévisible, nous sommes donc aujourd'hui inscrits dans un système qui n'est pas soutenable au-delà d'une ou deux décennies. Toujours plus de demande pour une offre qui va stagner tôt ou tard : on voit bien qu'il y aura problème.

Mettons-nous donc un moment à la place des gens qui administrent ce système non-viable. Nous admettrons ici que ceux qui en revendiquent l'administration se trouvent au cœur du pouvoir, essentiellement aux USA. Les voilà en face d'une humanité potentiellement révolutionnaire, sur une planète où le pouvoir géostratégique se dilue. Dans ces conditions, ils vont avoir tendance à se crisper dans une posture défensive. Et cela, même s'ils savent qu'ils devraient réformer leur système.

Le pouvoir actuel tient grâce au système de la croissance, parce qu'il repose sur l'argent-dette. Par conséquent, remettre en cause le système de la croissance, c'est contester le pouvoir actuel. De fait, le seul moyen de sortir de l'exigence de croissance, ce serait d'effacer les dettes, parce que c'est pour rembourser les dettes que nous avons impérativement besoin de la croissance. Mais si on efface les dettes, on détruit le fondement du pouvoir impérial.

Les milieux dirigeants sont pris au piège, dans une aporie dont ils ne peuvent plus sortir. Ils sont aux abois. En un moment historique où il faudrait réformer réellement, ils sont les derniers à vouloir le faire. Leur discours obsessionnel sur la nécessité des réformes est surtout là pour dissimuler que la vraie réforme, celle qui remet en cause non les moyens mais les finalités de l'économie, eh bien ils n'en veulent pas.

3.1.2.2.2. Le recours à l'inégalité

Fondamentalement, pour le pouvoir, il y a aujourd'hui deux types de réactions possibles ; positives ou négatives.

Les réactions positives consistent à essayer de sortir du piège en déclenchant un changement de paradigme. Pour cela, il faut une nouvelle révolution technologique.

Le problème c'est que pour l'instant, cette nouvelle révolution technologique ne semble pas *réellement* être en train de commencer, en tout cas si on regarde les chiffres froidement.

Depuis une vingtaine d'années, la croissance de la productivité de l'heure travaillée dans les pays développés est faible [*Voir note 3.2.2. Sur la notion de productivité*]. Cet indicateur est difficile à calculer, mais j'estime pour ma part que cette croissance est tombée aujourd'hui, en réalité, aux alentours de 0,5% par an − les chiffres officiels donnent un résultat légèrement supérieur.

Ce n'est nullement un trend de révolution technologique. En théorie, nous devrions commencer à concrétiser les gains de la « troisième révolution industrielle », par l'alliance des nouvelles technologies de l'information et des énergies durables, avant d'entamer une quatrième révolution industrielle alliant usines intelligentes et objets connectés. Mais pour l'instant, on ne voit pas les résultats concrets de tout ceci, si on observe l'évolution de la productivité au sens où les économistes la mesurent.

Surtout, circonstance aggravante du point de vue des administrateurs du système, ces révolutions industrielles en puissance créeront peut-être de la valeur d'usage, mais elles risquent fort de détruire de la valeur d'échange. C'est pourquoi elles peuvent devenir un problème pour le système financier. C'est là une très grande différence avec les deux premières révolutions industrielles.

En voici un exemple très simple, que je connais bien. J'ai cofondé une maison d'édition, il y a quelques années. Aujourd'hui, nous sommes confrontés à l'émergence du livre électronique. Celui-ci crée de la valeur d'usage, indiscutablement : vous pouvez lire un livre électronique. Mais il détruit de la valeur d'échange, parce qu'il coupe dans la chaîne logistique, presque au point de la faire disparaître. À termes, il ne restera plus que l'auteur, la plate-forme de mise à disposition des livres électroniques et le lecteur. Cela implique qu'on aura anéanti l'imprimeur, et fortement restreint le métier de l'éditeur. Dans l'histoire, on aura aussi détruit le libraire et le diffuseur.

En somme, le remède positif, la troisième révolution industrielle, ne provoquerait pas une expansion de l'économie monétaire. Elle en induirait au contraire la contraction. Et un pouvoir fondé sur l'argent-dette n'a pas intérêt à une telle contraction.

Or, si les remèdes positifs ne sont pas envisageables par le pouvoir, il ne lui reste que les remèdes négatifs. Si le pouvoir ne peut pas relever le défi que représente pour lui la formidable poussée égalitaire qui soulève l'humanité, il lui reste une option : supprimer cette poussée.

C'est tout l'enjeu de la réintroduction de l'inégalité à l'intérieur des sociétés occidentales. En ce sens, ce qu'on nous présente comme une crise, comme quelque chose de malheureux contre lequel le pouvoir se bat, pourrait bien être en fait une solution, que le pouvoir promeut. Il faut bien reconnaître que si on regarde les choses objectivement, pour des gens qui administreraient le système économique actuel dans une perspective gestionnaire, « la crise », ce n'est pas un problème, c'est une solution.

La réintroduction massive de l'inégalité dans la structure des sociétés développées, pour le pouvoir, c'est une solution. Comme toutes les sociétés du monde ont vocation à converger vers ces sociétés développées, si on les fait converger vers une structure fortement inégalitaire, on les fait avancer vers une solution compatible avec les possibilités écologiques et énergétiques de la planète.

Un seul chiffre à ce propos : quelle est la conséquence la plus sensible de ce qui s'est passé en Europe du sud depuis la crise de 2008, sur le plan des grandes variables de l'économie physique ? Eh bien, dans ces pays touchés par la crise, la consommation énergétique a baissé depuis 2008 d'à peu près 10%. CQFD : vous fabriquez des pauvres à l'intérieur du monde riche, et la structure vers laquelle les pays pauvres vont converger devient moins coûteuse sur le plan énergétique. D'une manière générale, vous avez rendu cette structure plus compatible avec une solution pérenne pour la planète dans la deuxième moitié du XXI° siècle.

Bien sûr, la crise n'a pas été entièrement planifiée. Mais pour les gens qui administrent le système, dans une perspective gestionnaire, c'est une solution. C'est une opportunité. C'est l'occasion de régler un certain nombre de problèmes. Il est donc en tout cas envisageable que cette « crise » soit sinon organisée, du moins tolérée par ces gens – comme un moindre mal.

3.1.2.2.3. Le pilotage par le virtuel

Encore faut-il savoir si les dirigeants pilotent quoi que ce soit.

À mon avis, la réponse à cette question est : oui, dans une certaine mesure, les dirigeants sont capables de piloter la crise.

Comment s'effectue concrètement ce pilotage ?

Nous entrons là dans un domaine technique. On s'arrêtera donc aux grands principes, sans entrer dans des détails qui seraient trop longs à exposer.

Ce qui caractérise aujourd'hui l'économie globale sur le plan financier, ce n'est pas le niveau des endettements publics. Les dettes publiques sont bien sûr trop élevées, et il est évident qu'elles ne seront pas remboursées en intégralité dans une monnaie comparable à celle dans laquelle elles ont été contractées. Mais historiquement, il y a de nombreux précédents à cette situation. Un endettement public moyen de l'ordre de 80% voire 100% du PIB, cela s'est vu par exemple à la fin de la Seconde Guerre Mondiale. Et l'expérience prouve que cela peut se résorber.

En revanche, ce qui est absolument sans précédent, c'est le niveau de l'endettement privé. On n'a jamais vu ça. On ne sait d'ailleurs même plus où on en est, on n'arrive plus à compter.

Dans les économies développées, aujourd'hui, on estime en tout cas que l'endettement privé des acteurs non financiers avoisine les 200% du PIB, au bas mot.

Il n'y a pas de précédent à cette situation dans la dynamique du capitalisme tel qu'il s'est historiquement déployé. Jusqu'à une date assez récente, le financement de la croissance par la dette était en quelque sorte affaire d'État. Les banques centrales, à commencer par la Banque d'Angleterre, ont d'ailleurs été conçues au départ en grande partie pour organiser le financement de la croissance à travers la dette publique. La dette privée existait déjà, bien entendu, mais elle restait dans l'ensemble à un niveau plus bas que la dette publique.

Aujourd'hui, la dette privée a explosé dans des proportions extraordinaires. Et elle a fabriqué quelque chose de relativement nouveau, qui rend caducs une bonne partie des raisonnements des économistes classiques et néoclassiques. Le système financier contemporain inclut une énorme bulle virtuelle, maintenue artificiellement en apesanteur, gonflée par la dette. On ouvre les vannes du crédit, et d'énormes masses de capital filent dans une virtualité à peu près complète. Dans cet espace virtuel, ce capital se rémunère artificiellement, sans que ce décrochage entre création monétaire et économie physique n'engendre nécessairement et mécaniquement l'inflation qu'on serait en droit d'en attendre.

Cela veut dire que la théorie quantitative de la monnaie est définitivement dépassée. Elle l'est même au-delà de sa remise en cause keynésienne. Il existe désormais un domaine qui permet aux administrateurs du système économico-financier de sortir artificiellement du capital hors de l'économie réelle, et de le rémunérer fictivement. Donc l'idée de base de la théorie quantitative de la monnaie, à savoir que la vitesse de circulation de la monnaie est une constante, est définitivement caduque.

Toujours sans entrer dans les détails, cela a permis à Ben Bernanke, le président de la Federal Reserve, d'utiliser le virtuel pour piloter le réel, suite à la crise de 2008. Quand on a besoin de liquidités dans l'économie réelle, on fait descendre un peu d'argent du virtuel dans le réel. Et quand on a trop d'argent dans l'économie réelle, on en renvoie dans le virtuel. C'est la régulation par le virtuel. [*Voir note 3.2.3. Sur l'économie financiarisée contemporaine*]

Cette régulation consiste en fin de comptes à recycler les dysfonctionnements du système pour le consolider temporairement. Elle n'est possible que si les grands acteurs de l'économie globale parviennent à se coordonner entre eux. En particulier, il faut que les pays en excédent commercial, donc en premier lieu la Chine, continuent à acheter des bons du trésor américain. Et puis, il faut que les grandes banques s'entendent à peu près entre elles. Il faut pouvoir conclure et faire appliquer des accords plus ou moins secrets entre la Federal Reserve, la Banque Centrale Européenne, la Banque d'Angleterre et la Bank of Japan.

Pour l'instant, ce mode de régulation fonctionne. Et c'est à travers ces mécanismes que l'oligarchie financière occidentale parvient bon an mal an à réguler la crise globale.

Quand une micro-crise locale frappe un pays ou un groupe de pays à un moment donné, il faut donc se demander si ce n'est pas tout bonnement la conséquence d'une décision. Peut-être a-t-on décidé, en haut lieu, qu'on avait intérêt à faire baisser le niveau de vie dans cette partie du monde, et donc à y réintroduire de l'inégalité.

On dit que nous fonctionnons désormais dans un système financier dérégulé, mais ce n'est pas tout à fait exact. Il n'y a plus de régulation systématique sur la base de règles explicites, mais il reste une régulation : celle que les grands acteurs opèrent sur la base de leurs intérêts convergents.

Le système bancaire international possède une force de frappe colossale, s'il parvient à se coordonner. Par le jeu de la création monétaire, bien sûr. Mais aussi par sa maîtrise des énormes masses de capital qui circulent dans la pénombre du *shadow banking*, d'un paradis fiscal à l'autre. Ces marchés dits non régulés servent beaucoup, soit dit en passant, à recycler les revenus croissants de la criminalité. 10 000 milliards de dollars se promèneraient ainsi dans les paradis fiscaux.

Les acteurs qui maîtrisent ces énormes masses financières ont les moyens de réguler l'économie réelle, et ils ne s'en privent pas : ils la régulent tout simplement au mieux de leurs intérêts propres. La « dérégulation » a donc consisté, en pratique, à remplacer la régulation dans l'intérêt de l'ensemble des acteurs par la régulation dans l'intérêt des grands acteurs capables de se coordonner.

Quand un pays comme la Grèce a un problème d'échéance sur sa dette, c'est au pire une affaire de quelques milliards, parfois de quelques centaines de millions d'euros. Pour les gens qui administrent 10 000 milliards de dollars, c'est donc une simple décision à prendre : pourvu qu'ils s'entendent entre eux, ils peuvent laisser couler la Grèce, ou au contraire lui maintenir la tête hors de l'eau. Ainsi va le monde.

3.1.2.3. Petite histoire de la zone euro

3.1.2.3.1. Le contexte euro-américain

Nous avons esquissé le contexte global : un pouvoir assiégé, un pouvoir dépassé, la réintroduction de l'inégalité dans les sociétés développées comme solution, et l'hyper-financiarisation comme instrument de gestion. Reste à dessiner cette sous-partie du contexte global à l'intérieur de laquelle la France évolue : l'Europe, et plus précisément la zone euro.

Contrairement à ce qu'on nous raconte, l'économie n'est pas une science, qui vivrait sa vie de façon désincarnée, loin des enjeux de pouvoir, loin des logiques géopolitiques. C'est, cela a toujours été, et cela sera toujours une fonction annexe du politique.

Quant à l'Union Européenne, un fait apparaît de plus en plus clair : ce n'est qu'une étape. Derrière elle, il y a le grand marché transatlantique. Le projet à long terme, c'est l'unification d'un ensemble regroupant les États-Unis, leurs dépendances américaines et l'Europe. Manifestement, on ne peut pas penser l'histoire de l'Union Européenne, dont celle de la zone euro fait partie, sans garder en tête les stratégies géopolitiques des acteurs en présence.

Zbigniew Brzezinski est un ancien conseiller aux affaires étrangères des présidents Carter et Clinton, longtemps animateur principal de la Commission Trilatérale. C'est aussi un ami personnel de la famille Rockefeller. Dans un livre publié dans les années 90, et intitulé « Le grand échiquier », il a proposé une stratégie aux dirigeants américains à l'égard de l'Europe.

Selon lui, Washington ne devrait pas choisir entre la France et l'Allemagne, tout en privilégiant l'Allemagne comme relais principal. Pourquoi ? Parce que les États-Unis, disait-il, ne pourront conserver leur prééminence globale qu'en établissant un partenariat transatlantique « 1+1 » avec l'Europe. Et pour cela, Washington a besoin que l'Allemagne soit bien arrimée à l'aire occidentale. Et pour arrimer l'Allemagne à l'aire occidentale, il faut qu'un maillon intermédiaire vienne constituer une chaîne reliant le maillon américain au maillon allemand. Et ce maillon intermédiaire dans ce que l'on pourrait appeler la *chaîne de l'impérialisme*, ce peut être la France.

Brzezinski le dit presque dans ces termes. Il n'emploie pas l'expression *chaîne de l'impérialisme*, mais pour le reste, tout y est.

Parlons aussi d'un autre géopoliticien. Ou plutôt, d'un idéologue : Robert Kagan. C'est à la ville le mari de madame Victoria Nulland, qui fut la responsable du secteur Eurasie pour Hillary Clinton, au moment des évènements d'Ukraine. C'est cette même madame Nulland qui s'est rendue célèbre en lançant, lors d'une conversation qui aurait dû rester confidentielle : « Fuck Europe » – sa réponse aux atermoiements des européens, inquiets de la montée des tensions en Ukraine.

Monsieur Kagan a publié récemment un ouvrage intitulé « *The return of history and the end of dreams* », c'est-à-dire littéralement « Le retour de l'histoire et la fin des rêves ». Il y explique que ce qu'il appelle le modèle américain est confronté au défi des « autocraties », c'est-à-dire la Russie et la Chine. Et, ajoute-t-il, il faut se méfier, car les autocraties ont trouvé une formule de gouvernement alliant l'autoritarisme politique et le libéralisme économique. Les autocraties, dit-il, sont désormais capables de construire des économies efficaces et pertinentes – ce que l'URSS n'était jamais parvenue à faire.

Fort de ce constat, Kagan souligne la nécessité de souder les démocraties entre elles, en les coupant des autocraties. Quand on se souvient que ce monsieur inspire probablement madame Nulland, quand elle va à Kiev au moment des évènements qu'on sait, on voit bien de quoi il s'agit.

La relation entre les États-Unis et l'Europe est on ne peut plus ambigüe. En façade, elle est définie par le discours politiquement correct construit autour du partenariat « 1+1 ». Mais en réalité, il s'agit largement de tout autre chose : les USA cherchent à enfermer l'Europe dans leur sphère d'influence. Comme l'URSS, jadis, avait enfermé l'Europe de l'est dans sa sphère d'influence.

Toujours pour continuer à décrire ce contexte euro-américain, on pourra citer aussi un autre ouvrage – a priori sans lien avec les deux livres que nous venons d'évoquer.

Un monsieur Marcel Fratzscher, responsable du département « économie » à l'université Humboldt de Berlin, vient de publier un ouvrage intitulé « l'Illusion-Allemagne ». Dans cet ouvrage figure un tableau très intéressant. Il s'agit des différentiels de rendement entre les avoirs que les résidents d'un pays possèdent à l'étranger et les avoirs que les étrangers possèdent dans ce pays.

La France présente un différentiel proche de zéro. L'Allemagne, elle, est caractérisée par un différentiel d'environ - 1%. C'est-à-dire que les avoirs que les Allemands possèdent à l'étranger leur rapportent 1% de moins que les avoirs que les étrangers possèdent en Allemagne. C'est pour le moins fâcheux : comme les Allemands empilent en ce moment les excédents commerciaux, ils ont de plus en plus d'argent à l'étranger. Cet argent, il va falloir qu'ils commencent à le rentabiliser.

Et puis il y a les USA. Eux présentent un différentiel positif de + *8,7%*. Les placements que les Américains font à l'étranger leur rapportent 8,7% de plus que les placements que les étrangers font aux USA.

On devine, dans ces conditions, pourquoi monsieur Brzezinski veut un partenariat « 1+1 », et pourquoi monsieur Kagan pense qu'il faut contraindre les européens à ce partenariat « 1+1 ». Il faut bien dire qu'ici, « 1+1 », cela veut dire « un voleur + un volé ».

On ne peut pas comprendre l'histoire de l'Union Européenne, dont celle de l'euro fait partie, si on ne la situe pas en référence à cette donne à la fois géopolitique et économique.

3.1.2.3.2. Un projet politique

Cette Europe unifiée sous leur domination, les Américains savent qu'elle sera difficile à construire.

La zone euro elle-même est traversée, en interne, par un conflit latent. Il n'y a pas seulement une ambiguïté dans la relation entre USA et Union Européenne. Tout aussi ambigües sont les relations entre France et Allemagne. Entre une conception française et une conception allemande de l'Europe, on sait bien qu'il faudra un jour choisir.

Les Français ont une certaine conception des rapports entre États. Au fond, c'est une version rénovée du « concert des nations ». Les Allemands ont une autre conception, jadis théorisée par Carl Schmitt. Pour eux, il s'agit de fabriquer un grand espace, à l'intérieur duquel les États s'effacent. Bien sûr, ce grand espace serait piloté par l'État le plus fort à l'intérieur du grand espace, c'est-à-dire l'Allemagne.

Les élites allemandes n'assument pas ce positionnement. Schmitt a dirait-on mauvaise presse – il faut dire que c'était un nazi. Mais quand on décode ce que les dirigeants allemands disent aujourd'hui, on voit très bien que ce qu'ils ont derrière la tête, c'est un schéma schmittien. C'est d'ailleurs tout à fait logique de leur part.

L'histoire de la zone euro ne peut pas être comprise si on ne garde pas en tête la double ambiguïté qui présida à sa construction. Ambiguïté d'un conflit interne non-dit entre France et Allemagne, ambiguïté d'un conflit externe non-dit avec les USA [*Voir note 3.2.4. Sur la nature du projet européen*].

On peut dire que l'histoire de l'euro commence en 1971, bien avant sa naissance formelle. Cette année-là, les USA font sauter le système de Bretton Woods, « *dollar as good as gold* ». Désormais, le dollar vaudra ce qu'on sera prêt à payer pour l'acheter. C'est le système de changes flottants. Et tout de suite, il y a un problème : c'est que personne ne sait très bien ce que ça veut dire, en réalité, un change flottant sans étalon-métal. C'est une situation qui compte quelques précédents historiques, mais jamais s'agissant d'une monnaie de référence.

Confrontés à cette perte complète de repères, les européens s'entendent pour encadrer le change flottant. On organise une politique d'intervention concertée des banques centrales européennes, afin que les monnaies ne fluctuent qu'à l'intérieur d'une fourchette. De temps en temps, quand on y sera obligé, on révisera les cours pivots.

Le Système Monétaire Européen (SME) est donc un système de parités administrées des changes flottants. Système paradoxal, mais qui fonctionna finalement plutôt bien, même s'il y eut constamment des tensions et des difficultés. On peut dire que c'est un succès de la construction européenne. Les choses auraient probablement été pires si le SME n'avait pas existé.

Le problème, c'est qu'en 1989, le Mur de Berlin tombe. L'Allemagne se réunifie. Conséquence immédiate : la situation monétaire allemande devient tout à fait atypique.

Pour des raisons politiques, Helmut Kohl a décidé qu'un mark-est « vaudrait » un mark-ouest, ce qui ne correspond pas du tout à la réalité des pouvoirs d'achat. S'ensuivent de fortes tensions inflationnistes en Allemagne, d'autant plus qu'il faut investir beaucoup pour remettre à niveau l'appareil productif est-allemand. Qui dit phase d'investissement dit inflation, parce qu'il s'écoule toujours un certain temps entre le moment où l'on injecte de l'argent pour financer les investissements et le moment où ceux-ci augmentent la production.

Or, le reste des pays européens est, à la même époque, confronté plutôt à une contraction de l'économie. Au début des années 90 sévit en effet une crise économique courte mais violente.

C'est pourquoi le système monétaire européen explose à moitié.

La Banque centrale allemande impose une politique de taux élevés pour lutter contre l'inflation. La France suit, et le franc reste arrimé au mark, ce qui coûte terriblement cher à l'économie française – on peut dire que les dégâts de l'euro commencent à ce moment-là, parce que c'est déjà sa logique qui est en place : on ne veut pas admettre que la France et l'Allemagne n'ont pas besoin de la même politique monétaire. La Grande-Bretagne et l'Italie, elles, finissent par sortir du SME. La Grande-Bretagne n'y rentrera pas. L'Italie y rentrera quelques années plus tard.

Cette affaire a eu des conséquences néfastes sur la cohésion des européens. Or, cette cohésion, les européens y tiennent, pour des raisons complexes. Certaines de ces raisons sont tout à fait avouables : on sait très bien que quand l'Europe éclate, c'est une tragédie. Mais il y a aussi d'autres raisons, moins avouables.

C'est peu de dire qu'il y eut de grands non-dits entre France et Allemagne, à ce moment-là – ainsi qu'entre européens et Américains.

Les Américains veulent une Europe unie, pour les raisons que j'ai expliquées. Les Allemands, eux, ont toujours visiblement un arrière-plan schmittien en tête. Et quant aux classes dirigeantes françaises, elles espèrent utiliser l'Europe comme un levier de puissance. Elles se disent qu'il est possible d'entrer dans le projet des allemands, pour y introduire leur projet à elles.

Les Français pensaient alors pouvoir établir un rapport de forces favorable avec l'Allemagne, au sein de l'euro. Ils n'avaient pas réalisé que la chute du Mur ouvrait un hinterland à l'Allemagne. Ils n'avaient pas non plus prévu l'explosion des marchés chinois, et la formidable demande de biens d'équipement qui allait en résulter. Il faut se souvenir, à ce propos, que dans les années 90, l'Allemagne passait pour l'homme malade de l'Europe. Et les dirigeants français, donc, se sont trompés dans l'évaluation du rapport de forces : ils espéraient être les passagers clandestins d'un projet allemand, et en fait, c'est l'Allemagne qui est devenue le passager clandestin du projet français.

Les Américains, eux, laissèrent faire, tout en verrouillant leurs alliés d'Europe de l'est. L'élargissement de l'Union Européenne à l'est, en effet, interdit la définition d'une volonté politique autonome en Europe – trop de pays, trop d'intérêts géostratégiques différents. La conjonction de l'euro, qui aurait exigé un approfondissement de la construction européenne, et de l'élargissement à l'est, qui rendait cet approfondissement impossible, a ainsi créé une situation inextricable. L'Europe est devenue impossible à piloter. Les seuls vrais bénéficiaires sont probablement les Américains.

Résumons. Malgré une impressionnante somme d'ambiguïtés et de malentendus, on a mis en place l'euro fondamentalement pour des raisons politiques : il s'agissait d'unifier une Europe menacée d'explosion. Au fond, les acteurs n'étaient pas d'accord entre eux sur la définition même de cette

Europe unifiée, mais ils voulaient tous qu'elle soit unifiée. Le but était d'empêcher les spéculateurs de faire exploser le SME. Et pour cela, le plus simple, c'était de le cadenasser par une monnaie unique, que plus personne ne pourrait disloquer, croyait-on, une fois qu'on l'aurait constituée.

Il y eut à l'époque des discussions entre économistes. Certains se montraient optimistes, soulignant par exemple l'augmentation du commerce intérieur, qui devait logiquement résulter de l'unification monétaire – et qui, d'ailleurs, en résulta effectivement [*Voir note 3.2.5. Sur le dogme de la croissance par le commerce international*]. D'autres spécialistes, plus lucides, tiraient la sonnette d'alarme, rappelant cette évidence que la zone euro ne constituait pas une zone monétaire optimale. Il y avait plusieurs types d'économie nationale, les politiques fiscales étaient beaucoup trop hétérogènes, le droit lui-même était hétérogène, et le marché de l'emploi ne pouvait pas être unifié pour des raisons linguistiques. De toute évidence, il serait très difficile de doter l'Allemagne et l'Europe du sud de la même politique monétaire [*Voir note 3.2.6. Sur la notion de zone monétaire optimale*].

Mais il y avait à l'époque une volonté politique. Les dirigeants ignorèrent toutes les mises en garde, et on ne peut manquer aujourd'hui de sourire devant la propagande qui se déchaîna alors en faveur du projet. La quasi-totalité de la classe politique française fit en 1992 campagne pour le « oui » au traité de Maastricht. Et le « oui » l'emporta. Et l'euro fut mis en place.

3.1.2.3.3. Un succès en trompe l'œil

Dans un premier temps, on eut l'impression d'un grand succès. Mais en économie, il faut être très prudent sur l'interprétation des chiffres, surtout quand on les regarde sur le court terme, sans un recul de quelques années. Ce n'est pas parce qu'un pays a une forte croissance économique qu'il se porte bien. Il faut aussi regarder de quoi cette croissance est faite.

Par exemple, prenons l'Espagne. Il y eut une croissance économique forte dans la foulée de l'introduction de l'euro. Et comment aurait-il pu en aller différemment ? Un afflux de capitaux se produisait soudain dans le pays, qui bénéficiait symboliquement de la garantie de stabilité apportée par la puissance économique allemande. L'Espagne put se financer à des taux et dans des conditions jusque-là réservées à l'économie allemande, réputée pour sa stabilité. Les investisseurs se disaient : « De toute façon, c'est de l'euro, et je pourrai toujours partir ailleurs dans la zone euro s'il y a un problème dans ce pays ».

Et puis, il s'est produit ce qui devait se produire : le gouvernement espagnol s'est révélé incapable de maîtriser l'inflation au niveau où le gouvernement allemand la maîtrisait de son côté [*Voir note 3.2.7. Différentiels d'inflation entre pays européens sur la longue période*]. Aucune surprise à ce sujet : l'Espagne ne dispose pas des structures de base qui expliquent la capacité de la société allemande à maîtriser son inflation, à savoir la cogestion et la pratique des accords de branche.

Résultat : l'inflation espagnole était élevée, « à l'Espagnole ». Mais les taux espagnols, eux, sont restés temporairement ceux de l'euro. Ils bénéficiaient artificiellement du couplage avec l'économie allemande. Et l'Espagne s'est retrouvée en 2004-2005 avec des taux réels négatifs : l'inflation espagnole avoisinait 4%, tandis que les taux directeurs BCE étaient proches de 2%, sans qu'on observât à ce stade une forte poussée de la prime de risque sur les titres espagnols.

Dans de telles conditions d'afflux artificiel de capital à bon marché, le système ne peut que s'emballer. Tout le monde appelle du capital. Certains sont prêts à en donner, d'autres en veulent. Résultat : une bulle gonfle, parce qu'il faut bien que ce capital aille quelque part.

Quand vous avez du capital à investir, il n'y a que deux possibilités. Première possibilité : vous trouvez des investissements rentables, et vous avez réussi un boom économique. Deuxième possibilité : vous n'en trouvez pas, et à terme, ce sera la catastrophe. Vous avez contracté des dettes pour investir dans quelque chose qui ne rapporte pas, donc vous ne pourrez pas rembourser vos dettes. C'est aussi simple que ça.

C'est exactement ce qui est arrivé en Espagne, avec cet immobilier qui explosait de façon complètement délirante, jusqu'à construire des immeubles entiers dans lesquels aujourd'hui il n'y a personne. La catastrophe économique actuelle n'était jamais que l'effacement de cette croissance artificielle.

Pendant la phase d'investissement, la croissance fut au rendez-vous. Mais ce qu'on ne voyait pas, c'est que ce qui croissait, c'étaient des actifs improductifs. On a « fait » de la croissance, et puis un jour, on a constaté qu'on avait mal investi : l'euro avait introduit un biais dans toutes les perceptions des acteurs. Ceux-ci avaient développé des stratégies d'investissement inadaptées. Ce qui reste, à la sortie, c'est la dette.

Très schématiquement, voilà l'histoire de la zone euro de son introduction à la fin des années 2000, vue depuis l'Europe du sud.

3.1.2.3.4. Le compromis instable

2008. Les USA, pour d'autres raisons, ont fait à peu près les mêmes erreurs. Résultat : le dollar menace de s'écrouler. Pour le sauver, il faut que les Américains entraînent le reste du monde dans leur chute.

Je passe sous silence le problème de leurs relations avec le Japon. Ce n'est pas le sujet, même s'il serait intéressant de l'évoquer en parallèle à la question de l'euro – il y a une ressemblance indéniable entre les sociétés allemande et japonaise, et une ressemblance, aussi, dans les stratégies déployées par les USA à l'égard de Tokyo et de Berlin.

Revenons à l'Europe. On peut constater que les spéculateurs s'attaquent aux pays faibles du sud de l'Europe peu de temps après l'explosion de la bulle des *subprimes* aux États-Unis. Or, cela fait longtemps que les spéculateurs savent que ces pays sont faibles. En particulier, on sait depuis longtemps, à la City of London, que les comptes publics grecs sont truqués. Et pour cause, qui a aidé le gouvernement grec à truquer ses comptes pour entrer dans l'euro ? Goldman Sachs. Les banquiers d'affaire londoniens savent bien que les comptes grecs sont truqués, puisqu'ils les ont truqués eux-mêmes.

Et pourtant, ils ne vont officiellement réaliser le problème qu'en 2008. C'est alors qu'ils attaquent la zone euro sur ses points faibles. Une attaque qui porte tout de suite, évidemment.

Ici, deux hypothèses surgissent. L'attaque peut avoir été déclenchée parce qu'on en était arrivé au moment où la non-rentabilité des investissements effectués depuis 2002 devenait visible. Mais elle peut aussi avoir été déclenchée pour fragiliser l'euro, dans une perspective à la fois financière et géopolitique. Il est d'ailleurs très possible que dans la réalité, ces deux hypothèses aient été vérifiées simultanément.

La chronologie des évènements montre en tout cas qu'il y a dû y avoir coordination entre les oligarchies en présence. 2008, crise aux États-Unis. 2009, attaque. 2010, création de la Troïka. Plan d'austérité, Grèce, Portugal. Ces plans ne suffisent pas à redresser la situation – en fait, ils ont même plutôt tendance à l'aggraver.

La Troïka est une instance à la légitimité démocratique nulle, ce qui n'a rien d'original au sein de l'Union Européenne. Mais ce qui, en revanche, constitue une nouveauté, c'est que pour la créer, les dirigeants européens ont renoncé à respecter leurs propres règles. La Troïka n'a donc même pas de légitimité règlementaire. Cette association du FMI, de la BCE et de la Commission de Bruxelles est une instance ad hoc, créée pour répondre à une urgence. Et c'est sur cette seule base qu'elle est chargée de dicter leur politique économique à des pays.

Et quelle politique ! La Troïka a dicté les mêmes programmes aux quatre pays où elle est intervenue : au Portugal, à Chypres, en Grèce, en Irlande. Et cela, alors que les crises de ces quatre pays sont largement différentes. Dans les quatre cas, en pratique, la Troïka a déployé le même arsenal de mesures, aboutissant concrètement au renforcement de l'inégalité socioéconomique. On ne peut manquer d'établir un lien avec le contexte global décrit précédemment.

Ce travail d'écrasement est conduit avec l'accord de la France, qui a traîné un peu les pieds avant d'y consentir – soit dit en passant, le « sauvetage financier » de la Grèce ne fut en réalité que celui des banques créditrices de la Grèce, dont en premier lieu des banques françaises. Mais ce n'est pas la France qui est à la manœuvre ; elle ne peut que préserver les intérêts de ses banques en collaborant à une entreprise fondamentalement anglo-allemande. Et toujours soit dit en passant, l'euro est décidément une monnaie étrange, puisqu'un pays qui n'en est pas membre, la Grande-Bretagne, a voix au chapitre quant à sa gestion.

Du point de vue allemand, cette démarche devait être systématisée. Elle le fut par un traité signé en janvier 2012 : le traité pour la stabilité, la coordination et la gouvernance dans l'union économique et monétaire. Concrètement, ce traité officialise la mise sous tutelle de l'Europe par Berlin [*Voir note 3.2.8. L'euro vu d'Allemagne*].

L'Allemagne, qui dégage des excédents, est effectivement le seul grand pays en apparente bonne santé financière au sein de la zone euro. Cette bonne santé est précaire, mais elle suffit à faire de l'Allemagne le garant du système devant les marchés. Et dans tous les systèmes économiques, c'est celui qui peut payer qui commande. Berlin a donc pris le pouvoir à l'intérieur de la zone euro.

En somme, au printemps 2012, les oligarchies ont fait d'une pierre deux coups. Elles ont introduit de l'inégalité dans les sociétés européennes et ont simultanément satisfait à un projet schmittien de grand espace européen dominé par l'Allemagne.

Et voici qu'en juillet 2012, alors que la spéculation continue à se déchaîner, le président de la BCE, Mario Draghi, lâche deux petites phrases. Il explique en substance que la BCE rachètera si nécessaire les titres des pays en difficulté. Cette déclaration arrête la spéculation immédiatement. C'est fini. La crise des dettes souveraines est apparemment terminée.

Ici, une question ne peut pas ne pas être posée. S'il était si facile d'arrêter la spéculation, pourquoi la BCE ne l'a-t-elle pas fait avant ? Tout s'est passé comme si on avait utilisé une spéculation, probablement enclenchée au départ pour sauver le dollar, afin de prendre appui dessus et d'ainsi justifier l'introduction de l'inégalité dans les sociétés européennes – et la mise sous tutelle économique de l'Europe par l'Allemagne. C'est en tout cas un scénario possible, puisqu'il est compatible avec la réalité telle qu'on peut la percevoir.

Y-eut-il, quelque part entre 2009 et 2012, un accord entre l'oligarchie allemande et l'oligarchie anglo-américaine ? En tout cas, c'est une question qu'on peut se poser.

Nous avons voté en France en mai 2012. François Hollande est allé s'en prendre ensuite à « son véritable ennemi qui n'a pas de visage », la haute finance internationale. C'est-à-dire qu'il a demandé poliment si l'on ne pourrait pas considérer un changement de politique en Europe. Il est possible que son action ait eu un rôle dans le tournant pris par la BCE en juillet 2012, mais en revanche, on doit constater qu'il n'y a eu aucun changement de politique. La doctrine *austéritaire* de la Troïka n'a pas varié d'un pouce, et après quelques palinodies, le gouvernement socialiste français s'en est accommodé – visiblement sans trop de difficultés.

La récompense pour cette soumission est assez facile à comprendre. La dette française a perdu son « triple À ». On se demande d'ailleurs comment elle pouvait encore l'avoir, vu l'état de nos comptes. Mais nous avons quand même emprunté par la suite à taux négatifs.

L'affaire paraît cousue de fil blanc. Surendettée, la République Française est entre les mains des marchés. Qu'ils la soutiennent, et elle vivote. Qu'ils la lâchent, et elle s'écroule. Nous sommes une colonie de l'Empire de la Banque.

Apparemment, la crise de l'euro est terminée. Mais on voit bien qu'en fait, cette accalmie repose sur des équilibres très instables.

L'oligarchie allemande se garde d'ailleurs la possibilité de réactiver la crise à tout moment. La Cour constitutionnelle de la République Fédérale s'est souvenue, à l'occasion d'un arrêt rendu en février 2012, du fait que la façon dont fonctionne actuellement la BCE n'est pas tout à fait conforme à la constitution allemande. En particulier, dans l'esprit du droit allemand, il n'est pas possible de changer la règle pour s'adapter au fait.

Pour l'instant, les Allemands ne réactivent pas la crise, à mon avis parce qu'ils ont besoin des injections de liquidité de la BCE. Ils sont aujourd'hui menacés de déflation. Nous sommes dans la configuration inverse de celle du début des années 90.

Si demain, dans un autre contexte, la République Fédérale a d'autres besoins, peut-être renégociera-t-elle les accords passés avec les anglo-saxons. Lesquels, d'ailleurs, ont de leurs côtés leurs propres contraintes, et peuvent à tout moment réactiver la crise des dettes souveraines en Europe.

De toute façon, chaque crise offre une occasion de faire monter le niveau d'inégalité dans les pays européens. Et comme expliqué précédemment, c'est logiquement un objectif stratégique partagé par toutes les fractions de l'hyperclasse mondialisée qui dirige aujourd'hui le monde occidental.

3.1.2.3.5. Se méfier des thèses trop simples

Il me paraît nécessaire ici de prendre le temps de relativiser la thèse que je viens d'exposer. Je crains d'avoir esquissé un schéma qui, mal compris, pourrait servir de caution à une théorie du « grand complot ».

Très honnêtement, je pense que toute cette affaire ne se déroule pas du tout dans le cadre d'un « grand complot » général. À mon avis, le pilotage se fait principalement à vue, par des accords qui sont passés en fonction des rapports de force temporaires et restent donc constamment révisables.

Il faut également reconnaître que les conséquences de l'euro ne sont pas entièrement négatives. Si son bilan est globalement négatif, il s'est passé des choses positives à l'intérieur de la zone euro. En particulier, on peut remarquer que certains pays ont réellement bénéficié de l'euro. Si on regarde la performance des pays européens depuis son introduction de l'euro, on découvre un tableau très différent de celui que nous percevons en nous focalisant sur les évolutions depuis 2008.

Depuis l'introduction de l'euro, l'Irlande a connu dans l'absolu une très forte croissance de son produit intérieur brut. La Grèce, même la Grèce, était encore en 2012 probablement un peu plus riche, en termes de produit intérieur brut, qu'elle ne l'était avant de se mettre en marche vers l'euro. À l'intérieur de la population grecque, il y a eu des gagnants et des perdants. Il y a désormais un gros problème de répartition des richesses : avec la crise, une partie de la population est tombée dans un gouffre. Mais il y a aussi eu des gagnants de l'euro, même en Grèce.

Il faut également souligner que l'introduction de l'euro a eu des conséquences non calculées pour les Allemands. Les économistes allemands commencent d'ailleurs à s'inquiéter très sérieusement. L'Allemagne n'a pas exporté ses problèmes sans importer ceux des autres.

Les Allemands constatent aujourd'hui qu'ils ont un gros déficit d'investissement dans leurs infrastructures. Pour asseoir leur suprématie à l'intérieur de la zone euro, ils ont pratiqué une politique de déflation compétitive qui leur a fait très mal. Ils se sont violemment contraints pour afficher des comptes publics à l'équilibre.

Il faut toujours se méfier des explications simples, et toujours rester à l'écoute de tous les signaux, pour comprendre la complexité des situations. Un des chocs en retour prévisibles de l'avenir réside dans les paradoxes de l'économie allemande contemporaine : il n'est pas certain que la première puissance économique du continent ait encore très longtemps intérêt à maintenir la zone euro.

3.1.2.3.6. L'euro, ou comment s'en débarrasser ?

Que va devenir l'euro ?

L'euro n'est pas viable. Dans l'état actuel des choses, en tout cas.

Il n'est pas viable parce qu'une monnaie unique, pour des économies très disparates, inscrites dans des cycles désynchronisés, ne peut pas être viable sans transferts budgétaires entre les États. Il est évident que ça ne peut pas marcher.

En réalité, ce dysfonctionnement n'a pas pu ne pas être calculé. On a emmené les peuples jusqu'au milieu du gué. Il y a maintenant deux possibilités. Première possibilité : on fait exploser la zone euro, et on revient sur la berge d'où on vient. Deuxième possibilité : puisqu'on est au milieu du gué, autant aller à présent sur l'autre rive, c'est-à-dire jusqu'à la création d'un État européen unifié.

Si on unifie les législations, si on unifie les pratiques sociales, si on unifie la gestion budgétaire, à ce moment-là, l'euro peut devenir à peu près viable. Il restera quand même de très sérieux problèmes, parce qu'il y a une chose qu'on ne peut pas unifier : les nations, dans leur réalité charnelle. On peut décider qu'on donne les mêmes règles aux Allemands, aux Grecs, aux Finlandais. Mais encore faut-il faut savoir comment ils vont les interpréter, et surtout s'ils vont les respecter.

Voilà pour le contexte.

Récapitulons : un pouvoir global assiégé, dépassé, obligé d'administrer un système qui n'est pas soutenable. Ce pouvoir trouve logiquement une porte de sortie dans le renforcement des inégalités dans les sociétés développées. Et l'euro, ici, joue manifestement un rôle important.

Simultanément, les États-Unis cherchent à mettre sous contrôle l'Europe, tandis qu'à l'intérieur de l'Europe une puissance prédominante, l'Allemagne, s'efforce d'unifier le continent sous sa coupe. Il semble que les USA et l'Allemagne soient, à ce stade, parvenus à définir un modus vivendi pour adosser leurs projets l'un à l'autre. Mais on sent bien que cet équilibre est fragile.

Au fond, tout converge vers la question de l'euro. De la date et des modalités de sa disparition comme monnaie unique risque fort de sortir la configuration géopolitique du siècle à venir.

Et puis il y a la France. Nous autres, au milieu de tout cela, avec nos forces, nos faiblesses et une capacité à faire percevoir notre pouvoir géopolitique à la mesure du charisme de François Hollande.

3.1.3. Forces et faiblesses françaises

3.1.3.1. Nos forces

3.1.3.1.1. Nos marges de manœuvre financières

Quelles sont les forces et les faiblesses de la France, cette puissance moyenne en déclin, qui se trouve dans ce contexte ?

Il ne s'agit pas ici d'en dresser une liste exhaustive. Ce qui nous intéresse, c'est essentiellement ce qui se passerait pour la France dans l'hypothèse où elle serait amenée à sortir de la zone euro, soit par une décision qui lui serait propre, soit parce que la zone euro elle-même exploserait en plein vol. [*Voir note 3.2.10. L'explosion de l'euro, quelle probabilité, quelles modalités ?*]. En outre, dans cette perspective, focalisons-nous sur ce qui distingue la France – nous omettrons dans ce rapide tour d'horizon les forces et les faiblesses qu'elle partage avec les autres pays européens.

Après le numéro de *Hollande bashing*, et donc indirectement de *French bashing*, auquel je viens de me livrer, je voudrais ici rappeler deux trois petites choses sur notre pays, qui prouvent que nous ne sommes pas plus bêtes que les autres.

D'abord nous sommes un pays doté de marges de manœuvre financières très importantes. Il y a quelques années, le crédit suisse a fait une étude sur le patrimoine des populations. C'était une étude de marché, du point de vue des banquiers, donc a priori une étude sans idéologie. Du travail sérieux, probablement fiable puisqu'il devait servir au ciblage marketing – en la matière, on peut compter sur les banquiers suisses.

La conclusion de cette étude, c'est qu'il existe un pays extraordinaire, où 5% des habitants sont millionnaires en dollars, et où l'endettement des ménages ne pèsent que 11% de leur actif bruit, contre 20 à 30% dans la plupart des pays développées.

Ce pays extraordinaire, c'est la France.

Nous sommes collectivement dotés de réserves financières appréciables. Bien sûr, ça ne se voit pas : nous avons un État surendetté. Mais en tant que peuple, nous sommes vraiment dotés de réserves importantes, et ce serait évidemment un atout important en cas de crise financière. [*Voir note 3.2.11. Un peu de prospective*]

Nous avons deux points faibles : d'abord une grande partie de notre épargne passe dans la bulle immobilière. Ceci implique que le jour où cette bulle finira par imploser, on va se rendre compte que nous sommes quand même moins aisés que ce que nous pensions. Et puis d'autre part, si nous avons beaucoup de millionnaires, les patrimoines intermédiaires, entre 100 000 et 1 millions d'euros, sont moins nombreux chez nous que dans certains pays européens.

L'image de la France, soi-disant pays égalitaire et pauvre, est donc totalement erronée. Nous sommes un pays inégalitaire doté d'une épargne surabondante.

Cette situation présente un avantage et un inconvénient. L'avantage, c'est qu'en réalité, nous pouvons probablement couvrir notre endettement moins mal que beaucoup d'autres. L'inconvénient, c'est que pour couvrir l'endettement de l'État, il y a l'argent qui est dans notre poche. Je n'ai pas besoin d'en dire plus : nous sommes probablement tous français dans la salle, et nous savons que le fisc, chez nous, dispose d'une puissance formidable.

3.1.3.1.2. Notre nombre

Deuxième point fort à signaler : nous sommes nombreux.

D'abord nous sommes nombreux dans l'absolu. C'est la raison de fond pour laquelle nous avons des marges de manœuvre. Nous n'avons actuellement plus les moyens de poser nos conditions en Europe, mais ce n'est pas une situation structurelle.

C'est que ce que je disais récemment à un ami suisse : « Écoutez, vous les Suisses, vous êtes formidables. Vous êtes 7 millions, et vous avez toutes les qualités. Courageux, travailleurs, bravo. Nous les Français, nous avons tous les défauts : forts en gueule, flemmards, nous sommes nuls. Mais comme nous sommes 70 millions à avoir tous les défauts, alors que vous n'êtes que 7 millions à avoir toutes les qualités, c'est quand même nous qui allons écrire l'histoire ! »

Nous avons tout à fait le poids qu'il faut pour peser en Europe. Si un jour se trouve en France un pouvoir pour dire aux autres Européens qu'ils ne feront pas l'Europe sans nous, ils seront bien obligés de constater que c'est vrai.

Surtout, nous allons rester nombreux. Notre nombre ne va pas diminuer. Nous sommes le seul des grands pays européens continentaux à être dans cette situation. On pense que la courbe de la population française et la courbe de la population allemande vont se croiser vers 2035 – sauf si l'Allemagne bénéficie d'une forte immigration. Dans un quart de siècle, il y aura probablement plus de Français que d'Allemands. Les Italiens font actuellement 1,2 enfants par femme. Faites le calcul de leur nombre en 2040. Les Espagnols, c'est pareil. La France, elle, possède un indice de fécondité d'environ 2 enfants par femme[8].

Même s'il faudra limiter l'immigration pour des raisons de cohésion nationale, il y aura encore des flux migratoires positifs pendant un certain temps. Dans ces conditions, sous réserve évidemment que nous arrivions à intégrer les populations extra-européennes présentes sur notre sol, on peut penser que la population active française ne va pas diminuer significativement dans les décennies qui viennent.

Donc non seulement nous sommes riches, mais en plus, si on ramène notre endettement au nombre de gens qui vont avoir à le rembourser, notre situation est bien moins dégradée que celle de beaucoup de pays développés.

---

[8] Je n'ignore pas, bien sûr, qu'une partie de notre relative bonne santé démographique vient de naissances extra-européennes, dont on peut se demander dans quelle mesure elles sont celles de petits Français. Mais d'une part, il semble que même sans cet apport, nous nous portions moins mal que la plupart de nos voisins, et d'autre part, l'objet de la conférence était l'économie – pas la question de l'identité.

3.1.3.1.3. La taille critique

Autre atout : nous avons économiquement la taille critique pour nouer les alliances de notre choix.

Nous ne pouvons pas aisément exister par nous-mêmes dans l'économie contemporaine. Nous avons un marché intérieur trop petit pour cela. Mais notre poids économique atteint en revanche la taille critique pour que nous allions frapper, par exemple, à la porte des BRICS, et obtenir d'eux de véritables contreparties en échange de notre ralliement à certaines de leurs positions.

Ce constat permet de démonter un des principaux arguments opposés aux adversaires de l'euro. On nous dit que la France n'est pas assez grande pour se défendre seule dans l'économie contemporaine – ce qui est vrai. On ajoute qu'elle est « donc » obligée d'entrer dans le jeu défini par les USA et l'Union Européenne. Mais ce « donc » n'en est pas un. Dans le monde, il y a d'autres alliés possibles que les États-Unis – la Chine, l'Inde, la Russie, le Brésil, et l'Amérique Latine d'une façon générale.

Nous avons tout à fait la taille critique pour aller frapper à la porte de ces gens-là. Les petits pays européens, eux, sont probablement prisonniers. Ils n'ont pas vraiment les moyens de se dégager de l'emprise de leurs protecteurs occidentaux, et ils ne pèsent pas assez lourds pour que les Russes ou les Chinois risquent un conflit avec les USA en s'associant avec eux.

Nous n'avons pas ce problème. C'est pourquoi un pouvoir français décidé aurait les moyens de faire sentir un pouvoir géostratégique réel. Nous avons des choses à négocier. Nous ne sommes pas obligés de dire « amen » à toute demande émanant de Washington ou de Berlin. Certains prétendent que nous n'aurions pas le choix. Ils mentent, ou ils se trompent.

3.1.3.1.4. Le droit de la dette

Enfin, dans la perspective du grand désordre monétaire à venir, nous avons un ultime atout, peut-être le plus important. Nous bénéficions du privilège des grands pays : c'est nous qui décidons du droit de notre dette.

La République Française s'est endettée, et avec cet argent emprunté, elle a fait à peu près n'importe quoi. Mais voilà une chose qu'on n'explique pas dans les médias : quand un pays emprunte sur les marchés, il y a des contrats derrière ses emprunts. Dans quel droit ces contrats sont-ils inscrits ?

Les petits pays n'ont pas les moyens d'imposer leur droit. Par exemple, la Grèce a aujourd'hui un problème majeur : les deux tiers de sa dette publique correspondent à des contrats en droit étranger, britannique par exemple. Pour les Grecs, c'est un problème majeur : s'ils sortent de l'euro, les deux tiers de leur dette restent libellés en euros.

La France n'a pas ce problème. À peu près 95% de notre dette publique est en droit français. Un peu plus de la moitié de notre dette privée internationale est aussi en droit français. Ce que cela implique, c'est que la puissance publique, chez nous, définit les modalités juridiques d'évolution de notre endettement. Donc, si la zone euro explosait, l'essentiel de notre dette serait converti en francs.

Quand on fait la somme de nos atouts, il est clair que dans les faits, la France a les moyens de sortir de l'euro.

Les Français sont un des peuples les plus pessimistes du monde. Si on en croit les sondages, 90% d'entre eux pensent que leurs enfants vivront plus mal qu'eux. C'est peut-être de la lucidité, mais il ne faudrait pas que cette lucidité devienne handicapante. Nous pouvons et nous devons reprendre confiance en nous.

3.1.3.2. Nos faiblesses

3.1.3.2.1. Le déclin

Cela étant, nous avons aussi des points faibles.

Pour dire les choses simplement, nous sommes en déclin. Nous partons de haut, mais nous descendons vite.

Notre commerce extérieur est en chute lente mais régulière. Année après année, il se dégrade. Traditionnellement, il était à peu près équilibré. La France n'a jamais été une grande puissance exportatrice : elle n'a ni la culture qu'il faut, ni le profil économique, ni la diaspora – c'est un de nos plus grands points faibles, nous ne sommes pas un peuple diasporique. Mais nous arrivions à peu près à équilibrer les choses, malgré notre facture pétrolière. Dans l'ensemble, nous étions même plutôt légèrement en excédent depuis quelques décennies.

Depuis le début des années 2000, nous descendons doucement. Aujourd'hui, nous avons un déficit de l'ordre de 70 milliards d'euros. Cela commence à être assez significatif, de l'ordre de 3% du PIB.

La cause principale, même si on ne la retrouve pas toujours en lecture directe dans les chiffres, c'est un véritable effondrement industriel. À long terme, cela ne sera pas sans impact sur notre capacité à agir en Europe. Un seul chiffre, pour donner une idée : le nombre de robots dans l'industrie. 150 000 en Allemagne, 30 000 en France. À cette échelle, la loi des grands nombres s'applique, et donc le nombre de robots donne une idée de la puissance de robotisation. Elle est cinq fois plus élevée en Allemagne qu'en France. Voilà qui esquisse les rapports de force qui sont en train de s'établir en termes de puissance industrielle.

On peut se demander d'ailleurs si ce n'est pas en partie volontaire. Comme expliqué précédemment, la géopolitique française s'appuie sur les États, et elle est donc moins compatible avec la géopolitique américaine qu'une géopolitique allemande de grands espaces. Dans ces conditions, on peut se demander s'il n'y a pas une espèce de volonté diffuse dans les classes dirigeantes du capitalisme globalisé : détruire la puissance industrielle française précisément parce que la France est dangereuse pour le projet mondialiste. Et s'il s'agissait d'une démolition programmée ?

Quand on voit les erreurs constantes du pouvoir en France, on se dit : mais ce n'est pas possible, ils le font exprès. On dirait que tout le pays n'est plus piloté que pour la galerie. On se gargarise avec le crédit recherche, et pendant ce temps-là, les taux d'investissement dans la recherche diminuent en France, alors qu'ils augmentent partout ailleurs. Où est le grand plan de relance ? Qu'est-ce qu'on fait ? Rien de sérieux. On ne compte plus les grands groupes industriels au bord de la faillite, manifestement mal pilotés : AREVA, ALSTHOM... On se demande s'il n'y a pas une épuration au niveau des dirigeants, comme s'il fallait éjecter ceux qui, précisément, ne font pas n'importe quoi. On pense par exemple à Christophe de Margerie, le président de Total, qui a eu un accident d'avion à Moscou dans des conditions suspectes.

Tout cela ressemble à l'organisation d'une implosion économique. C'est peut-être tout simplement parce que nous sommes dirigés par des nuls – et nous sommes dirigés par des nuls, effectivement. Mais peut-être aussi certains le font-ils un peu exprès, d'être nuls.

3.1.3.2.2. Le blocage

Outre l'implosion industrielle et ses conséquences sur le commerce extérieur, notre pays souffre d'un problème de fond, qui sous-tend une grande partie de nos difficultés dans divers domaines : notre société est bloquée.

Une chose très frappante dans les courbes des grandes variables de l'économie française : leur régularité. Il y a des pays dont les courbes sont généralement sinusoïdales. D'autres pays présentent de manière récurrente des courbes heurtées et irrégulières. En France, nos courbes sont souvent presque des droites. Plutôt orientées à la baisse actuellement sur les indicateurs positifs, et à la hausse sur les indicateurs négatifs.

D'où vient l'étrange régularité de nos courbes ?

Dans les autres pays d'Europe et du monde, on prend des décisions. On fait des choix, on opère des changements. Parfois, on fait rigoureusement n'importe quoi, mais on fait des choses. La société n'est pas bloquée. Elle n'est pas verrouillée de tous côtés par des effets cliquets.

Chez nous, c'est verrouillé, c'est bloqué. On ne peut pas bouger.

Tout est *idéologisé*. Et cette idéologisation ne sert, généralement, que de faux-nez aux conservatismes les plus étroits.

Par exemple, on ne peut pas baisser la dépense publique. Si on dit qu'on veut baisser la dépense publique, on est obligatoirement un salaud et un fou furieux ultralibéral. Ainsi, si je dis qu'il n'est pas particulièrement malin de balancer chaque année des milliards dans une Éducation Nationale qui fonctionne en dépit du bon sens, et qu'on ferait peut-être mieux de baisser les budgets et d'augmenter le bon sens, me voilà qualifié d'ultralibéral.

Autre exemple : si je dis que je ne comprends pas pourquoi il est impossible de revenir sur un avantage acquis, suis-je automatiquement un salaud qui veut développer les inégalités ? Mais je ne veux pas développer les inégalités ! Un avantage, c'est un privilège, qui peut être justifié ou ne pas l'être. La défense de l'égalité, ce n'est pas la défense des avantages acquis, c'est même plutôt leur remise en cause. Mais il existe une idéologie dominante, fruit des compromis entre intérêts catégoriels de tous poils, qui interdit de faire ce simple constat. [*Voir note 3.2.12. Comment une société se bloque*].

Nous sommes un pays bloqué. Et c'est un vrai problème, car cela renvoie implicitement à notre anthropologie fondamentale.

Qu'est-ce qui caractérise le Français, si on s'intéresse aux conséquences de son anthropologie sur le plan économique ?

Ce n'est pas tellement sa latinité, parce qu'il n'est pas si latin que ça. D'ailleurs, ici, à Strasbourg, la latinité, je ne suis pas sûr que ce soit fondamental.

Ce n'est pas tellement son catholicisme. La France est certes la fille aînée de l'Église, mais c'est une fille qui a donné beaucoup de souci à sa mère. Le catholicisme est réellement structurant dans quelques régions, mais pas partout sur le territoire.

Ce qui caractérise en revanche le Français pratiquement partout sur le territoire, c'est qu'historiquement, c'est un *paysan*, dominé par un *État central fort*.

À mon avis, ce que nous avons de bon en nous, c'est notre héritage paysan. C'est parce que nous sommes paysans que nous sommes riches : le paysan est prudent, le paysan a du bon sens.

Mais ce paysan est dominé par un État central très fort, parce que l'histoire a fait les choses ainsi. Or, dans l'ensemble, les peuples qui ont été longtemps dominés par un État central très fort présentent une même particularité : ce sont des peuples au sein desquels les individus et les sous-groupes ne se font pas confiance. Ce n'est pas qu'un problème français. C'est très sensible par exemple dans certains des ex-pays de l'est.

Quand un État se met en situation de réguler tous les aspects de la vie collective, il capte en quelque sorte des fonctions sociales qui normalement permettent à la société de s'auto-organiser. Il dispense les individus de construire une éthique partagée, et de s'y tenir. Si dans certains pays les gens se font plus confiance que dans d'autres pays, c'est généralement parce qu'ils *peuvent* se faire confiance. Et s'ils peuvent se faire confiance, c'est parce qu'ils savent qu'ils partagent une même éthique. Mais quand tout tient par l'État, les individus perdent l'habitude de construire et de respecter cette éthique partagée.

Voilà notre grand problème. Le résultat, c'est une société administrée par une petite classe dirigeante clientéliste, avec sous elle des gens qui s'épient les uns les autres pour savoir qui reçoit un peu plus que le voisin. Et on ne peut plus rien faire bouger. On n'est plus du tout dans des logiques saines du type « on a un problème, on va le résoudre ». On bascule dans des logiques malsaines du type « à qui la faute ? », et « pourquoi, lui, il a un peu plus que moi ? ».

Voilà pourquoi on observe en France toutes ces courbes qui descendent lentement, quand il s'agit de variables positives, et qui montent lentement, quand il s'agit de variables négatives. Toujours plus de dépenses publiques. Un commerce extérieur qui tombe lentement. Une industrie qui disparaît. Et on ne fait rien, et on n'arrive pas à bouger, fondamentalement parce que toutes sortes d'effets cliquets nous bloquent et nous paralysent.

Quand la zone euro aura explosé, nous ne pourrons plus continuer à nous comporter ainsi. C'est évident.

3.1.3.3. Conservatismes associés

La France a des atouts considérables : nous avons des marges de manœuvre financières importantes, nous sommes nombreux et devrions le rester, nous sommes capables de peser dans le monde, et quant à notre dette, c'est nous qui disons comment elle fonctionne. À priori, dans la perspective d'une explosion de l'euro, nous avons les moyens de faire face.

Mais nous avons un vrai problème : nous sommes en train de tomber lentement, parce que notre société est bloquée. Un système s'est mis en place, à l'intérieur du pays, un système clientéliste organisé par une classe politique coupée du monde, qui n'a plus conscience des réalités.

À ce propos, un seul chiffre : 55% de nos parlementaires ont fait carrière dans la fonction publique. Je n'ai évidemment rien contre les fonctionnaires. Un fonctionnaire a tout à fait le droit d'avoir des opinions. Mais est-il normal que la majorité de nos parlementaires soient issus de la fonction publique ? Et ne faisons pas le compte des anciens Premiers Ministres issus de l'École Nationale d'Administration ! On peut se poser des questions, tout de même.

Ce qui caractérise le fonctionnement de la politique intérieure française, aujourd'hui, c'est qu'un étrange adossement a été petit à petit édifié entre notre système intérieur clientéliste et un système extérieur que j'ai décrit avant, dans le contexte global, à savoir le condominium américano-germanique en train de s'installer en Europe. À mes yeux, telle est la réalité de ce que nous vivons aujourd'hui, et que nous ressentons comme une pesanteur, un blocage, un verrouillage du pays. [*Voir note 3.2.9. Gagnants et perdants de l'euro*]

3.1.4. L'avenir

3.1.4.1. La grande question

Dernière partie de cet exposé : quelles sont les ruptures de contexte possibles ? Qu'est-ce qui peut sortir de tout ceci ?

Évidemment, la question surdéterminante est le destin de l'euro. Si on s'en tient aux logiques économiques saines, comme l'a très bien montré Jacques Sapir, l'euro ne peut pas passer l'hiver. Avec ce qui est en train de se passer dans l'Europe du sud, il n'est normalement pas possible qu'on maintienne l'euro.

L'Italie, sous cet angle, est particulièrement importante. C'est un grand pays structurant, comme la France. Pour des raisons différentes des nôtres, elle se retrouve dans une situation de déclin légèrement plus grave que la nôtre. C'est le seul grand pays d'Europe où le PIB a pratiquement stagné en volume depuis l'introduction de la monnaie unique. Le taux d'endettement public est insoutenable en théorie.

Alors certes, comme la France, c'est un pays bien mieux pourvu que les Italiens eux-mêmes ne le croient. L'Italie du nord est une des régions les plus aisées du monde en termes de patrimoine moyen. Mais il est notoirement impossible de saisir la fortune privée, là-bas. La France est un État, mais l'Italie est un état d'esprit. Pour arriver à saisir un contribuable dans le nord de l'Italie, il faut s'accrocher. Dans le sud, n'en parlons pas.

Normalement, ce pays-là ne peut pas rester encore très longtemps dans la zone euro. Et comme c'est un pays structurant, son départ risque de sonner le glas de la monnaie unique. C'est en gros le calcul de Jacques Sapir, qui a écrit récemment un article très intéressant là-dessus [*Voir orientations bibliographiques*].

Le problème, c'est que le raisonnement de Sapir serait exact si la crise n'était pas instrumentalisée et pilotée. Mais comme je l'ai expliqué, tant que les oligarchies s'entendent, elles arrivent à rendre pilotable les crises locales qui se déclenchent, ou qui ne se déclenchent pas. Il leur suffit après tout de décider qu'une petite porte va s'ouvrir à l'arrière de la Banca d'Italia, que par cette petite porte, on fera rentrer quelques milliards d'euros, et le collapsus italien est différé. Et les dirigeants peuvent répéter l'opération régulièrement pendant un certain temps.

Donc l'avenir de l'euro dépend beaucoup de ce que les dirigeants vont décider.

À un moment, forcément, il faudra bien qu'ils choisissent : ou faire sauter la monnaie unique, ou s'orienter carrément vers la constitution d'un État européen unifié. Ils seront obligés de choisir pour finir, parce qu'on ne peut pas rester éternellement au milieu du gué. C'est trop dangereux : ils risquent de perdre le contrôle de la situation s'ils cessent de s'entendre entre eux.

Est-ce que les dirigeants européens peuvent construire cet État unifié ? C'est très complexe, c'est très difficile, et puis, ils ne sont pas obligés de le choisir. Sa constitution les obligerait à gérer ensuite directement, au niveau de l'oligarchie centrale, des problèmes qu'ils ont plutôt intérêt à cantonner dans des périphéries externalisées.

C'est pourquoi je pense que tôt ou tard, nos dirigeants feront exploser la zone euro. Parce qu'ils n'iront probablement pas vers l'État européen unifié, et parce qu'il est tout de même dangereux de maintenir indéfiniment la situation actuelle.

Mais par contre, je ne peux pas vous dire quand cela se produira. Après tout, si la situation actuelle est dangereuse, elle présente un intérêt : comme expliqué précédemment, que l'euro ne fonctionne pas n'est pas un problème pour le pouvoir ; ce peut même être une opportunité. Il y a donc plusieurs forces opposées, qui poussent les classes dirigeantes à faire exploser l'euro, ou bien au contraire à le maintenir.

Dans ces conditions, il est bien difficile de savoir quelles ruptures de contexte vont avoir lieu à quel moment.

3.1.4.2. Autodiagnostic et modestie

Il faut savoir s'auto-diagnostiquer. Depuis 2006, j'essaye d'écrire sur ces questions-là, et j'ai donc formulé un certain nombre d'hypothèses sur les scénarios possibles ou pas. Il y a trois domaines : les tendances économiques lourdes, la psychologie collective et ce que vont faire les dirigeants.

Sur les tendances économiques lourdes, ce n'est pas à moi de me tresser des couronnes, mais je crois que je ne me suis pas beaucoup trompé. Honnêtement. Prenez mon bouquin « Crise ou coup d'État ? », et vous verrez, je ne me suis pas beaucoup trompé.

Sur la psychologie collective, je ne me suis pas beaucoup trompé non plus. Prenez mon bouquin « crise économique ou crise du sens ? », et vous verrez, j'ai vu juste.

Par contre, sur ce que vont faire les dirigeants, je me trompe tout le temps. Manifestement, il y a là quelque chose que je ne comprends pas.

Par exemple, je pensais que le travail de Ben Bernanke à la Réserve Fédérale des États-Unis serait de faire sauter le système dollar. Comme ce système n'est pas viable, il faudra bien le faire sauter. Je me suis dit : « Ce gars-là a été mis en place pour faire sauter le système ; c'est un universitaire, il ne fait pas vraiment partie du top niveau des banques d'affaires : il a une tête à chapeau. Ils vont lui faire porter le fait qu'à un moment, le dollar doit sauter pour qu'on mette autre chose à la place. » Eh bien, je me suis trompé : ce n'est pas ce qui s'est passé. Donc visiblement, ma logique consistant à analyser qui était Bernanke pour savoir quel rôle on lui ferait jouer, ce n'était pas la bonne logique.

J'ai essayé de deviner ce que ferait Mario Draghi à la BCE. Vu son parcours d'ancien de Goldman Sachs, je me suis dit que son travail serait de verrouiller la politique monétaire européenne pour achever de couler l'Europe, afin que le capital file vers les USA. Ce n'est pas ça qu'il a fait, au final, même si par moment, ça a pu y ressembler. Je me suis trompé, parce qu'il y a eu probablement un accord entre Allemands et anglo-saxons, et je ne l'ai pas vu venir. J'ai mal prévu.

Même chose pour Angela Merkel. J'étais convaincu que malgré son atlantisme quasiment congénital, à un certain moment, elle allait à sa façon, c'est-à-dire sans vraiment décider, rééquilibrer la position allemande entre la Russie et les USA. Je pensais que ça finirait par arriver. Entre l'affaire Snowden, le pillage à répétition des banques allemandes par leurs concurrentes anglo-saxonnes et la guerre en Ukraine évidemment suscitée par les États-Unis, il y a bien des raisons pour que les classes dirigeantes allemandes s'éloignent de l'Anglosphère. Mais non, ce n'est pas ce qui s'est passé. Merkel réaffirme actuellement l'axe USA-Allemagne [*Voir note 3.2.13. Et encore une erreur !*].

Je ne fais plus de prévisions sur ce que vont faire les classes dirigeantes. Je reconnais que j'en suis incapable. La seule chose que je peux dire, c'est que c'est ça qui va conditionner le reste. À quel moment il sera décidé de dynamiter la zone euro, et de quelle manière on la dynamitera : voilà les questions décisives.

3.1.4.3. Comment le système tient

Pour nous, Français, une échéance politique importante se profile à l'horizon 2017. Et la première question à se poser, c'est probablement : est-ce que l'euro sera encore là en 2017 ? Selon que la zone euro existe encore ou pas en 2017, on peut dire que les élections importantes prévues cette année-là ne se présenteront pas du tout de la même manière.

À mon avis, en termes de conséquences politiques, tant que l'euro est là, il n'est pas possible qu'une force de renouveau prenne le pouvoir en France. Pour des raisons à la fois sociologiques et démographiques, tant que l'euro est là, tant qu'existe cet ordre économique et politique européen sur lequel peut s'appuyer la classe dirigeante française pour verrouiller le système clientéliste qui bloque tout en France, l'architecture d'ensemble ne peut pas exploser. Elle ne peut pas exploser parce qu'en France, l'électorat conservateur au mauvais sens du terme, celui qui veut conserver ses petits sous, est majoritaire.

Nous sommes un pays de rentiers, depuis fort longtemps. Et de plus en plus, nous serons un pays de vieux. L'âge médian du corps électoral en France se situe un peu au-dessus de 50 ans. Il y a donc énormément de gens qui n'ont pas intérêt à voir exploser l'euro.

Si l'euro explose, nous reviendrons aux parités monétaires réelles. Or, cette France à l'industrie mal en point, mais aussi à la jeunesse nombreuse, n'aura pas la même politique monétaire que l'Allemagne. Donc si jamais l'euro explose, il y aura probablement une forte inflation en France.

Cette inflation, nous ne pourrons pas l'accompagner sur les retraites, sur les allocations, et pas davantage sur les salaires des fonctionnaires. Il y a donc tout une partie de la population qui se trouve prise au piège. Ces gens savent très bien qu'ils sont bloqués dans un système mortifère. Mais pour l'instant, ils en vivent. Et donc, ils voteront pour que ça dure, au moins aussi longtemps qu'eux.

Les gens sont comme ça. Ils voient d'abord leur intérêt. Et ils pensent cet intérêt à plutôt court terme. C'est une loi de la psychologie sociale que les groupes humains sont collectivement dotés d'une capacité de réflexion beaucoup plus faible que la capacité moyenne de ceux qui les forment. L'origine de cette loi réside dans le fait qu'il se trouve toujours, dans les groupes humains, un sous-groupe aux raisonnements à courte vue, suffisamment nombreux pour peser sur l'esprit collectif.

Et puis bien sûr, il se trouvera des gens pour mentir à cette fraction de la population comme elle souhaite qu'on lui mente. Imaginons par exemple que le deuxième tour des élections présidentielles de 2017 oppose François Hollande à Marine Le Pen. Ce ne sera probablement pas le cas, mais imaginons. Eh bien, je vous parie que François Hollande serait réélu. Et ceux qui voteront pour lui ne le feront pas du tout pour sauver un système qui paye leurs retraites et leurs salaires de fonctionnaires, mais non. Leur vote n'exprimera pas du tout leur peur panique d'un avenir qui risque d'être très dur, mais non. Ce vote ne signifiera pas qu'ils ont peur de payer le prix de la refondation du pays, mais non. *Ils feront barrage au fascisme.*

Je ne me fais pas d'illusion sur les réactions d'ensemble de la population, même s'il existe bien sûr des minorités courageuses. Tant que l'euro est là, politiquement, en France, il ne faut pas espérer voir surgir quelque chose de vraiment nouveau et intéressant.

3.1.4.4. Le jour où le système tomberait

En revanche, ce qui est intéressant, c'est ce qui se passerait politiquement en France après la dislocation de la zone euro. Parce qu'à moment-là, tous les gens aujourd'hui crispés dans une posture défensive risquent fort de ne plus avoir grand-chose à défendre. En s'écroulant de lui-même sur le plan financier, le système clientéliste perdrait son principal, voire son seul argument politique : sa capacité à acheter l'adhésion de ses clientèles.

Examinons dans cette perspective un des scénarios possibles, parmi d'autres. Supposons qu'Alain Juppé soit finalement le candidat de la droite classique en 2017. C'est très possible. À mon avis, s'il est candidat, il a de très fortes chances d'être élu.

Que fera-t-il ? Il mettra probablement en place un gouvernement d'union nationale « large », c'est-à-dire allant à peu près de l'aile droite du PS à l'aile gauche de l'UMP. Sur le plan économique, ce gouvernement essaiera vraisemblablement de raccrocher la France à un projet qui est visiblement en train d'émerger en Allemagne : une nouvelle politique d'investissement.

Comme expliqué précédemment, l'Allemagne souffre actuellement d'un sous-investissement. Les Allemands vont donc probablement lancer un plan d'investissement autour des énergies vertes et de la troisième révolution industrielle. Il n'est d'ailleurs pas exclu que ce soit intéressant, parce qu'il faut reconnaître une chose aux dirigeants allemands : ils savent faire marcher une machine économique.

Le gouvernement français post-2017 essaiera probablement de se raccrocher à cette dynamique. La seule chose que la classe politique française sait faire aujourd'hui, apparemment, c'est copier l'Allemagne.

Et puis, imaginons que, pour diverses raisons, dans le courant de la législature, on arrive au point où la décision est prise de faire sauter la monnaie unique. Si cela arrive, cela arrivera probablement parce que les Allemands feront le calcul qu'ils ne peuvent pas relancer sérieusement les choses tout en ayant à gérer les marges ingérables de l'Europe du sud. Ils seraient obligés tôt ou tard d'unifier les législations, de faire l'union bancaire, etc. Et tout cela, ils peuvent difficilement le faire avec l'Italie du sud et la Grèce.

À ce moment-là, il est très possible que dans la foulée, la décision soit prise que finalement, la France est plus embêtante qu'autre chose à l'intérieur de la zone mark reconstituée. C'est un scénario possible.

Et là, il y aurait une fenêtre de tir très intéressante sur le plan politique. D'un seul coup, l'oligarchie française peut se retrouver abandonnée en rase campagne par ses soutiens internationaux. Elle serait alors confrontée au coût de ses inconséquences, avec à la clef une situation économique très dure. Là effectivement, on ne sait pas ce qui peut se passer. L'avenir est ouvert.

Ce que je voudrais simplement que tout le monde voie, c'est cette ouverture soudaine, qui peut se produire d'un seul coup après une longue période de fermeture. L'avenir nous paraît fermé pour l'instant, et certes, pour l'instant, il l'est. Mais il ne restera pas fermé éternellement. On ne peut pas anticiper sur ce qui va se passer, c'est trop compliqué. Mais on peut garder simplement cette idée en tête : tant que l'euro est là, tel qu'il fonctionne, l'horizon politique est bouché. Mais par contre, il ne faut pas désespérer, parce que le jour où la zone euro sera remise en cause, il se pourrait bien que s'ouvre une de ces phases où l'histoire est à écrire. Et il faudra alors être prêt à l'écrire très vite.

C'est une chose qui s'est souvent passée dans l'histoire de notre pays. À cause des spécificités anthropologiques induites par le poids de notre État central, pendant longtemps tout, chez nous, semble devoir rester éternellement immobile. Et puis, le jour où le verrou saute, ça va extrêmement vite.

3.2. Notes complémentaires

3.2.1. Sur le concept de richesse collective

3.2.1.1. Définitions

La notion de richesse collective utilisée dans cet ouvrage doit être définie précisément, pour éviter tout malentendu.

Par « richesse collective », j'entends ici la richesse détenue soit directement par les institutions représentatives de la collectivité, soit par les individus membres de la collectivité. Richesse collective, ici, veut donc dire : somme des richesses détenues par des personnes, morales ou physiques, membres de la collectivité. Il ne faut pas confondre cette « richesse collective » avec la richesse effectivement disponible pour la collectivité dans son ensemble, que l'on pourrait appeler la richesse *collectivisée*.

La notion même de richesse doit également être précisée. Par « richesse », j'entends la capacité à se procurer des biens. Il ne faut pas confondre cette notion de « richesse » avec la « capacité d'épargne » : on peut très bien être riche, au sens retenu ici, et n'avoir aucune capacité d'épargne.

En la matière, les exemples ne manquent pas. Un parmi d'autres, peut-être le plus extraordinaire : le conquistador Hernan Cortès, quelques années après avoir mis la main sur le fabuleux trésor des Aztèques, se retrouva à la tête d'un patrimoine net *négatif.* C'est que si sa capacité à conquérir des richesses était colossale, sa prodigalité l'était encore plus.

Ces nuances sont indispensables pour bien saisir la portée et les limites du propos : « Nous n'en avons pas conscience, mais en réalité, nous sommes d'une certaine manière collectivement très riches. »

3.2.1.2. La dérive inégalitaire

Parce que la richesse collective, au sens où nous l'entendons ici, n'est pas la richesse collectivisée, son augmentation n'implique pas nécessairement que la richesse disponible pour *tous* les membres de la collectivité s'accroît. Mieux : bien que cela soit contre-intuitif, il est tout à fait possible que la richesse diminue pour la majorité des membres d'une collectivité dont la richesse totale s'accroît.

C'est ce qui se passe en France depuis quelques années.

L'Institut National de la Statistiques et des Études Économiques a calculé l'évolution du revenu moyen par décile de la stratification des revenus entre 2003 et 2012 :

En euros 2012	2003	2012	Evol%
Niveau de vie < 1er décile (A)	8 390	7 980	-4,9%
Niveau entre le 1er et le 2ème déciles	11 780	12 090	2,6%
Niveau entre le 2ème et le 3ème déciles	14 010	14 480	3,4%
Niveau entre le 3ème et le 4ème déciles	15 940	16 620	4,3%
Niveau entre le 4ème et le 5ème déciles	17 850	18 670	4,6%
Niveau entre le 5ème et le 6ème déciles	19 930	20 920	5,0%
Niveau entre le 6ème et le 7ème déciles	22 390	23 600	5,4%
Niveau entre le 7ème et le 8ème déciles	25 680	27 080	5,5%
Niveau entre le 8ème et le 9ème déciles	30 940	32 840	6,1%
Niveau de vie > 9ème décile (B)	50 890	58 410	14,8%
Ensemble	21 780	23 270	6,8%

[Pour la définition du « niveau de vie », voir site INSEE : http://www.insee.fr/fr/methodes/default.asp?page=definitions/revenu-disponible.htm]

L'INSEE est soupçonné de sous-évaluer le facteur d'inflation faute de neutraliser correctement l'ajustement hédoniste et technologique des biens, ainsi que les effets de distorsion créés par les structures de consommation selon la tranche de revenu, eu égard en particulier au poids des dépenses contraintes de logement. On peut donc penser que son évaluation de l'évolution du niveau de vie des premiers déciles est exagérément optimiste. Bien au-delà du premier décile, dont personne ne conteste qu'il se soit appauvri, il est probable qu'en termes de revenu disponible, la majorité de la population française a stagné, voire légèrement régressé depuis dix ans.

Mais cela n'empêche pas que la richesse collective, elle, a continué à progresser. Simplement, cette croissance a été massivement captée par les 10% du haut – et au sein de ce décile, comme l'ont montré par exemple les travaux de Camille Landais, surtout par le 1% du haut.

Il est tout à fait possible que la richesse collective progresse alors que la majorité s'appauvrit : il suffit pour cela qu'une petite tranche capte la totalité de la croissance. C'est bien ce qui se passe en France.

3.2.1.3. Le néo-péonage

Parce que la richesse n'est pas la capacité d'épargne, des individus relativement riches, au sens où nous avons défini ici la richesse, peuvent éprouver légitimement une grande sensation de pauvreté. C'est en effet une loi psychologique que, pour la majorité des gens, la sensation de richesse est associée au sentiment de sécurité. Or, c'est l'épargne qui, pour cette majorité, donne un sentiment de sécurité.

N'échappent à cette règle psychologique que les individus suffisamment riches pour que la question de la couverture de leurs besoins normaux soit de toute manière assurée jusqu'à la fin de leurs jours. Pour les autres, la confusion entre richesse et capacité d'épargne constitue un biais perceptif systématique et compréhensible : au cœur de la civilisation, l'homme reste structuré par son instinct de survie. Et c'est donc inconsciemment aux termes de la survie qu'il ramène toutes ses appréciations.

C'est pour cette raison que les Français se sentent pauvres, alors qu'ils sont aujourd'hui bien plus riches qu'ils ne l'étaient il y a un demi-siècle – au sens où nous avons défini la richesse. Le système socio-économique contemporain peut en effet être décrit comme un néo-péonage, parfaitement compatible avec un niveau de vie relativement élevé.

Rappelons que le péonage est un système intermédiaire entre l'esclavage et le servage. C'est une structure de domination économique assez fréquente dans les systèmes coloniaux, consistant à attacher un travailleur à un poste de travail, généralement agricole, et à l'obliger à donner sa force de travail pour un prix dérisoire, en paiement des dettes qu'il a contractées auprès de son patron.

Dans les systèmes coloniaux, en particulier au Mexique, où le terme est né, la mise en endettement des péons s'effectuait en exploitant leur grande misère, l'endettement étant pour eux le seul moyen d'échapper à la famine après une mauvaise récolte. Dans le néo-péonage contemporain, la mise en dépendance des nouveaux péons ne s'effectue pas en jouant sur leur très bas niveau de ressources, mais plutôt en exploitant leur niveau relativement élevé de besoins :

☐ Le niveau de ressources actuel des Français devrait leur permettre de dégager une capacité d'épargne encore plus considérable que celle, déjà tout à fait significative dans l'absolu, dont ils disposent. Pour donner un ordre de grandeur des évolutions cumulées depuis un demi-siècle, on peut ainsi relever l'évolution du salaire net médian depuis un demi-siècle. En euros de 2005, il s'établissait en 1960 entre 8 500 et 9 500 euros, selon les sources. C'est à peu près la moitié du salaire net médian contemporain. Un salarié d'aujourd'hui qui vivrait comme le salarié médian de 1960 aurait donc une énorme capacité d'épargne.

☐ On peut rappeler aussi, pour situer le niveau d'aisance qui prévaut dans nos sociétés, quelques équivalences entre temps de travail et biens de consommation courante, à diverses époques :

En minutes de travail de manœuvre	1875	1925	1980
1 Kg de pain	103		10
1 Kg pommes de terre	17		7
1 Kg de jambon de Paris	1 140		112
1 Kg de bifteck	570		150
1 litre de lait	86		7

Source : L'Expansion + INSEE

Dans ces conditions, on comprend mal comment tant de nos contemporains peuvent massivement tomber dans une situation de péonage : vivre d'une fiche de paie à l'autre, prisonniers d'un travail qu'ils détestent.

C'est que, dans le même temps, le niveau des besoins a explosé, pour diverses raisons.

☐ Certaines raisons sont, à tout prendre, la rançon des progrès réels de nos sociétés. À ce titre, on pourra citer par exemple la progression des taux d'équipement des ménages.

En% des ménages	1953	1960	1968	1976	1982	2007
Automobile	21	30	55	64	71	83
Réfrigérateur	7	23	68	90	96	99
Télévision	1	8	58	82	92	97
Téléphone fixe	-	8	15	34	70	87
Lave-linge	-	28	49	70	81	94
Lave-vaisselle	-	-	1	9	19	48
Congélateur	-	-	-	19	32	85
Four à micro-ondes	-	-	-	-	-	83
Micro-ordinateur	-	-	-	-	-	59
Téléphone portable	-	-	-	-	-	75
Connexion Internet	-	-	-	-	-	48

Source : L'Expansion + INSEE

☐ D'autres raisons de l'explosion des besoins correspondent, en revanche, aux pathologies délibérément introduites dans nos sociétés occidentales pour rendre possible le néo-péonage, par la création de désirs artificiels. Rappelons que le secteur publicitaire pèse entre 1 et 2% du produit intérieur brut, selon les évaluations, et qu'on estime à environ 12% du budget des ménages français le poids des dépenses de consommation impulsives.

☐ Et puis il y a ce que les statistiques échouent à montrer, et qui est peut-être le plus important : les structures du néo-péonage reposent sur l'effet de déstabilisation psychologique induit par le chômage de masse et la déstructuration des parcours professionnels.

Dans une période où les parcours professionnels sont stables et relativement garantis, les travailleurs peuvent facilement assumer un taux d'épargne faible voire négatif – du moins pendant une partie de leur vie. La sécurité de l'emploi fonctionne comme un substitut à l'épargne. Détruisez-la, et le niveau d'épargne souhaité par les salariés va considérablement augmenter.

Le même taux d'épargne n'aura donc pas le même sens en période de plein emploi et dans une période de chômage de masse. À fortiori, une baisse du taux d'épargne accompagnée d'une hausse du taux de chômage sera ressentie comme une très violente régression. Or, c'est la situation vécue par une partie importante de la population française depuis trois décennies.

☐ Cela dit, il faut sans doute, aussi, prendre en compte un phénomène proprement psychologique, parfaitement impossible à quantifier : l'extrême fragilité d'une population qui n'a jamais connu de difficultés matérielles majeures.

Sur ce plan, nous, occidentaux nés après 1945, sommes des mutants. Nous sommes les premiers êtres humains de l'histoire à être massivement entrés dans le confort matériel. Or, tout indique qu'il en découle non un accroissement de notre confort psychologique, mais au contraire une sorte d'anxiété diffuse difficile à appréhender.

La mort inattendue, la maladie incurable, la souffrance insupportable, la grande pauvreté, tout cela nous est devenu étranger. Même si nous sommes menacés de ces choses bien moins que nos ancêtres, elles nous terrifient sans doute plus qu'elles ne les effrayèrent jamais. Nous voulons nous prémunir avec certitude – une certitude que nos devanciers ne recherchaient pas, pour la bonne et simple raison qu'ils la savaient de toute manière impossible.

La force qui rend possible le néo-péonage se situe aussi en nous tous – dans notre fragilité humaine, et dans ce qui se révèle de notre nature, à présent que, délivrés des exigences de la survie, nous avons le loisir d'en libérer les ressorts spontanés. Il y a cinq siècles, Montaigne écrivit : « La préméditation de la mort est préméditation de la liberté. Qui a appris à mourir, il a désappris à servir. Le savoir mourir nous affranchit de toute sujétion et contrainte. »[9] Si l'on en juge par la compatibilité criante entre l'allongement de notre espérance de vie, l'augmentation continuelle de notre exigence de sécurité et les structures du néo-péonage qui nous opprime, il n'avait pas entièrement tort.

3.2.1.4. La sensation de pauvreté

L'alliance de la dérive inégalitaire et du néo-péonage fait que nos contemporains n'ont pas conscience de leur niveau de richesse.

La dérive inégalitaire a produit une baisse de leur niveau de vie depuis quelques années. Or, c'est une réaction psychologique spontanée : nous alignons toujours notre conception de la normalité sur le niveau le plus élevé de notre expérience. Beaucoup d'entre nous peuvent se souvenir avoir vécu, il y a trente ans, quarante ans, cinquante ans, moins bien qu'aujourd'hui. Mais il suffit que nous puissions aussi nous souvenir avoir vécu mieux il y a vingt ans ou dix ans, pour que nous jugions les conditions actuelles anormales, voire scandaleuses.

Pour prendre un exemple qui parlera à tout le monde : il y a vingt ans, très peu de gens avaient une connexion Internet. Aujourd'hui, quelle proportion des usagers d'Internet seraient prêts à s'en passer pour faire des économies ?

Au final, la situation est ubuesque : une fraction de l'humanité est, au regard de toutes les normes historiques, fabuleusement riche – et cependant, elle a de bonnes raisons de se croire pauvre. Au point que pour un économiste, aujourd'hui,

---

[9] Montaigne, Les essais, Livre Premier

la distance entre la mesure statistique de la richesse et sa perception subjective par la population est sans doute devenue un vrai sujet d'étonnement.

3.2.2. Sur la notion de productivité

3.2.2.1. Définitions

La notion de productivité peut recouvrir des contenus tout à fait différents selon le point de vue adopté. La productivité vue par l'économiste n'est pas la productivité vue par l'ingénieur. Ce qui en tient lieu chez l'investisseur n'est pas du tout ce qu'en perçoit le travailleur.

Aucune de ces visions n'est dans l'absolu plus « vraie » que les autres. Sur le plan mathématique, la productivité est exprimée par un rapport : c'est la quantité d'unités produites par unités de ressources consacrées à la production. La vérité, ici, n'a pas d'autre critère que la cohérence des mesures au regard des processus étudiés.

Avec à la clef quelques simplifications scandaleuses qui me vaudront probablement les remarques acerbes des spécialistes, le tableau ci-dessous récapitule de quels produits et de quelles ressources parlent les différents acteurs, quand ils calculent un ratio de productivité, ou équivalent :

ACTEUR	RATIO SCHEMATIQUE	PRODUIT	RESSOURCE
Ingénieur	Productivité de l'investissement	Production en unités matérielles	Coût des technologies et équipements
	Productivité de la main d'œuvre	Production en unités matérielles	Temps de travail (1)
Investisseur	« Rendement » plutôt que « productivité »	Dividendes ou autres revenus d'actifs	Coût d'acquisition et de détention des actifs
Travailleur	Productivité de l'heure travaillée	Valorisation salariale de la production en unités matérielles	Temps de travail
Économiste	Productivité de l'heure travaillée	Valeur ajoutée	Temps de travail

(1) Nous passerons sous silence la question des consommations intermédiaires. Il s'agit de rester schématique.

Les ingénieurs ramènent généralement leur performance au nombre d'unités produites. Le prix auquel ces unités produites seront plus tard vendues ne leur est pas indifférent, bien entendu. Mais ils considèrent logiquement que la valorisation des biens produits sur le plan commercial n'entre pas dans leur périmètre de responsabilité directe. Semblablement, ils ne sont pas responsables du niveau des salaires versés, même si, bien entendu, c'est un paramètre de leurs prises de décision. Le seul domaine où la question de la valorisation entre clairement dans l'optique de l'ingénieur est celui de l'investissement – mais c'est surtout faute de pouvoir ramener ce poste de coût à des standards matériels unificateurs. Fondamentalement, l'ingénieur considère que le cœur de sa mission est de construire un processus qui permet d'obtenir le maximum d'unités *physiques* produites avec le minimum d'unités *physiques* consommées.

Dans l'ensemble, le travailleur est inscrit dans une vision assez proche de celle de l'ingénieur. Même si leurs objectifs lors d'une négociation salariale sont opposés, du moins se situent-ils dans le même paradigme. Certes, l'ingénieur redoute que les salaires des travailleurs s'envolent, parce que cela réduirait ses marges de manœuvre. Mais du moins, le dialogue est possible. Au fond, le travailleur demande en gros que son salaire progresse avec sa productivité, telle qu'il la conçoit, et comme l'ingénieur veut lui aussi faire augmenter une productivité qu'il mesure d'une manière proche, un accord finit normalement être trouvé.

Le problème est différent, s'agissant de la relation de ces acteurs avec l'investisseur.

Les investisseurs ne sont logiquement pas intéressés par les ratios « physico-physiques ». Leur performance est ramenée à la finalité de leur action : le profit. De leur point de vue, peu importe le nombre d'unités physiques produites, ce qui compte, c'est le chiffre d'affaires dégagé en vendant ces unités. Et il en va de même au dénominateur des ratios : peu importe le nombre d'heures travaillées, ce qui compte, c'est le coût des actifs, auquel contribuent évidemment les salaires versés.

Encore cette façon de formuler le problème n'est-elle pertinente que pour les investisseurs sains, qui se préoccupent au moins de la santé financière des entreprises. Pour des investisseurs prédateurs, seul comptera le retour sur investissement immédiat – et si cela passe par le démantèlement pur et simple de l'outil de production, peu importe. D'où le syndrome du « patron voyou ».

3.2.2.2. Un enjeu idéologique

Dans ces conditions, on comprend pourquoi l'industriel Engels a pu financer Marx. Ou encore pourquoi, dans un autre contexte et dans un autre esprit, l'ingénieur Gottfried Feder a pu écrire, en Allemagne, en 1920, qu'au fond, le capital industriel et les organisations ouvrières avaient intérêt à se parler, sachant qu'ils avaient un adversaire commun dans le capital transnational, financier et prédateur.

Où l'on comprend, donc, pourquoi la mesure de la productivité constitue *un enjeu idéologique majeur*.

Le fonctionnement du système économique exige que l'investisseur, l'ingénieur et le travailleur mettent leurs ressources en commun. Or, si l'ingénieur et le travailleur sont inscrits dans le même paradigme, ce n'est pas le cas de l'investisseur. Il faut donc que quelqu'un jette un pont entre le paradigme « ingénieur-travailleur » d'une part, et le paradigme « investisseur » d'autre part.

À l'intérieur du système économique, c'est le financier qui jette ce pont. Le travail de la finance, si on l'analyse sous l'angle systémique, est de construire une passerelle entre deux paradigmes, celui des investisseurs d'une part, et celui des ingénieurs-travailleurs d'autre part. Toutes les techniques de la finance d'entreprise, depuis la valorisation financière des flux matériels et immatériels jusqu'à leur contrôle en gestion, servent à construire l'entrée de cette passerelle du côté des entreprises. Les techniques de la finance de marché, en principe, construisent l'entrée de la passerelle du côté des investisseurs.

3.2.2.3. Le non-dit des économistes

Théoriquement à l'extérieur du système économique, les économistes tentent, quant à eux, de bâtir une cartographie intégrant les divers points de vue. En pratique, toutefois, ils sont largement tributaires des représentations construites par le financier. C'est pourquoi leur cartographie est toujours biaisée : un peu comme un texte rédigé dans une langue donnée sera toujours ambigu si le vocabulaire de cette langue est ambigu, la représentation du réel par les économistes sera faussée si l'instrument utilisé par le financier est lui-même faussé.

La façon dont les économistes mesurent la productivité du travail est très emblématique de ce problème. Ils ramènent la valeur ajoutée au nombre d'heures travaillées. Pas de problème sur le nombre d'heures travaillées : sous réserve qu'on sache l'évaluer avec un niveau de finesse suffisant, c'est un agrégat économiquement signifiant. Mais peut-on en dire autant de la valeur ajoutée ?

Il s'agit d'une notion comptable. Au niveau d'une entreprise, la valeur ajoutée est schématiquement égale au chiffre d'affaires diminué des consommations intermédiaires. Comme au niveau de l'ensemble d'une économie, les consommations intermédiaires sont supposées s'annuler, la valeur ajoutée d'une économie nationale est égale à la somme des chiffres d'affaires des entreprises de ce pays. Après quelques retraitements complémentaires, en particulier la valorisation des services non marchands d'après leur coût, nous retrouvons ici l'agrégat connu sous le nom de produit intérieur brut, ou PIB.

La valeur ajoutée, c'est donc globalement du chiffre d'affaires. Mais qu'est-ce que le chiffre d'affaires ? Ce n'est pas seulement le produit des unités vendues par le prix de ces produits. C'est aussi le produit des unités *achetées* par ce même prix. Or, qu'est-ce qui détermine le nombre de produits achetés ? La capacité de production ? Pas du tout : c'est la taille du marché solvable.

Imaginons à présent une économie où le problème des entreprises n'est pas globalement de produire, mais plutôt de trouver des débouchés. Dans une telle économie, la valeur ajoutée est peu dépendante des capacités de production. Elle dépend principalement de la taille du marché solvable.

Donc, que mesurera le ratio de « productivité » des économistes dans cette économie ?

Mesurera-t-il la productivité des entreprises de cette économie, au sens où un ingénieur la mesure, et où les travailleurs la constatent ? Mais la productivité de l'ingénieur n'a que faire de la question du marché solvable. Ce n'est donc pas cette productivité-là que mesure l'économiste quand il rapporte la valeur ajoutée au nombre d'heures travaillées.

Le ratio des économistes mesurera-t-il pour autant la productivité vue par les investisseurs ? Mais les investisseurs se moquent du nombre d'heures travaillées. Ce n'est pas eux qui donnent leur travail. Ce qui les intéresse, eux, c'est ce que rapporte un euro investi, pas ce que vaut une heure travaillée. Ce n'est donc pas non plus la productivité vue par les investisseurs que l'économiste calcule quand il divise la valeur ajoutée par le nombre d'heures travaillées.

Alors, que cherche à mesurer un économiste quand il utilise ce ratio ? Ce n'est ni la productivité de l'ingénieur, ni celle de l'investisseur. Alors, qu'est-ce que c'est ?

Pour comprendre ce qu'on cherche à mesurer avec un indicateur donné, le mieux est sans doute de regarder à quoi on utilise cet indicateur.

Dans le cas de la « productivité de l'heure travaillée » des économistes, en général, ce qui intéresse les utilisateurs du ratio, ce n'est pas tant sa valeur dans l'absolu que son évolution dans le temps.

En fait, cette « productivité » des économistes sert à mesurer la capacité du système économique à mettre en adéquation la taille du marché solvable et la quantité de travail disponible dans l'économie. En d'autres termes, il s'agit largement de regarder si le marché de la consommation et le marché de l'emploi avancent du même pas. C'est bien pour cette raison que la productivité des économistes a tendance à s'envoler quand le marché de l'emploi s'effondre, ou au contraire quand la consommation explose.

3.2.2.4. Mise en perspective

Où l'on commence à pouvoir mettre en perspective le constat effectué pendant la conférence :

« Depuis une vingtaine d'années, la croissance de la productivité de l'heure travaillée dans les pays développés est faible. [...] En théorie, nous devrions commencer à concrétiser les gains de la « troisième révolution industrielle » [...]. Mais pour l'instant, on ne voit pas les résultats concrets [...], si on observe l'évolution de la productivité au sens où les économistes la mesurent. »

C'est vrai. Mais attention : ça ne prouve pas forcément qu'il n'y ait pas de révolution industrielle sur le strict plan technologique. Car sur ce plan, il y en a peut-être une en train de commencer. Simplement, si cette révolution commence, il est clair qu'elle ne fonctionne pas comme les précédentes : elle ne fait pas exploser le territoire du capitalisme. Elle le fait *imploser*.

Du côté des économistes, il existe de très nombreux calculs relatifs à la productivité du travail. Selon qu'on admet tel ou tel périmètre, et qu'on retraite les effets d'inflation selon telle ou telle méthode, on obtient des résultats sensiblement différents. Mais dans l'ensemble, si l'on effectue une moyenne des calculs disponibles, on arrive aux tendances suivantes par grande période, pour l'ensemble USA-Europe occidentale :

Croissance annuelle de la productivité de l'heure travaillée	1900-1945	1945-1975	1975-2005
USA	3,0%	2,5%	1,0%
Europe occidentale	1,0%	3,5%	2,0%

[Pour la période post-2005, nous manquons encore trop de recul pour estimer la tendance lourde engendrée par le changement de contexte survenu en 2008]

On observe que pendant les phases de grande expansion, telle que la seconde révolution industrielle aux USA ou les Trente Glorieuses en Europe occidentale, la productivité de l'heure travaillée croît de plus de 3% par an en moyenne. Ce n'est pas la tendance sur laquelle nous nous situons depuis la fin des Trente Glorieuses.

En outre, l'évaluation officielle est maximaliste, car elle repose sur un redressement de l'inflation telle que les instituts officiels la calculent. À mon humble avis, quand on parle des taux de croissance actuels, on peut retirer un point aux chiffres officiels – j'admets ici que je laisse parler mon intuition, qui me souffle de faire plus confiance aux *shadow statistics* qu'aux données officielles, surtout s'agissant des USA.

Quoiqu'il en soit de la fiabilité des estimations institutionnelles de l'inflation, même si on retient ces estimations, on voit bien que la croissance de la productivité du travail, telle que les économistes l'évaluent, ne correspond pas actuellement à un trend de révolution industrielle.

Alors, simple illusion, la « troisième révolution industrielle » ?

Eh bien oui mais non. Car si la productivité vue par les économistes est sur un trend de croissance lente, la productivité vue par les ingénieurs, elle, ne cesse de progresser. En la matière, les chiffres sont contradictoires et manipulés. Dans toutes les grandes entreprises, les données relatives au processus de production sont confidentielles. Mais un indice vient confirmer la réalité du décalage : dans l'industrie manufacturière, pourtant bridée par le contexte économique général, la progression de la productivité horaire est, depuis les années 80, presque constamment restée supérieure d'un à deux points à la progression observée dans l'ensemble du secteur marchand – d'où, d'ailleurs, la baisse des effectifs ouvriers [*Voir note 3.2.9. « Gagnants et perdants de l'euro »*].

Si l'on intègre l'ensemble des gains de productivité latents sur la chaîne logistique, depuis l'entrée en production jusqu'à la livraison au consommateur final, on tendra sans doute bientôt, dans certains domaines, vers ce que le futurologue Jeremy Rifkin a décrit comme le « coût marginal zéro » : une situation où, en pratique, fabriquer un objet supplémentaire ne coûte presque plus *rien*.

Comment expliquer que la productivité vue par les ingénieurs tende vers le coût marginal zéro, alors que la productivité vue par les économistes est inscrite sur une tendance de croissance lente – et semble-t-il de plus en plus lente ?

C'est ici qu'il faut revenir aux définitions exposées précédemment.

L'économiste ne mesure pas la « productivité » au sens où l'ingénieur la mesure. Nous avons vu qu'il mesure en fait la cohérence entre l'évolution du marché de la consommation et celle du marché de l'emploi. Par conséquent, lorsque l'économiste nous dit que la « productivité » croît lentement, ce qu'il montre, c'est surtout que pour conserver une cohérence entre consommation et emploi, nous sommes obligés de créer quantité d'emplois sous-productifs, voire improductifs, voire contre-productifs.

Très schématiquement : la productivité vue par l'économiste suppose qu'il y ait un chiffre d'affaires derrière la production. Pour qu'il y ait un chiffre d'affaires, il faut qu'il y ait des acheteurs. Pour qu'il y ait des acheteurs, il faut qu'il y ait des salaires. Pour qu'il y ait des salaires, il faut qu'il y ait des emplois.

Par conséquent, l'accroissement de la productivité de l'ingénieur est en réalité un problème latent pour l'économiste. En effet, si cet accroissement de productivité entraîne une compression trop brutale de l'emploi, le système se bloque.

Les milieux dirigeants occidentaux calent depuis plusieurs décennies sur ce problème : comment faire fonctionner un capitalisme où les salariés sont de moins en moins nécessaires ?

3.2.2.5. Les luttes de classes après la productivité

Les seules réponses trouvées à ce stade, ce sont :

☐ D'une part la multiplication des « travailleurs » d'un secteur tertiaire hypertrophié, souvent surpayés parce que la vraie contribution au système de cette catégorie, c'est sa consommation. Soit dit en passant, l'auteur de ces lignes entre dans cette catégorie – mais c'est un mauvais citoyen : il ne consomme pas.

☐ D'autre part divers dispositifs visant à maintenir un niveau de consommation minimal chez les exclus – aux USA, le crédit à la consommation pour les catégories socioprofessionnelles inférieures, souvent insolvables en réalité, et en Europe, les divers dispositifs de redistribution « sociale ». Le tout a fini par générer une plèbe improductive typique des cœurs de systèmes impérialistes entrés en décadence.

Toute l'évolution politique, sociale et économique contemporaine doit être ramenée à ce hiatus, consubstantiel au fonctionnement du système capitaliste, mais qui s'est énormément accru depuis quelques décennies, entre la productivité vue par les ingénieurs et la productivité vue par les économistes.

Les nouvelles luttes de classes se sont réorganisées autour d'une question certes pas tout à fait nouvelle, mais qui fut longtemps secondaire. Il ne s'agit pas du tout, pour maintenir la cohérence du système, de savoir comment l'on peut faire augmenter la productivité. Il s'agit au contraire de savoir comment on peut *ne pas* la faire augmenter.

☐ Au sommet de la structure du capitalisme industriel, il ne s'agit plus de savoir qui détient l'outil de production, car à vrai dire la production n'est plus le problème. Il s'agit de savoir qui détient les nouvelles ressources rares : innovation et canaux de distribution. C'est exactement ce que le fondateur d'Apple avait théorisé dès les années 80, en positionnant sa société sur la recherche-développement et le marketing, abandonnant la production proprement dite à des sous-traitants.

☐ Quand on descend la structure, la question-clef est maintenant l'intégration dans le système de *consommation*. Le travail apparaît aujourd'hui pour l'essentiel des couches moyennes du secteur tertiaire comme un outil de contrôle social, auquel on se soumet pour intégrer l'ordre de la consommation. Il n'est plus la location d'une force productive. Il est devenu autre chose, et c'est pourquoi il est très abusif de parler des « travailleurs » pour évoquer les salariés dans leur ensemble. Le prolétariat est en réalité à peine majoritaire dans le salariat contemporain ; une forte proportion des salariés relève de formes nouvelles d'une très ancienne catégorie apparemment disparue, en réalité transformée : la *domesticité d'apparat*.

Au fond, l'essor de la productivité, telle qu'elle est vue par l'ingénieur, est tel qu'une nouvelle société doit être inventée. Mais cette nouvelle société ne peut pas être inventée dans le cadre du capitalisme, en tout cas pas tel qu'il fonctionne actuellement.

C'est pourquoi penser les enjeux politiques dans les vieilles catégories de la lutte des classes, comme affectent de le faire certains partis politiques dits « de gauche », c'est rendre une copie largement hors sujet. Les luttes de classes existent toujours, mais elles s'organisent dans un cadre complètement nouveau, autour d'enjeux complètement nouveaux. Il s'agit de savoir quelle société *entièrement nouvelle* nous voulons construire. C'est dans ces termes qu'il faut désormais poser le problème des luttes.

Et c'est évidemment au regard de ce contexte général qu'il faut situer l'ensemble des questions soulevées par l'interaction entre politique et économie, en France, dans les années qui viennent. La dimension politique de l'euro, en particulier, ne peut être pleinement comprise que si on garde en tête l'opposition latente entre d'une part les bénéficiaires d'un système à bout de souffle, et d'autre part les catégories qui ne trouvent pas, ou en tout cas de moins en moins, la porte du système de la consommation.

3.2.3. Sur l'économie financiarisée contemporaine

L'économie financiarisée contemporaine se présente extérieurement comme une cartographie du territoire économique. Elle est encore en partie cela. Mais cette fonction ne constitue plus qu'une faible part de sa substance. On estime que seulement 2% des flux financiers internationaux renvoient à un flux physique dans l'économie matérielle.

Si la cartographie des flux économiques réels ne représente plus qu'une fraction relativement marginale de l'ensemble dessiné par l'économie financiarisée contemporaine, une question se pose : de quoi est fait le reste ? Si de vastes portions de la carte ne représentent pas la réalité, alors que représentent-elles ?

Je dois reconnaître que je n'ai pas le niveau de compétence nécessaire pour opérer une analyse complète de ces zones cartographiées sans territoires sous-jacents dans l'économie réelle. Mais à défaut de pouvoir répondre intégralement à la question, peut-être puis-je dresser l'inventaire des pistes à explorer.

☐ En premier lieu, on peut s'intéresser à la théorie qui régit cette économie financiarisée. Une partie de cette théorie est purement mathématique, et n'appelle pas de commentaires particuliers. Mais en amont des systèmes d'équation qui définissent l'équilibre et garantissent théoriquement le fonctionnement circulaire de l'économie monétaire, il y a la définition du paradigme à l'intérieur duquel cette économie opère.

Je n'entrerai pas dans les détails techniques, mais disons schématiquement que la définition de ce paradigme a été reformulée par les économistes contemporains, à partir du triomphe de l'école dite néo-classique, dans les années 70. Les traits dominants de cette redéfinition sont les suivants :

▪ Il est admis par l'école néo-classique que l'économie constitue un système en soi, susceptible d'être animé par une dynamique entièrement endogène. À la différence de toutes les autres écoles d'économistes, en particulier marxiste ou keynésienne, l'école néo-classique peut donc « penser » l'économie presque indépendamment de la politique, du social ou de la démographie. Bien entendu, les économistes néo-classiques ne sont pas des idiots, et ils prennent en compte des paramètres politiques, sociaux ou démographiques. Mais il y a toujours en arrière-plan de leurs raisonnements cette idée que l'économie définit un monde unifié, dont les règles internes constituent l'axe autour duquel toute réalité doit tourner. En ce sens, c'est une économie spontanément mondialiste parce qu'elle *est* le monde unifié.

▪ Historiquement, le cadre philosophique qui a été présidé à la formulation de l'économie néo-classique se situe à l'intersection de plusieurs écoles. La plus profonde, parmi ces influences diverses, réside sans doute dans le mouvement objectiviste. Cette école, fondée par Ayn Rand, a par exemple joué un rôle important dans la formation d'Alan Greenspan, comme il l'a lui-même reconnu.

Rand enseignait en substance que la vérité objective préexiste à toute observation, mais que l'esprit humain peut y atteindre, si et seulement si son arsenal conceptuel renvoie à une épistémologie parfaite. Concrètement, l'objectivisme admet que si l'on parvient à faire coopérer tous les esprits humains dans un cadre conceptuel sain, on s'approchera de la vérité parfaite autant que cela est humainement possible. L'encyclopédie en ligne Wikipédia est une bonne illustration de la démarche objectiviste.

Une critique facile est bien sûr que l'objectivisme ouvre la porte à une confusion entre intersubjectivité et objectivité, mais ce ne serait pas rendre justice à Ayn Rand que de lui imputer le relativisme de certains de ses disciples. Quoi qu'il en soit, il n'est pas complètement absurde de voir dans cette école philosophique une actualisation de la tradition intellectuelle rabbinique.

▪ Sur le fond, l'objectivisme appliqué à l'économie trouve sa limite dans la théorie du chaos : il existe des situations où l'observation ne permet pas d'approcher la réalité, parce qu'une singularité est atteinte, à partir de laquelle l'évolution du système ne peut plus être prévue, ni même approchée, en fonction des observations antérieures. Or, une lecture simpliste de l'objectivisme est bien au fondement de l'idée d'efficience spontanée des marchés.

Dans la logique des économistes néo-classiques, l'exactitude d'une théorie est vérifiée par la conformité de ses effets à ses prévisions. Dans cette logique, *aussi longtemps que la singularité n'est pas atteinte*, on peut donc valider l'hypothèse de l'efficience des marchés. Enfin, disons qu'on le pourrait, s'il était possible de construire réellement un marché *parfait*.

Le problème, c'est que pour des raisons trop complexes pour être exposées ici, les marchés définissent un système chaotique. Par conséquent, la singularité finit toujours par être atteinte. Bref, il y a un loup.

▪ Chez certains théoriciens de l'école néo-classique, la rencontre entre l'économie comme système autonome et l'idée d'efficience spontanée des marchés débouche sur l'ébauche d'un anarcho-capitalisme. Dans ce cas, les liens sont rétablis entre l'économie et la politique, mais cette dernière est subordonnée.

C'est très sensible chez Milton Friedman, qui écrit, dans l'introduction de son plus important ouvrage de vulgarisation, « Capitalisme et liberté » : « Aux yeux de l'homme libre, son pays n'est que la collection des individus qui le composent »[10]. Chez Friedman, l'institution du marché suffit à rendre possible la coopération entre des individus auto-référant. Il n'y a au fond plus de familles. Les églises n'ont pas de personnalité propre, qui

---

[10] Ce que Margaret Thatcher devait exprimer par son célèbre « *there is no such thing as society* », une phrase qu'il faut comprendre ainsi : il n'y a pas de communauté préexistante à la libre interaction des individus au sein de la société.

contribueraient à construire celles des individus, autant que ces derniers ne les font. Il ne reste de *collectivité* que celle faite par les individus s'associant dans le cadre d'un calcul rationnel, sur le modèle de la *société* commerciale. Là encore, on voit bien en quoi l'économie néo-classique est spontanément mondialiste.

De ce qui précède, on déduira aisément que cette économie néo-classique, tout en se présentant comme une théorie scientifique, constitue en profondeur une sophistique. Bien sûr, cela ne l'empêche pas d'inclure une part de vérité. Il y a des choses intéressantes dans les écrits des économistes néo-classiques. Mais le cadre général au sein duquel ils raisonnent est manifestement non neutre. Il y a, n'est-ce pas, un *parti pris*.

☐ En second lieu, on peut observer ce que l'économie financiarisée fait en pratique. Quel est l'effet concret de l'existence sur la carte financière de vastes zones sans sous-jacent économique matériel ? En particulier, quel est l'effet de ces zones immatérielles sur les zones matérielles ? Après tout, en elle-même, la fiction nous importe peu. Ce qui compte, c'est l'effet de la fiction dans la réalité.

Sous cet angle, deux observations s'imposent :

▪ Le poids des acteurs de la carte financière est logiquement corrélé à celui des zones au sein desquelles ils prédominent. Donc, si les zones immatérielles de cette carte pèsent plus lourd que les zones matérielles, les acteurs de l'économie immatérielle pèseront aussi plus lourds que ceux de l'économie matérielle.

L'économie financiarisée contemporaine organise donc la prédominance des acteurs les plus éloignés de l'économie physique de production. Concrètement, les marchés constituent aujourd'hui un système presque parfaitement autonome, dont les acteurs les plus puissants sont les grandes banques et les grandes institutions financières, et dans lequel les acteurs de l'économie physique de production sont structurellement en position de faiblesse.

▪ Cette mécanique de confiscation du pouvoir économique est à la fois imparable et très fragile. Elle est imparable aussi longtemps que son signe de représentation, la monnaie, sert à la quantification de tous les flux financiers, qu'ils disposent ou non d'un sous-jacent matériel. Mais elle est très fragile, parce que si jamais, un jour, l'étalon des flux matériels devait être refondé, des pans entiers de la cartographie financière pourraient s'effondrer. On s'apercevrait en effet qu'ils ne représentent *rien*.

Alors, au terme de ce tour d'horizon hélas trop sommaire pour être conclusif, que dire de l'économie financiarisée ?

Sous les dehors d'une immense et magnifique organisation participative de l'économie planétaire, derrière une théorie mathématiquement séduisante à défaut d'être réellement solide, on discerne facilement un projet politique : l'extension artificielle d'un système de codage permet d'enserrer entièrement la société dans les représentations maîtrisées par le pouvoir. Ce projet politique est d'ailleurs aussi géopolitique, dans la mesure où le pouvoir qui tente ainsi d'arraisonner le monde se confond largement avec la puissance américaine, et le réseau de ses alliances les plus étroites.

Sur ces bases, le lecteur fera aisément le lien entre les deux premières conférences regroupées dans cet ouvrage. La question de la monnaie, eu égard à ses implications politiques et géopolitiques, se confond en réalité avec celle du mondialisme.

3.2.4. Sur la nature du projet européen

De quoi l'Union Européenne est-elle le nom ? C'est la première question qui vient à l'esprit, quand on parle d'elle. De toute évidence, elle n'est pas réellement unie. Et, eu égard à l'emballement de la Commission pour le partenariat transatlantique, on peut sérieusement douter qu'elle soit européenne.

Édifiée pour l'essentiel à l'insu des peuples qui la composent, elle est d'abord un projet des classes dirigeantes. Mais cela mis à part, on n'a guère de certitudes à son sujet. Son esprit général est manifestement dominé par l'économisme, une idéologie qui fait du politique une fonction annexe de l'économie [*voir note 3.2.3. Sur l'économie financiarisée contemporaine*].

S'il y a assez peu de débats sur les finalités de cette construction politique, ce n'est pas parce tout le monde les connaît, mais au contraire parce que personne n'est convaincu qu'elles soient fixes. En fait, l'Union Européenne donne l'impression de constituer une machine techno-bureaucratique faite pour fonctionner. C'est la seule chose qu'on lui demande.

Fonctionner pourquoi ? Là n'est pas la question. Fonctionner pour qui ? Là se trouve la réponse : l'UE est principalement au service de la technocratie. Indirectement, son existence bénéficie également aux classes associées à la domination de la technocratie.

Si l'on doit définir la substance de l'Union Européenne, on finit donc par se rabattre sur une définition construite à partir de son rôle objectif, puisqu'en réalité, elle n'a pas de substance politique unitaire. C'est un véhicule fonctionnaliste, à l'intérieur duquel plusieurs passagers politiques se disputent le volant. Quel que soit le passager conducteur, elle reste fondamentalement ce qu'elle fait : confisquer le pouvoir en niant le principe de subsidiarité, pour le faire remonter au niveau où, par nature, seuls certains acteurs peuvent agir.

En pratique, l'Union Européenne est un coup d'État oligarchique permanent. Sa construction n'est pas séparable des luttes de classes telles qu'elles se sont reconfigurées après la Seconde Guerre Mondiale, et que nous avons esquissées précédemment [*Voir note 3.2.2. Sur la notion de productivité*].

Une erreur fréquente : croire que les volontés politiques existent indépendamment des intérêts de ceux qui les portent. Sortons de cette illusion : les oppositions entre une vision française et une vision allemande de l'Europe, ou encore entre une vision proprement européenne et une vision plus atlantiste, ne sont nullement insurmontables, pourvu que ceux qui portent ces visions trouvent par ailleurs des points de convergence d'intérêt à l'horizon de prévision qui définit leurs décisions en pratique.

Ce ne sont pas les théoriciens de la géopolitique qui décident des lignes suivies par les puissances. Ce sont les réseaux qui influencent et parfois commandent les hommes politiques.

Sur le plan théorique, on peut tout à fait opposer la vision du Français Yves Lacoste à celle de l'Allemand Carl Schmitt, ou encore constater qu'elles diffèrent toutes les deux de la position de l'Américain Alfred Mahan. Mais si, sur le plan pratique, la confiscation du pouvoir par l'énarchie française peut s'adosser à son verrouillage par les réseaux de la fondation allemande atlantiste « Atlantik Brücke », il est probable que les « décideurs » français « décideront » après tout de faire un bout de chemin avec la fondation « Atlantik Brücke ».

Le même mécanisme existe d'ailleurs en sens inverse. Il n'y a rien de plus étranger à l'esprit de la République Fédérale que le centralisme bruxellois européiste, héritier direct des logiques jacobines françaises. Mais si adhérer temporairement à ce centralisme permet de pousser le projet de grand espace schmittien, les élites allemandes peuvent tout à fait s'y rallier.

Telle est la nature du projet « européen ». Il n'a en réalité presque plus rien à voir avec l'Europe. Il est simplement le nom donné sur le vieux continent à la confiscation du pouvoir par une hyperclasse mondialisée en formation.

C'est pourquoi ce projet « européen » a fini par devenir un projet « anti-européen ». Compte tenu des intérêts objectifs de ses promoteurs, il ne pouvait pas en aller autrement. En fin de comptes, ce qui définit l'action d'un ensemble d'acteurs, ce n'est pas ce que ces acteurs voudraient en théorie ; c'est ce qu'ils ont intérêt à faire en pratique.

3.2.5. Sur le dogme de la croissance
par le commerce international

3.2.5.1. La sous-performance de la zone euro

La zone euro a fourni depuis 1998 une illustration parfaite de l'exactitude et des limites de la vision classique du commerce international. Tout ce que nous avons vu précédemment, concernant le caractère idéologique de la notion de productivité [*Voir note 3.2.2. Sur la notion de productivité*], trouve une illustration parfaite dans l'histoire de la zone euro.

Dans la théorie classique, un contexte de stabilité monétaire et de libre-échange doit amener chaque pays à accroître sa production en se spécialisant dans les domaines pour lesquels il dispose de la productivité la meilleure. L'allocation des ressources en investissements est optimisée par le jeu de la concurrence à l'échelle internationale, ce qui maximise les possibilités de croissance à cette échelle.

Si cette théorie était absolument exacte, l'euro aurait provoqué un accroissement du commerce intra-zone, puis une allocation optimale des investissements à l'échelle du continent, et la zone euro en aurait retiré des bénéfices en termes de croissance additionnelle.

Mais ce n'est pas ce qui s'est passé.

Il est probablement exact que l'établissement de l'euro a engendré une croissance additionnelle du commerce intra-zone. Si l'on compare ce qui est comparable, c'est-à-dire l'évolution du commerce international au sein de l'Europe occidentale, on observe que depuis 1998, le rythme de croissance des échanges de marchandises entre pays d'Europe occidentale membres de la zone euro a été supérieur d'environ 2% par an au rythme de croissance des échanges entre ces mêmes pays et les trois pays occidentaux membres de l'Union Européenne qui n'ont pas adopté l'euro – à savoir la Grande-Bretagne, le Danemark et la

Suède. Conclusion : l'euro a probablement boosté les échanges commerciaux entre ses membres.

Mais qu'en est-il de la croissance économique respective de la zone euro d'une part, et, d'autre part, de ces États qui, les malheureux, les exclus, les parias… n'ont pas adopté l'euro ? Comment ces exclus volontaires ont-ils performé en l'absence de la « croissance additionnelle » que leur aurait amenée le commerce intra-zone euro en expansion ?

Examinons la chronique des taux de croissance du PIB en volume, pour quelques pays de la zone euro :

%	Zone euro	Allemagne	Espagne	France	Grèce	Irlande	Italie
1999	2,9	1,9	4,7	3,3	3,4	11,0	1,5
2000	3,8	3,1	5,1	3,7	4,5	10,7	3,7
2001	2,0	1,5	3,7	1,8	4,2	5,0	1,9
2002	0,9	0,0	2,7	0,9	3,4	5,4	0,4
2003	0,7	-0,4	3,1	0,9	5,9	3,7	0,0
2004	2,0	0,7	3,3	2,3	4,4	4,2	1,6
2005	1,8	0,8	3,6	1,9	2,3	6,1	1,1
2006	3,4	3,9	4,1	2,7	5,5	5,5	2,3
2007	3,0	3,4	3,5	2,2	3,5	5,0	1,5
2008	0,2	0,8	0,9	-0,2	-0,2	-2,2	-1,2
2009	-4,4	-5,1	-3,8	-3,1	-3,1	-6,4	-5,5
2010	1,9	3,9	-0,2	1,6	-4,9	-1,1	1,7
2011	1,6	3,4	0,1	2,0	-7,1	2,2	0,6
2012	-0,6	0,9	-1,6	0,0	-7,0	0,2	-2,4
2013	-0,4	0,5	-1,2	0,3	-3,9	-0,3	-1,8
2014	1,2	1,9	1,0	0,9	-0,3	1,9	0,5
2015 (prev)	1,7	2,1	1,5	1,5	1,9	2,2	1,1

[Source : OCDE + Université de Sherbrooke]

Et maintenant la même chronique, pour les malheureux qui n'ont pas bénéficié de l'apport de croissance constitué par la hausse du commerce intra-zone euro :

%	Monde	Danemark	Royaume Uni	Suède	Suisse	Pologne
1999	3,6	2,6	2,9	4,7	1,4	4,5
2000	4,8	3,5	4,3	4,5	3,7	4,3
2001	2,3	0,7	2,1	1,3	1,2	1,2
2002	2,6	0,5	2,3	2,5	0,2	1,4
2003	3,5	0,4	3,9	2,5	0,0	3,9
2004	4,7	2,3	3,2	3,7	2,4	5,3
2005	4,4	2,4	3,2	3,2	2,7	3,6
2006	5,0	3,4	2,8	4,5	3,8	6,2
2007	5,1	1,6	3,4	3,4	3,8	6,8
2008	2,5	-0,8	-0,8	-0,8	2,2	5,1
2009	-1,0	-5,7	-5,2	-5,0	-1,9	1,6
2010	5,0	1,4	1,7	6,3	3,0	3,9
2011	3,7	1,1	1,1	3,0	1,8	4,5
2012	3,0	-0,4	0,3	1,3	1,0	1,9
2013	2,9	0,4	1,7	1,5	2,0	1,6
2014	3,4	1,4	3,2	2,8	2,0	3,0
2015 (prev)	3,9	1,8	2,7	3,1	2,5	3,4

[Source : OCDE + Université de Sherbrooke]

Comme on peut le constater, les chroniques sont erratiques. Les tendances ne sautent peut-être pas aux yeux. Sans doute devrons-nous nous méfier des conclusions trop rapides. Beaucoup de phénomènes interagissent pour produire ces séries heurtées.

Mais enfin, à titre de synthèse, comparons les PIB actuels des pays en question ramenés à une base 1999 = 100 points.

Le résultat est amusant :

Zone euro (ensemble)	122
Allemagne	123
Espagne	132
France	123
Grèce	109
Irlande	162
Italie	106
Monde (ensemble)	172

Danemark	116
Royaume Uni	134
Suède	147
Suisse	133
Pologne	178

Quand on regarde ces résultats, il faut bien dire que l'apport de croissance représenté par l'augmentation du commerce international intra-zone euro ne paraît pas franchement décisif.

La zone euro a vu son économie croître depuis 1999 de 22% en volume, chiffre officiel. Le monde, d'après les calculs disponibles, a dans le même temps vu son économie croître de 72%.

On dira : ne comparons pas une Europe en implosion démographique avec un monde encore jeune et dynamique.

Soit, alors regardons l'Europe.

À part le Danemark, tous les autres pays européens hors Euroland, y compris une Grande-Bretagne qui n'apparaît pourtant pas en grande forme, présentent une croissance sensiblement supérieure à celle observée en général dans l'euro-zone. La seule exception est constituée par l'Irlande, dont on sait que, tiens, tiens, comme par hasard, elle constitue une forme de paradis fiscal.

3.2.5.2. Explications possibles

Alors que s'est-il passé ? Comment se fait-il que l'accroissement du commerce intra-zone n'ait pas fait augmenter le PIB de l'Euroland ? Se pourrait-il que la théorie classique de l'avantage comparatif soit erronée ? Se pourrait-il que la notion de spécialisation compétitive ne soit plus d'actualité ?

Eh bien pas du tout ! En l'occurrence, la théorie classique est juste – d'une certaine manière. Oui, le développement du commerce intra-zone euro a gonflé la productivité. Peut-être a-t-il engendré moins de gains de productivité qu'il ne l'aurait dû, car l'introduction de l'euro a entraîné, dans certains pays, des biais considérables dans la décision d'investissement. Mais elle a certainement entraîné, aussi, une rationalisation importante de la part de beaucoup d'acteurs économiques.

Seulement...

Seulement, comme expliqué précédemment [*voir note 3.2.2. Sur la notion de productivité*], la notion de « productivité », au sens où l'entendent les économistes, ne renvoie plus, en réalité, qu'à la mise en cohérence pénible des marchés de l'emploi et de la consommation.

Que se passe-t-il quand la spécialisation compétitive renforce indéfiniment la productivité « au sens de l'ingénieur », dans une zone où s'exerce, entre économies nationales, une concurrence accrue sur les coûts de la main d'œuvre ? Eh bien oui : la productivité « au sens de l'économiste » ne peut que freiner.

Au sein de la zone euro, tout le monde se trouve aujourd'hui obligé de s'aligner sur la politique de compétitivité par maîtrise des coûts salariaux – une politique que l'Allemagne a impulsée d'abord par la rigueur salariale de ses entreprises, jusqu'en 2006, puis par l'augmentation des prélèvements sur les revenus du travail, pour équilibrer ses comptes publics à marche forcée.

Donc les pays membres de la zone se trouvent pris au piège :

☐ Ou bien ils imposent une grande modération salariale à leurs entreprises,

☐ Ou bien ils alourdissent la fiscalité sur les revenus du travail,

☐ Ou bien, s'ils ne le peuvent rien faire de tout cela, ils doivent constater la dégradation progressive de leur compétitivité par rapport au reste de la zone euro. Ce qui, à terme, les renvoie inéluctablement à la modération salariale.

☐ Modération salariale qui peut éventuellement se traduire par une réduction non des salaires, mais du nombre de salariés – d'où par exemple l'explosion du chômage en France : chez nous, l'inflation a été tenue au niveau allemand, mais comme nos salaires augmentent régulièrement, de plus ou moins un pourcent par an, il a fallu solder sur l'emploi.

À partir de là, la mécanique de récession est enclenchée.

Quand vous dégagez des surplus de productivité sans les rendre à la consommation via la masse salariale, vous générez une croissance de l'offre qui ne trouve plus de débouchés solvables dans la consommation. Le gain apporté par les surplus de productivité est réel du point de vue de l'ingénieur. Mais ce gain ne sera pas forcément constaté sur le PIB, parce que celui-ci trouve un verrou au niveau de la fonction de consommation, et parce qu'il est impossible de faire sauter ce verrou sans remettre en cause la compétitivité dont le libre-échange rend la poursuite indispensable. Le système est donc bloqué, et plus on tente de le débloquer en renforçant la productivité, plus on le bloque au niveau de la cohérence entre offre et demande.

Soit dit en passant, le problème posé par la forme de la fonction de consommation dans un système de productivité croissante a été théorisé dès les années 1930 par un certain John Maynard Keynes. Sauf à imaginer que les disciples de Milton Friedman n'aient jamais lu Keynes, ce qui paraît tout de même peu probable, on aurait pu s'attendre à ce qu'ils voient venir les ennuis. Dès la fin des années 90, on pouvait se douter que la logique du pilotage automatique de l'économie européenne, gravé dans le marbre des règles de fonctionnement de l'Union, devait se terminer pour la zone euro comme l'affaire s'était soldée, dans les années 1930, pour les pays du bloc-or.

Et de fait, dès les années 90, certains économistes annoncèrent ce qui allait se passer. J'ai gardé, dans mes archives, un ouvrage de synthèse publié en 1998 par l'Observatoire français des conjonctures économiques (OFCE). On y trouve un article de MM. Coquet, Le Bihan, Lerais et Sterdyniak[11]. Cet article explorait entre autres choses l'impact de l'euro sur la croissance et le problème de la gestion des chocs asymétriques dans une zone monétaire unifiée. Pratiquement tout y est. Les risques ont été dans l'ensemble très bien analysés.

Alors, si certains économistes avaient vu venir les problèmes, pourquoi les dirigeants n'en ont-ils pas tenu compte ?

Une première explication est bien sûr qu'on ne voulait rien voir, parce que l'euro est un projet politique. Bien sûr.

Mais il y a aussi une autre raison.

Dans l'ensemble, les économistes lucides furent *minoritaires*, en tout cas parmi les intervenants ayant accès aux médias. La plupart des analystes, dans les années 90, se rallièrent à un consensus « euro-optimiste » relativement dénué d'arguments, mais plutôt bien porté à l'époque. On peut se demander pourquoi.

À mon avis, la cause réside dans la psychologie collective. Il existe aujourd'hui une forme de correction politique, dans le domaine économique, qui impose de considérer, par hypothèse, que l'ouverture d'une économie est une bonne chose. Il est difficile aujourd'hui pour des économistes d'adopter une position que l'on qualifiera de « protectionniste », même quand elle se cantonne à émettre des doutes sur les bienfaits supposés de l'ouverture. C'est une des raisons, parmi d'autres, pour lesquels le problème d'une zone euro verrouillée par la politique monétaire allemande n'a pas été abordé en temps utile : il aurait été politiquement incorrect de dire que l'ouverture économique n'est dans l'absolu ni bonne ni mauvaise, car ses effets sont en réalité déterminés par un ensemble de paramètres dont

---

[11] OFCE, L'économie française 1998, REPERES, Éditions LÀ DECOUVERTE, 1998 – Chapitre X – UEM : le bout du tunnel ?

l'interaction est complexe. Cette évidence n'était tout simplement pas « politiquement correcte ».

À cet égard, voici une anecdote que m'a racontée un ami, en poste dans une grande entreprise. C'est une petite chose, mais elle permet de se souvenir de l'ambiance des années 2000.

Lors d'un déplacement professionnel dans les Antilles, en 2001, ce gestionnaire eut à parler du contexte économique de l'Outre-Mer français. Se trouvant devant un public de financiers, il expliqua que l'euro étant une monnaie européenne, il fallait à l'avenir s'attendre à une gestion des confettis de l'empire français potentiellement moins « politique », et donc vraisemblablement plus rigoureuse. Le malheureux ! Que n'avait-il pas dit ? Sa hiérarchie s'empressa de lui intimer discrètement l'ordre d'en rester là, car son avis n'était pas « autorisé ». Bien entendu, l'intéressé se le tint pour dit, et on ne l'entendit plus sur le sujet.

Il y eut beaucoup de gens, sans doute, à cette époque-là, qui choisirent comme lui de se taire pour garder leur travail.

Derrière une construction aberrante, il n'y a pas nécessairement de volonté de nuire. Il est probable que les concepteurs de la zone euro savaient que tout ne se passerait pas aussi bien qu'ils le prétendaient. Mais peu, à mon avis, auraient soutenu le projet en 1992, s'ils avaient pu se projeter vingt ans en avant, et en connaître les résultats concrets.

Je crois qu'il y a eu en l'occurrence beaucoup de conformisme, pas mal de lâcheté et un certain manque d'imagination. Les classes dirigeantes françaises sont trop homogènes ; elles ont besoin de sang neuf. Et c'est vrai dans le domaine économique comme dans tous les autres domaines.

3.2.6. Sur la notion de zone monétaire optimale

On répute qu'une zone monétaire est optimale lorsque pour cette zone, les avantages de l'unification monétaire dépassent ses inconvénients.

Les avantages de l'unification monétaire sont les suivants :

☐ Élimination des coûts de transaction.

☐ Accroissement de la mobilité des facteurs de production (travail et capital).

☐ Accroissement de la productivité par spécialisation compétitive des régions au sein de la zone unifiée.

Les inconvénients de l'unification monétaire sont les suivants :

☐ Impossibilité de réguler les chocs asymétriques, faute en particulier de pouvoir déployer une politique monétaire accommodante de manière ciblée sur une région plus particulièrement frappée par un choc.

☐ Impossibilité de réguler le commerce inter-régions au sein de la zone unifiée, faute de pouvoir compenser par des dévaluations régulières le déficit de compétitivité structurel des régions les plus faibles.

Sur cette base, un rapide examen des fondamentaux de la zone euro démontre que :

☐ Dans le cadre du système monétaire européen, le risque de change était très limité. Sous cet angle, l'apport de l'euro n'est nullement décisif.

☐ La mobilité des facteurs de production est évidemment entravée par la diversité linguistique. En pratique, au sein de la zone euro, seul le capital bénéficie d'une mobilité accrue de manière significative. En ce sens, on peut dire que l'unification de la zone euro a constitué un avantage donné au capital sur le travail, et particulièrement le travail peu qualifié [*Voir note 3.2.9. Sur les gagnants et les perdants de l'euro*].

☐ L'accroissement de compétitivité par spécialisation est réel, mais on a vu précédemment [*Voir note 3.2.5. Sur le dogme de la croissance par le commerce international*] qu'il n'avait pas produit concrètement de croissance des produits intérieurs bruts au sein de la zone euro.

☐ En revanche, l'impossibilité de conduire des politiques monétaires ciblées a sans aucun doute coûté très cher à certains pays de la zone euro.

Le principal inconvénient de l'euro n'a pas été l'impossibilité de réguler les relations entre les membres de la zone par des révisions de taux de change. C'est évidemment un problème réel, mais l'expérience a démontré qu'il trouve une manière de « solution » dans la contraction des importations des pays en situation de déficit bilatéral – une contraction des importations qui renvoie elle-même à la stagnation économique où se trouvent enfermés ces pays [*Voir note 3.2.6. Sur le dogme de la croissance par le commerce international*]. C'est évidemment un remède de cheval, mais il faut reconnaître que c'est un remède.

Ainsi, l'Allemagne, qui dégageait un excédent commercial bilatéral de l'ordre de 100 milliards d'euros par an avec le reste de la zone euro entre 2005 et 2009, n'est plus dans la même situation. Cet excédent est retombé à 60 milliards en 2013, et il a presque disparu en 2014. Désormais, l'excédent commercial allemand est effectué en grande partie hors zone euro, grâce à l'accroissement des parts de marché dans les pays émergents, à la baisse de la facture pétrolière et, facteur important sur le plan géopolitique, à une nouvelle accentuation du déficit bilatéral des USA.

Sur le plan du commerce international, le gros problème posé par l'unification artificielle des politiques monétaires dans la zone euro est que le cours optimal de l'euro n'est pas le même pour les différents membres de la zone.

Certaines économies possèdent une forte élasticité-prix au niveau des exportations, parce que leur commerce extérieur se fait essentiellement dans des secteurs où la concurrence est forte, sur des biens pour lesquels le prix de vente est un argument commercial essentiel. C'est le cas entre autres de l'économie française.

D'autres économies possèdent une élasticité-prix beaucoup plus faible au niveau des exportations. C'est le cas de l'économie allemande. Les fers de lance de la machine à exporter allemande sont l'automobile haut-de-gamme et les machines-outils. Dans ces domaines, l'industrie allemande a peu de concurrence, et quand elle en a, le prix n'est pas nécessairement le facteur décisif. Par exemple, s'agissant des équipements industriels importés en masse par la Chine ces dernières années, il est très clair que le seul grand concurrent de l'Allemagne est le Japon, et très clair aussi que pour des raisons extra-économiques, les Chinois préféreront les machines allemandes même si elles sont chères.

Or, pendant l'essentiel de son histoire, l'euro a été une monnaie forte.

De 1998 à 2014, on estime que sa parité de pouvoir d'achat avec le dollar est progressivement passée de 1,08 en 1998 à 1,15 actuellement.

Dans le même temps, voici l'historique des cours en moyenne annuelle :

Année	Cours EUR/USD	Tx de croissance France vs tx de croissance monde (pt de%age)	Tx de croissance Allemagne vs tx de croissance monde (pt de%age)
1999	1,07	-0,3	-1,7
2000	0,92	-1,1	-1,7
2001	0,90	-0,5	-0,8
2002	0,95	-1,7	-2,6
2003	1,13	-2,6	-3,9
2004	1,24	-2,3	-4,0
2005	1,24	-2,6	-3,6

2006	1,26	-2,3	-1,1
2007	1,37	-2,8	-1,7
2008	1,47	-2,7	-1,7
2009	1,39	-2,0	-4,1
2010	1,33	-3,4	-1,2
2011	1,39	-1,7	-0,3
2012	1,28	-3,0	-2,1
2013	1,33	-2,5	-2,3
2014	1,33	-2,4	-1,4
2015	1,12	-2,4	-1,9

De 1999 à 2002, l'euro s'est trouvé sous sa parité de pouvoir d'achat avec le dollar – et le différentiel de croissance entre l'économie française et l'économie mondiale s'est établi aux alentours de 1 point. De 2003 à 2014, l'euro s'est situé au-dessus de sa parité de pouvoir d'achat avec le dollar – et le différentiel de croissance entre l'économie française et l'économie mondiale s'est établi aux alentours de 2,5 points.

Le taux de croissance de l'économie allemande, par opposition, ne semble pas connaître la même corrélation inverse au cours de l'euro. L'Allemagne a donc dans l'absolu plutôt intérêt à un euro fort, parce que :

☐ La force de l'euro ne l'empêche pas d'exporter.

☐ Elle met dans une certaine mesure ses entreprises à l'abri des attaques spéculatives venues de l'étranger.

☐ Elle facilite symétriquement l'internationalisation des entreprises allemandes.

Ainsi, quel que soit le cours de l'euro, il y aura toujours, à l'intérieur de la zone euro, des heureux et des malheureux. Si l'euro est assez fort pour l'Allemagne, il l'est trop pour la France. Si l'euro tombe sous sa parité de pouvoir d'achat avec le dollar, ce qui arrange l'Europe du sud, il devient un risque, voire un danger pour l'Allemagne.

Dans l'ensemble, jusqu'ici, les Allemands n'ont pas à se plaindre – c'est nous, Français, entre autres, qui avons payé pour l'euro. Si on considère que le manque à gagner en croissance s'est établi sur la période de surévaluation de l'euro à un point par an, cela revient à dire que l'euro aura coûté 10% de sa substance à l'économie française – une véritable hémorragie.

C'est que, de 2002 à 2014, l'euro a été piloté de facto conformément aux intérêts allemands. C'est la conséquence mécanique de l'agenda étroitement monétariste de la BCE, dont les statuts précisent qu'elle doit veiller à limiter l'inflation en zone euro, et ne mentionnent en revanche pas la croissance économique comme un objectif. Soit dit en passant, ces statuts ont été rédigés avec la *collaboration* de notre actuelle classe dirigeante. Ceci soulève un certain nombre de questions.

3.2.7. Différentiels d'inflation entre pays européens sur la longue période

La comparaison des indices des prix à la consommation entre les grands pays européens sur un demi-siècle révèle certaines constantes lourdes.

Taux d'inflation annuels moyens	1965 - 1974	1975 - 1984	1985 - 1994	1995 - 2004	2005 - 2014
Allemagne	4,1%	4,2%	2,5%	1,5%	1,5%
Espagne	8,3%	15,7%	6,0%	3,0%	2,1%
France	6,2%	10,3%	2,8%	1,6%	1,4%
Grande-Bretagne	7,6%	12,0%	4,5%	1,6%	2,6%
Italie	6,8%	15,2%	5,6%	2,7%	1,8%

[Source : http://fr.global-rates.com]

En Europe, dans l'ensemble, l'Allemagne se singularise historiquement par son excellente maîtrise de l'inflation. L'Espagne est caractérisée par des inflations élevées. La France, l'Italie et la Grande-Bretagne évoluent entre ces deux extrêmes – la France est plutôt proche de l'Allemagne, tandis que l'Italie ressemble davantage à l'Espagne.

Cette tendance générale admet bien sûr des exceptions temporaires. La couleur politique du gouvernement a un impact considérable sur l'inflation : une politique favorable aux hausses de salaires entraîne une poussée inflationniste, tandis qu'une politique de rigueur provoque des tensions déflationnistes.

Cela étant, l'économie allemande, du fait de ses structures largement corporatives, adossées au système de cogestion et à la fixation des salaires de référence dans le cadre des accords de branches, est en partie immunisée contre cette forme d'instabilité. On dit parfois qu'en Allemagne, le Chancelier n'est pas le patron, mais le veilleur de nuit. Le vrai patron, c'est le patronat, et sa méthode de pilotage inclut historiquement un dialogue permanent avec des organisations de travailleurs très unifiées et structurées.

Cette spécificité allemande est lourde de conséquences.

En particulier, elle implique que le monétarisme n'a pas tout à fait le même sens selon les pays où on l'applique.

L'inflation calée à 2% par an implique, dans un environnement déréglementé anglo-saxon, les injections de liquidité massives opérées lors du collapsus partiel du système financier après la crise de 2008 : pour maintenir l'inflation vers 2% alors que la masse monétaire implose du fait de la baisse des actifs, il faut injecter de la liquidité à tout va.

La même doctrine de l'inflation à 2% par an, formulée cette fois non par les disciples de Friedman, mais par les économistes ordo-libéraux allemands, n'implique pas les mêmes politiques contra-cycliques d'injection de liquidité, en tout cas pas au même degré – tout simplement parce que les cycles sont en Allemagne beaucoup moins prononcés, et peuvent être gérés avec des outils extérieurs à la politique monétaire. Ils sont « aplanis », en amont du jeu des marchés, par l'encadrement corporatif de l'économie, à travers le dialogue des partenaires sociaux.

Dans la zone euro, la France et, a fortiori, l'Italie et l'Espagne, sont des pays :

☐ Qui n'ont pas instauré le système de gouvernance économique corporative allemand, et qui d'ailleurs auraient le plus grand mal à le faire, compte tenu des mentalités prédominantes au sein de leurs populations,

☐ Et qui, avec l'introduction de l'euro, ont perdu le pouvoir d'émission monétaire que la Grande-Bretagne tente de préserver, et dont les USA sont amplement dotés, grâce au statut particulier du dollar dans le système monétaire international.

Déjà, lors du référendum sur le traité de Maastricht, les esprits lucides avaient tiré le signal d'alarme. On pourra lire, en particulier, le remarquable essai d'Emmanuel Todd, « L'invention de l'Europe », par lequel il expliquait pourquoi l'euro était un « travail d'amateurs », qui ne prenait pas en compte l'existence de spécificités sociologiques distinctes en Europe du nord et du sud.

Et de fait, que s'est-il passé avec l'introduction de l'euro ?

Indices des prix à la consommation depuis 1965	Avant euro (65-98)	Après euro (98-2014)
Allemagne	3,4%	1,4%
Espagne	9,4%	2,4%
France	6,0%	1,5%
Italie	8,7%	2,0%

[Nb : l'analyse en indices des prix à la consommation harmonisés ne contredit pas fondamentalement ces résultats – on retient la date de 1998 comme référence, puisque c'est la date de fixation des parités de référence]

La France est parvenue à s'aligner à peu de choses près sur l'Allemagne – ce qui revient à dire qu'elle a renoncé à sa tendance naturelle pour se couler coûte que coûte dans un carcan qui, certes, n'est pas très éloigné de sa tendance naturelle, mais qui, tout de même, *n'est pas* sa tendance naturelle. Elle n'a réussi ce tour de force, jusqu'ici, que parce qu'elle partait dans l'affaire avec des atouts extraordinaires – qu'elle est en train de gaspiller.

L'Espagne et l'Italie, elles, n'ont jamais disposé de tels atouts. Et fort logiquement, une fois dans l'euro, ces pays ont accumulé, progressivement, un différentiel d'inflation considérable avec l'Allemagne :

Pouvoir d'achat de l'euro - base 100 en 1998	1998	2012	Différentiel avec l'Allemagne
Allemagne	100,0	81,4	0,0%
Espagne	100,0	68,0	-16,5%
France	100,0	79,7	-2,1%
Italie	100,0	73,5	-9,7%

De telles distorsions ne sont pas supportables à l'intérieur du même espace monétaire. Même si beaucoup de produits sont moins chers aujourd'hui en Espagne qu'en Allemagne ou en France, la différence de prix était encore plus élevée avant l'euro : ce différentiel était nécessaire eu égard à la force respective des économies. C'est pour compenser leur inflation différentielle avec l'Allemagne que l'Espagne et l'Italie ont basculé à partir de 2013 dans une déflation larvée. La France, bien que sa situation soit beaucoup moins grave, se retrouve quant à elle avec une inflation zéro, puisque c'est la situation vers laquelle converge une Allemagne en implosion démographique.

3.2.8. L'euro vu d'Allemagne

3.2.8.1. La vision du grand public

Depuis l'éclatement de la crise de l'Europe du sud, une certaine presse de caniveau allemande s'est parfois laissé aller à la xénophobie. Il ne faut pas grossir ces excès regrettables. Dans l'ensemble, le sentiment prédominant en Allemagne, tel qu'il se reflète dans la presse grand public, n'est pas la xénophobie : c'est une exaspération certes contre-productive, mais dans l'ensemble assez compréhensible.

Bouchons-nous le nez et visitons par exemple le site du quotidien Bild. Aujourd'hui, 24 avril 2015, vient de paraître un article intitulé : « Ce que la Grèce nous coûte »[12]. Où l'on apprend que depuis 2010, 215 milliards d'euros ont déjà « coulé » vers Athènes, et que cela représente paraît-il 88 camions de 40 tonnes remplis de billets de cent euros. Un dessin représente d'ailleurs ces camions, partant de tous les coins de l'Europe, dont évidemment l'Allemagne, convergeant vers Bruxelles, d'où une autoroute s'élance pour les conduire jusqu'en Grèce.

Telle est la perception que la population allemande a majoritairement de la situation. Elle est entretenue dans cette vision par des médias grand-public qui sont d'un niveau tout à fait comparable à celui des médias français. Il en résulte que pour les gouvernants allemands, il sera certainement difficile de faire accepter des efforts additionnels à l'opinion allemande pour sauver la zone euro. C'est indiscutablement un paramètre à prendre en compte pour évaluer la probabilité des différents scénarios possibles à court terme.

---

[12] http://www.bild.de/politik/ausland/griechenland-krise/so-teuer-ist-uns-griechenland-40663168.bild.html

3.2.8.2. La ligne euro-optimiste

Cela étant, cette vision grand-public n'est évidemment pas partagée par les économistes allemands. Eux savent que les choses sont beaucoup plus compliquées. En aidant le reste de la zone euro, l'Allemagne protège ses investissements et ses exportations. D'une manière plus générale, étant donné l'imbrication de l'économie allemande avec le reste de l'économie européenne, une grande dépression sur le continent ne pourrait pas ne pas provoquer une situation catastrophique en Allemagne. On remarquera d'ailleurs à ce propos que l'Allemagne est beaucoup plus exposée au risque de déflation que la France, étant donné la puissance de son industrie et la rétraction prévisible de son marché intérieur, eu égard à ses perspectives démographiques.

Compte tenu du besoin que l'Allemagne a de l'Europe, la ligne euro-optimiste prédomine au sein des économistes d'Outre Rhin. La seule issue de la crise de l'euro acceptable du point de vue allemand, c'est l'intégration financière complète de la zone, via la convergence des politiques économiques sur le modèle ordo-libéral. Certains vont jusqu'à prôner l'établissement d'un système de transferts budgétaires, mais le moins qu'on puisse dire, c'est que la perspective n'enchante pas tout le monde en Allemagne.

Cette école économique euro-optimiste est étroitement liée à l'émergence d'une sensibilité politique nouvelle et intéressante, transversale aux principaux partis politiques. Quelques voix autorisées osent, pour la première fois depuis 1945, *penser* le rôle central de l'Allemagne en Europe. Cette Allemagne « démocratique », guérie des maux du passé, devrait assumer la position d'un « hégémon bienveillant », devenu de facto et « malgré lui » le pilote de l'Union Européenne.

Pour qui s'intéresse aux réalités, on retrouve ici tout à fait le projet schmittien évoqué lors de ma conférence à Strasbourg. Mais naturellement, si le contenu du paquet est proche des idées de Carl Schmitt, son emballage a été radicalement relooké. Le discours est ambigu, et ceux qui le tiennent se complaisent visiblement dans cette ambiguïté.

Ce n'est d'ailleurs pas qu'une question de correction politique : c'est aussi que la sensibilité euro-optimiste, en Allemagne, n'est pas unitaire quant au sens même qu'elle donne au projet européen. L'euro-optimisme de Gerhardt Schröder, aujourd'hui haut cadre de Gazprom, ami personnel de Vladimir Poutine, n'a pas le même sens politique que l'euro-optimisme de la très atlantiste Angela Merkel. L'euro-optimisme d'un Martin Schulz, SPD, qui se réjouit ouvertement du fait qu'Alexis Tsipras oblige cette même Angela Merkel à des concessions, n'a pas le même sens économique que l'euro-optimisme d'un Wolfgang Schäuble, CDU, pour qui l'hégémonie allemande en Europe doit s'accompagner d'un alignement des règles du pilotage économique sur les conceptions monétaristes les plus strictes.

Cela étant, au sein des classes dirigeantes allemandes, des oppositions très vigoureuses sur la vision stratégique n'empêchent pas un travail permanent de recherche du consensus sur les options tactiques. C'est pourquoi on peut parler d'une « ligne euro-optimiste », même si, en réalité, il y a plusieurs visions stratégiques bien distinctes. Tous ceux qui estiment que l'Allemagne aurait plus à perdre qu'à gagner à la disparition de l'euro vont travailler ensemble pour le sauver – et ils sont pour l'instant, semble-t-il, largement prédominants au sein des classes dirigeantes allemandes.

Dans ces conditions, il faut bien voir que l'euro risque fort de fonctionner politiquement en Allemagne comme il le fait en France. C'est, et ce sera sans doute encore pour quelque temps, la ligne de regroupement des forces politiques prédominantes dans le cadre du système.

3.2.8.3. La ligne eurosceptique

Cependant, il y aura, sur ce plan, une grande différence avec la France. En cas d'explosion de l'euro, le Franc perdrait de la valeur, mais le Mark reconstitué pourrait, lui, s'envoler. Même s'il en découlerait rapidement des conséquences très fâcheuses pour l'économie allemande, sur le plan psychologique, la configuration est bien différente.

La plupart des gens ne comprennent pas qu'avoir une monnaie forte peut être un handicap. Les rares partisans de l'abandon de l'euro peuvent donc trouver en Allemagne un vivier électoral qui n'existe pas, ou peu, en France. Les retraités et bientôt retraités, qui en France vont logiquement s'accrocher à l'euro par peur de la dévaluation, pourraient bien en Allemagne s'en détourner, surtout si la politique monétaire de la BCE se fait de plus en plus accommodante. Or, leur poids démographique est encore plus important qu'en France.

Si la ligne euro-optimiste prédomine au sein des classes dirigeantes allemandes, une autre ligne existe et pourrait demain prendre de l'ampleur. Bien distincte des représentations simplistes de la démagogie anti-européenne évoquée précédemment, cette ligne eurosceptique « sérieuse » repose fondamentalement sur une idée aussi simple que percutante : l'Europe n'a pas besoin de l'euro pour fonctionner, et donc l'Allemagne, si elle a besoin de l'Europe, n'a pas besoin de l'euro.

En Allemagne, il n'y a guère de ligne eurosceptique au sens que prend ce mot en Grande-Bretagne ou en France. Peu nombreux sont ceux qui, Outre-Rhin, envisagent positivement une explosion de l'Union Européenne. C'est d'ailleurs parfaitement compréhensible : pour une Allemagne qui depuis 1945 ne se donne plus le droit d'avoir un projet « national », l'Europe fonctionne comme grand projet politique de substitution. Et puis les Allemands savent très bien que, pour les raisons évoquées précédemment, leur industrie a besoin des marchés européens. Presque personne en Allemagne n'envisage, comme on le fait parfois en France, l'hypothèse d'un recentrage du pays sur lui-même – et pour cause : ce qui est possible pour nous, en la matière, ne l'est pas pour les Allemands.[13]

C'est précisément pourquoi Angela Merkel a lancé un jour : « Si l'euro échoue, l'Europe échoue ». Cette formule expéditive visait, avant tout, à disqualifier les adversaires de la monnaie unique, dans un pays qui ne peut pas tolérer l'échec du projet européen.

Et pourtant, petit à petit, même en Allemagne, un courant anti-euro est apparu.

Il ne faut pas perdre de vue, à ce propos, que l'union monétaire a, depuis 2009, progressivement renoncé à fonctionner conformément aux règles qu'elle s'était initialement données.

Le traité de Maastricht excluait tout financement des dettes publiques par les banques centrales – ce péché capital dans la morale financière monétariste. On se souviendra avec délectation des arguments des partisans dudit traité, en 1992. On se souviendra aussi qu'il n'y a pas si longtemps, on nous expliquait que les problèmes de financement de nos États n'avaient rien à voir avec la décision prise au début des années 70 d'interdire aux banques centrales de financer les impasses budgétaires.

Résultat des courses : la BCE rachète désormais systématiquement les titres des États en difficulté sur le marché secondaire. Certes, les apparences sont sauves : il n'y a pas de monétisation directe. Mais il n'y a guère que les apparences qui soient sauves. Une fois de plus, on constate que l'interventionnisme de l'État ne fait que répondre aux besoins des marchés. Au final, les disciples de Milton Friedman sont amenés

---

[13] Soit dit en passant, ce fait implique qu'en cas de jeu perdant-perdant entre Paris et Berlin, la position de force reviendrait potentiellement à Paris, surtout si Berlin n'est pas capable de rallier l'ensemble des autres européens. Berlin n'est le plus fort que si le jeu reste un jeu de coopération gagnant-gagnant, comme il l'est actuellement.

à déverser dans le système financier des masses de liquidité encore plus élevées que celles déversées jadis par les keynésiens. Décidément, les faits sont encore plus têtus que les idéologies.

Ce qui dérange en Allemagne, ce n'est pas tellement que la banque centrale intervienne dans le financement des déficits publics. Les dirigeants allemands sont assez pragmatiques. Ce qui dérange, c'est surtout qu'une banque centrale partiellement allemande intervienne dans le financement de déficits publics partiellement non-allemands. Qui dit monnaie unique dit ici argent-dette unique. Et qui dit argent-dette unique dit dette unique.

C'est pourquoi au cœur même des classes dirigeantes allemandes, l'idée fait son chemin d'une remise en cause de l'euro. À cet égard, les évolutions récentes de la BCE laissent penser que pour sauver la monnaie *commune*, les dirigeants européens cherchent en réalité un moyen d'en remettre en cause l'unicité – sans le dire, évidemment.

3.2.9. Gagnants et perdants de l'euro

3.2.9.1. Qu'est-ce qui fait voter les gens ?

Parmi les soutiens de l'euro, il existe au moins une catégorie dont on comprend facilement pourquoi elle adhère à la monnaie unique : ce sont les technocrates. Il suffit pour saisir leur point de vue de se documenter un peu sur les salaires et avantages divers de la fonction publique européenne…

Mais si la technocratie dirige, elle pèse électoralement fort peu. C'est elle qui bénéficie le plus de l'euro, mais ce n'est pas elle qui a pu donner 51% des voix au « Oui à Maastricht », et pas elle non plus qui a pu, depuis, reconduire au pouvoir des partis pro-euro.

Même s'il est notoire que les gens votent souvent sans conscience claire des enjeux, il a bien fallu que l'euro arrange d'autres catégories. Sinon, à la longue, il aurait entraîné une remise en cause des partis qui l'ont mis en place.

D'où la question : l'euro, *cui bono* ?

Depuis l'établissement de la zone euro, en France, certaines catégories ont prospéré, d'autres ont régressé. Il n'est pas toujours possible de déterminer quelle part de ces évolutions est attribuable à l'existence de la monnaie unique, bien sûr. Mais on peut tout de même dresser quelques constats instructifs. En particulier, il n'est pas complètement inintéressant de regarder comment les gens votent, au regard de leur intérêt objectif sur les questions monétaires.

Où l'on verra qu'après tout, les gens ne votent pas de façon aussi illogique qu'on pourrait le penser. D'une manière générale, ceux qui votent le plus pour les partis défavorables à l'euro sont aussi ceux qui ont objectivement intérêt à sa remise en cause.

3.2.9.2. L'Europe ou l'avenir des vieux ?

Commençons par comparer l'évolution du niveau de vie des actifs avec celui des retraités :

Donnée annuelle	1998	2011
Niveau de vie moyen des retraités	19 130 €	23 592 €
Niveau de vie moyen des actifs	20 050 €	24 612 €
Ratio	95%	96%

[Source : INSEE]

Dans l'ensemble, les retraités s'en sortent à peu près comme les actifs. L'euro ne leur a pas rapporté, mais il ne leur a pas non plus coûté. Ils ont maintenu leur situation relative telle qu'elle apparaissait à la fin des années 90, après trente ans de rattrapage progressif de leur revenu moyen par rapport à celui des actifs.

Soit dit en passant, étant donné qu'ils sont beaucoup plus souvent que les actifs propriétaires de leur logement, et qu'ils n'ont pas de frais professionnels indirects à supporter (déménagements pour mutation, etc.), on peut considérer que leur aisance réelle est aujourd'hui, en moyenne, légèrement supérieure à celle des actifs.

Heureux comme un retraité en France ? Si la situation peu enviable des retraités pauvres ne nous obligeait pas à nuancer, nous pourrions presque l'écrire…

À ce propos, on remarquera que les revenus des retraités seraient, à l'inverse, fortement compromis par une période de forte inflation – surtout si, comme en Italie, on supprime l'indexation des retraites sur l'inflation. Ou pour le dire autrement : heureux comme un retraité aisé en France – tant que l'euro est là !

D'une manière plus générale, on peut dire qu'en moyenne, plus les gens sont âgés, plus ils ont intérêt à la stabilité monétaire – ou, symétriquement : plus on est jeune, plus on a intérêt à l'inflation. C'est que la monnaie est l'instrument par excellence de la régulation des rapports entre classes, entre groupes professionnels, mais aussi entre générations – un instrument d'autant plus puissant que son action, indirecte, sous-jacente aux comportements économiques naturels, reste largement invisible.

D'une manière générale, une politique monétaire restrictive a tendance à figer les positions : les riches resteront riches, les pauvres resteront pauvres. Une politique monétaire relâchée, à l'inverse, injecte en quelque sorte du fluidifiant dans la machine sociale. Celle-ci a tendance à tourner plus vite, et, surtout, de manière plus souple. Naturellement, cela favorise ceux qui ont plus à gagner au changement qu'ils n'ont à perdre – donc plutôt les jeunes, et d'une manière générale ceux parmi les pauvres qui détiennent un potentiel économique à mettre en valeur.

Et comment retraités, bientôt retraités et jeunes actifs votent-ils, au fait ? Eh bien si on en juge par les diverses enquêtes d'opinion disponibles, seulement 14% environ des « plus de 50 ans » ont voté au premier tour des élections présidentielles de 2012 pour Marine Le Pen, principal candidat anti-euro, alors que la proportion approche 25% chez les « moins de 50 ans ».

Tiens, tiens.

3.2.9.3. L'Euro, un projet pour les cadres ?

Comparons maintenant l'évolution du niveau de vie de diverses catégories socioprofessionnelles :

	Revenu 2012 ramené à l'indice 100 en 2003	Part de la populat ion active 1998	Part de la populat ion active 2012
Artisan, commerçant	97	7%	6%
Cadre	103	12%	15%
Profession intermédiaire	102	20%	23%
Employé	100	29%	29%
Ouvrier qualifié	106	27%	23%
Ouvrier non qualifié	102		

[Source INSEE]

Si l'on en croit l'INSEE, depuis 2003, les artisans, commerçants et autres petits patrons sont les grands perdants de ces dernières années. Constat statistique probablement vrai, mais qu'il faut relativiser : cette catégorie, très sensible aux fluctuations conjoncturelles, avait préalablement beaucoup gagné lors du boom temporaire de la fin des années 90.

Par ailleurs, si en dix ans les ouvriers qualifiés ont gagné en pouvoir d'achat sensiblement plus que la moyenne de la population, les ouvriers non qualifiés et les employés ont perdu : les premiers surtout en nombre, ce qu'ils payent par le chômage de masse, et les seconds plutôt par le salaire – légèrement raboté par rapport à l'évolution générale. Une évolution d'autant plus douloureuse qu'elle interrompt un long mouvement de revalorisation des rémunérations inférieures. Encore dans les années 90, les gouvernements s'efforçaient de donner périodiquement un « coup de pouce » au SMIC, ce qui resserrait à chaque fois un peu l'éventail des salaires. C'en est apparemment fini de ce genre de mesures.

À l'inverse, dans l'ensemble, les cadres et professions intermédiaires ne se portent pas trop mal – leur nombre augmente, et leurs salaires aussi !

Cette évolution paraît en tout cas cohérente avec les implications logiques de l'unification monétaire européenne.

Que la zone euro, et d'une manière générale les dispositifs antiprotectionnistes, ne soient pas une bonne affaire pour les ouvriers et employés français, surtout les moins qualifiés, on le comprendra facilement en comparant par exemple les salaires moyens en France et dans certains pays ayant récemment adopté l'euro. En Lettonie, par exemple, le salaire moyen se monte à 750 euros environ, à peu près un tiers du salaire moyen français.

Contrairement à un certain discours à la mode, le degré de concurrence internationale entre salariés a tendance à diminuer quand on monte dans l'échelle des qualifications. Un ouvrier spécialisé français est directement en concurrence avec un ouvrier spécialisé letton, parce que ni la maîtrise d'une langue donnée, ni le diplôme d'une école donnée, ne sont des prérequis pour un travail d'OS. À l'inverse, un expert-comptable français n'est que très indirectement en concurrence avec un expert-comptable letton, parce qu'on ne tient pas la comptabilité d'une entreprise sans parler sa langue et sans connaître les normes et règles juridiques applicables dans son pays.

Dans ces conditions, on ne sera pas surpris par les votes des diverses catégories socioprofessionnelles. En 2012, les ouvriers ont voté Le Pen à 30%, et les cadres à 10%.

En fait, ce qui est surprenant, c'est qu'une courte majorité d'ouvriers a semble-t-il voté en 2012 pour des partis pro-euro. Apparemment, à l'avenir, ce ne sera plus le cas. Il va falloir que le Parti Socialiste se trouve un nouvel électorat. [*Voir partie 4. La stratégie de la tension*]

3.2.9.4. L'euro, une histoire de petits sous

Au final, on retrouve tout à fait dans ces quelques tableaux les conclusions esquissées préalablement [*Voir note 3.2.9. Sur la notion de productivité*]. Projet de la technocratie européiste [*Voir note 3.2.4. Sur la nature du projet européen*], l'euro « tient » finalement dans l'opinion française parce que, tout simplement, à ce stade, il y a une majorité de gens pour préférer qu'il tienne – au moins pour quelques temps :

☐ Les retraités, soit la base de l'électorat de la droite classique française, votent « euro » parce qu'ils ont peur de l'inflation.

☐ Les cadres et professions intermédiaires, soit la base de l'électorat de la gauche « social-libérale » française, votent « euro » parce qu'il définit une architecture qui les favorise au détriment des ouvriers, employés et petits patrons.

☐ À quoi il faut ajouter de multiples groupes qui ont un intérêt catégoriel à défendre l'euro. Certains de ces groupes n'ont d'ailleurs pas d'autre intérêt que le maintien des classes dirigeantes en place, qui les entretiennent dans une logique clientéliste – et la remise en cause de l'euro, bien sûr, ouvrirait précisément la porte à la remise en cause des classes dirigeantes actuelles, dont c'était le projet emblématique.

Bien sûr, d'autres motivations entrent en ligne de compte, et les assertions précédentes sont un peu simplificatrices. Les retraités votent aussi souvent « euro » parce que, on ne doit pas l'oublier, une partie d'entre eux se souvient de ce qui arrive quand l'Europe explose. Et si les cadres votent « euro », c'est, aussi, parce qu'il est exact que de leur point de vue, le projet européen peut correspondre à une véritable dynamique.

Il n'empêche : l'euro fonctionne bel et bien comme une sorte de ligne de résistance principale de toutes les forces qui, en France, auraient plus à perdre qu'à gagner à une remise en cause des équilibres sociaux instables péniblement négociés depuis deux décennies.

Surtout du côté des retraités, il y a là évidemment quelque paradoxe. Le maintien de l'euro exigera en effet à brève échéance le démantèlement d'un modèle social dont ils sont bénéficiaires. Mais ce paradoxe s'explique facilement : les intéressés font tout simplement le calcul qu'il vaut mieux s'arcbouter pour quelques années – la suite ne les concerne pas.

3.2.10. L'explosion de l'euro, quelle probabilité, quelles modalités ?

3.2.10.1. L'explosion semble quasi-inéluctable

Historiquement, les unions monétaires entre plusieurs États ne peuvent connaître que deux destins :

☐ Ou bien elles donnent naissance à un État-nation unitaire, et cessent donc d'exister comme union monétaire transnationales ;

☐ Ou bien elles explosent.

Cela étant, certaines unions monétaires ont perduré fort longtemps sans donner naissance à un État-nation unitaire – même si au bout de ce « longtemps », elles ont évidemment fini par exploser. L'exemple le plus célèbre est l'union latine, qui associa un certain nombre de pays à la France, à partir de 1865. Elle se fissura en 1892, quand la Grèce dut être mise sous tutelle parce que l'or la fuyait – l'histoire monétaire de la Grèce est un *running gag*. Finalement, l'Union Latine explosa complètement en 1914 – même si on maintint formellement la fiction de sa continuité jusqu'en 1927.

Que l'unification réussie de la monnaie entraîne celle de l'État, voilà qui semble assez logique. La nature même de l'institution monétaire commande son lien avec l'État. Quand un État décide d'accepter une monnaie en paiement des impôts, on peut évidemment dire que c'est l'État qui institue la monnaie. Mais il n'est pas absurde d'inverser la logique, pour conclure que c'est aussi la monnaie qui institue l'État : lorsque les contribuables recherchent la monnaie définie par l'État, ils se préparent à payer les taxes – et donc, ils reconnaissent l'État.

Cela étant, dans le monde actuel, le mécanisme qui conduit de l'union monétaire à l'union politique transite généralement par l'établissement d'une gouvernance économique unifiée. En fait, de deux choses l'une : ou bien l'union monétaire révèle l'existence d'une zone monétaire optimale [*Voir note 3.2.6. Sur la notion de zone monétaire optimale*], et les avantages d'une gouvernance unifiée surpassent ses inconvénients ; ou bien elle révèle au contraire qu'il n'y a pas de zone monétaire optimale, et comme les inconvénients d'une gouvernance unifiée dépasseraient ses avantages, il ne reste plus qu'à organiser le divorce.

Pour une union monétaire, le moment de vérité est donc l'instant du choix entre établir une gouvernance unifiée… ou pas.

Or, il semble très peu probable que la décision soit jamais prise d'unifier totalement la gouvernance économique de la zone euro :

☐ Si, comme on peut le penser, l'euro était piloté d'abord en vue des intérêts de l'Allemagne, puissance économiquement dominante dans la zone, il serait structurellement trop fort pour les économies de l'Europe du sud.

☐ Celles-ci connaîtraient donc une lente régression, et seraient constamment obligées d'appeler à l'aide le niveau central, pour qu'il les subventionne directement ou indirectement.

☐ Il faudrait donc que l'Europe du nord accepte des transferts structurels importants vers l'Europe du sud – les situations italienne et belge, élargies à l'échelle du continent.

☐ Or, tout indique que l'Europe du nord n'acceptera pas ces transferts – ce qui, au demeurant, est parfaitement compréhensible. On ne voit pas pourquoi les contribuables finlandais devraient payer pour maintenir dans leur zone monétaire des économies qui, compte tenu de leurs fondamentaux, seront structurellement en difficulté si on leur impose une monnaie allemande.

On objectera qu'une fois la gouvernance économique unifiée, il serait théoriquement possible de voir les économies de l'Europe du sud converger vers celles de l'Europe du nord – puisqu'elles seraient gouvernées de la même manière. Mais l'argument ne tient pas : il faudrait des décennies pour que les sociétés concernées s'alignent, si elles le font jamais. On ne transformera pas facilement des Madrilènes ou des Napolitains en Berlinois – les intéressés ne le veulent pas, et ils ont parfaitement raison.

Dans ces conditions, il semble très probable que, tôt ou tard, il faudra procéder à la dissolution de la monnaie unique.

3.2.10.2. L'agonie peut être très longue

Dans la mesure où le principal problème posé par l'euro réside dans son cours excessivement haut pour les économies de l'Europe du sud, sa baisse peut lui permettre de durer. Or, depuis quelques temps, l'euro baisse. Au moment où j'écris, en mai 2015, il est retombé légèrement sous sa parité de pouvoir d'achat avec le dollar. Il semble qu'il évolue à proximité de sa parité de pouvoir d'achat avec le yen. Ce n'est plus un euro fort.

Si on imagine un euro se stabilisant légèrement en-dessous de sa parité de pouvoir d'achat avec le panier des principales monnaies, il devient possible de faire durer très longtemps la situation actuelle.

Certes, un niveau de cet ordre n'est pas optimal pour l'Allemagne. Un euro à 1,1 dollars, par exemple, serait trop bas pour Berlin. Mais les Allemands peuvent décider de faire durer l'euro pour éviter une surévaluation excessive du mark reconstitué. Ils peuvent considérer qu'à tout prendre, il vaut mieux un euro à 1,1 dollars qu'un euromark à 1,8 dollars.

Ce niveau n'est pas non plus optimal pour l'Europe du sud : un euro à 1,1 dollars est encore trop haut pour la Grèce, ou même pour l'Espagne et le Portugal. Mais les européens du sud peuvent décider de faire durer l'euro pour éviter une situation de financement difficile, alors que leurs dettes publiques les étouffent. Du moins, avec l'euro, sont-ils à peu près assurés de trouver des financements.

Par ailleurs, dans la mesure où beaucoup de dirigeants européens ont lié leur destin politique à la monnaie unique, ils peuvent être tentés de la faire durer, même s'ils savent au fond qu'elle ne peut déboucher sur rien. Du moins assure-t-elle leur maintien, tant qu'elle est là. Elle fonctionne, après tout, comme la ligne de résistance principale de tous les conservatismes [*voir note 3.2.9. Gagnants et perdants de l'euro*], et elle est le totem des anciennes générations qui font les gros bataillons électoraux des partis gouvernementaux, un peu partout en Europe.

Il n'est donc pas impossible que nous nous installions pour encore quelques années dans une situation malsaine : on ne va nulle part, mais on fait durer. Avec un euro juste assez faible pour convenir à peu près à tout le monde, c'est un scénario envisageable.

Il faut espérer que ce répit, si répit il y a, sera utilisé par les dirigeants pour préparer la sortie de la monnaie unique – qui finira malgré tout par arriver. Mais il est à craindre que ce ne soit pas le cas : actuellement, les dirigeants se gardent bien de préparer quoi que ce soit. Pour que la majorité de la population les soutiennent comme garants de l'ordre établi, ils jouent sur la peur inspirée par le saut dans l'inconnu que constituerait une explosion non préparée de l'euro. « Nous ou le chaos », voilà finalement leur argumentaire. On se doute que dans ces conditions, ils risquent fort de continuer à *ne pas* préparer l'explosion de la zone euro.

On voit ici se profiler un scénario particulièrement désagréable. Sans qu'aucune perspective ne soit ouverte, la crise de l'euro durerait, en mode « tout juste supportable ». Elle serait utilisée pour justifier une « rigueur de gestion » à sens unique, toujours défavorable aux perdants de la monnaie unique [*Voir note 3.2.9. Gagnants et perdants de l'euro*]. Et cela durerait. Et durerait. Jusqu'au jour où…

3.2.10.3. L'explosion peut être très proche

Cela étant, rien ne permet de garantir que la BCE sera capable de stabiliser le cours de l'euro à un niveau acceptable par tous les membres de la zone. Il faut bien voir que la BCE est, sur ce point, dans une position beaucoup plus difficile que la Federal Reserve des États-Unis, que la Bank of Japan ou que la Banque d'Angleterre. Les autres banques centrales n'ont qu'un État à contenter. La BCE en a dix-neuf.

En outre, le contexte sera, dans les années qui viennent, probablement très instable. Sept ans après la crise de 2008, une évidence s'impose : la planète financière n'a rien appris. Pour l'essentiel, les techniques délirantes à l'origine du krach de 2008 sont toujours utilisées. Si la régulation bancaire a légèrement progressé, tout indique que la comédie des ratios Bâle continue. Le nouvel acte en cours d'écriture ressemblera finalement tout à fait aux précédents : la régulation avance, mais les banquiers s'arrangent pour qu'elle reste toujours un pas en arrière d'une « innovation financière » qui vide les règles prudentielles de leur substance, au fur et à mesure qu'on les durcit. De toute façon, comment voulez-vous que qui que ce soit régule quoi que ce soit, alors qu'une grande partie de la finance se joue dans l'opacité du *shadow banking* ?

On ne sait pas encore quel sera le détonateur de la prochaine crise systémique :

☐ Ce peut être l'état de l'industrie pétrolière, prise à revers par la chute soudaine des prix du brut, d'où de potentielles faillites en chaîne.

☐ Ce peut être une nouvelle fois le crédit aux particulier – le taux d'endettement des ménages est en train de repartir à la hausse aux USA, après une petite décennie de désendettement forcé. Dans un premier temps, il pourrait en résulter une croissance additionnelle. Mais si la mécanique s'emballe, dans quelques années…

☐ Ce peut être un accident géopolitique quelconque. Iran, Irak, Syrie, Corée du Nord, Ukraine, Venezuela : faites vos jeux.

☐ Ce peut être l'explosion de la bulle immobilière qui s'est formée en Chine ces dernières années, et dont la couverture en catastrophe pourrait en théorie obliger les autorités de Pékin à vendre enfin leur énorme matelas de bons du trésor américain.

Et bien d'autres détonateurs existent. On ne peut pas savoir où commencera l'incendie.

Sur le plan monétaire, quel que soit le détonateur de la prochaine crise, les conséquences seront en tout cas lourdes pour beaucoup d'États sur la planète.

Depuis que les États ont sauvé les banques en 2008-2009, le niveau des dettes publiques a explosé. Si l'on prend en compte les diverses catégories d'endettement des administrations publiques, la moyenne des dettes des États occidentaux approche maintenant les 100% de leur PIB.

Dans ces conditions, la situation ne reste gérable qu'avec des taux d'intérêt très bas. Dès qu'ils remonteront, la charge de la dette deviendra insupportable pour de nombreux États.

Ajoutez à cela que le phénomène de titrisation des créances pourries n'a fait que s'amplifier depuis 2008. Le contexte monétaire est caractéristique d'une bulle obligataire. Une des raisons pour lesquelles les taux restent si bas, outre le fait que les banques centrales pratiquent une politique monétaire des plus lâches, c'est que l'argent va facilement vers les titres publics même les plus douteux.

En fait, le système monétaire international ne tient que parce qu'il est devenu tellement absurde qu'il est techniquement impossible de déterminer son point de rupture. Tout le monde sait que ça va finir par craquer, mais comme personne ne peut calculer quand, tout le monde joue le jeu. Tant que ça tient, c'est l'occasion de faire du profit.

Tôt ou tard, cet invraisemblable amoncellement de créances pourries va finir par craquer. Des États surendettés peuvent alors être confrontés à des marchés financiers beaucoup moins enclins à les financer. Ces États ne pourront sortir de leur situation sans issue qu'en monétisant directement leur dette, quitte à déclencher, dans certains cas, des épisodes hyper-inflationnistes. Si cela arrive, leur monnaie s'effondrera forcément.

Est-ce que la BCE réussira, ce jour-là, à stabiliser le cours de l'euro à un niveau acceptable par les dix-neuf États à qui elle doit rendre des comptes ? Disons que cela risque d'être compliqué.

La date de l'explosion de l'euro dépend sans doute principalement du contexte global où ses gestionnaires devront évoluer. Si ce contexte est relativement stable, il est possible que l'agonie soit longue. En revanche, dès que le contexte se durcira, il semble assez probable que la monnaie unique cessera d'être unique, voire qu'elle disparaîtra purement et simplement.

3.2.10.4. Les modalités

Dans l'hypothèse d'une explosion de la zone euro, de très nombreuses questions se poseraient. Et de très nombreuses réponses sont envisageables. Mais au final, tout se ramène à trois grands scénarios de base, qui peuvent dans une certaine mesure se combiner.

3.2.10.4.1. La monnaie commune non unique

L'euro continue à exister, mais il cesse d'être monnaie unique dans l'espace où il a cours légal. Les banques centrales liées aux divers États de la zone sont autorisées à émettre des monnaies nationales. Le cours de ces monnaies par rapport à l'euro est régulé, probablement comme l'était le cours des monnaies européennes entre elles à l'époque du système monétaire européen.

Une telle situation, où plusieurs monnaies ont simultanément cours légal dans le même espace monétaire, s'est déjà produite historiquement dans certains pays. En fait, il est probable que de l'apparition des pièces de monnaie au VII° siècle avant notre ère à la généralisation de l'étalon-or au XIX° siècle, ce fut de loin la situation la plus fréquente dans les économies monétaires. Il existait une monnaie d'or pour les transactions importantes, une monnaie d'argent pour les transactions intermédiaires, et une monnaie de bronze ou de cuivre pour le règlement des dépenses quotidiennes.

Le système bimétalliste or/argent a perduré pendant une partie du XIX° siècle. Rien n'interdit en théorie d'en voir une adaptation à l'univers contemporain, deux monnaies de crédit se complétant dans le même espace monétaire, comme jadis les deux métaux précieux. En réalité, l'important est que la monnaie qui sert à payer les impôts soit accessible à ceux qui devront les acquitter. Ce point étant acquis, on peut imaginer toute sorte de combinaisons.

À l'heure actuelle, en Europe, plusieurs territoires connaissent déjà une situation de diversité monétaire. Dans les zones frontières et de voyage, il n'est pas rare que les magasins acceptent deux monnaies. À Londres, certains taxis affichent une note informant les passagers que le paiement en euro est possible. À Genève, le paiement en billets d'euros est presque systématiquement possible. Dans la partie serbe du Kosovo, le dinar serbe et l'euro coexistent.

Dans ce genre de situations, bien sûr, le cours est arrondi en faveur du commerçant. Mais on peut supposer qu'avec un euro monnaie commune non unique, les règles d'usage des diverses monnaies seraient beaucoup plus précises et encadrées qu'elles ne le sont actuellement, dans le cadre de pratiques largement informelles.

Il n'est en outre pas exclu que l'argent soit entièrement dématérialisé d'ici quelques années. Le porte-monnaie électronique est le serpent de mer des projets informatiques bancaires. Mais l'usage systématique de la carte de crédit est lui aussi envisagé. Et les e-monnaies se développent à grande vitesse, ce qui crée d'ores et déjà une situation de diversité monétaire de fait. Techniquement, un euro monnaie commune non unique est parfaitement envisageable.

Cette solution présenterait indiscutablement des avantages considérables du point de vue des décideurs actuels. Les États pourraient retrouver des marges de manœuvre, et cependant, les dirigeants européens dans leur ensemble sauveraient la face en évitant d'avoir à annoncer la fin de l'euro. Il est même possible d'implémenter un tel système sans le dire, par une succession de glissements opérés à la faveur d'ajustements techniques – jusqu'au moment où, sous prétexte de « coller » à l'évolution technologique, on officialiserait l'affaire en autorisant le paiement de certains impôts dans une autre monnaie que l'euro.

Dans ce scénario, la principale question ouverte concernerait le devenir des dettes : conversion dans les nouvelles monnaies, ou conservation en euros. Un des avantages du scénario est la modularité des traitements applicables selon le type d'endettement, voire, dans une certaine mesure, le type d'emprunteurs.

Il n'est donc pas impossible qu'on aille vers une situation où coexisteraient deux systèmes monétaires, parce que coexisteraient deux économies : d'un côté un système monétaire continental pour l'économie des grandes entreprises, et d'un autre côté des systèmes monétaires nationaux, voire régionaux, pour l'économie des petites entreprises. On peut s'attendre, dans un tel cas de figure, à ce que la valeur des monnaies locales soit régulièrement dégradée par rapport à l'euro. Mais ce serait précisément une manière de renforcer la propension à consommer au sein des populations, en réservant l'épargne au sommet de la structure sociale – une évolution qui parait relativement bien en phase avec la dynamique générale de nos sociétés [*Voir note 3.2.1. Sur le concept de richesse collective*].

3.2.10.4.2. Deux euros

Dans ce scénario, la zone euro est coupée en deux. Il y a un euro-nord, dont la direction incombe à l'Allemagne, et un euro-sud, dont la direction serait sans doute partagée entre France et Italie, la France étant dans l'histoire le partenaire prépondérant – et, accessoirement, celui sur les épaules duquel retomberait la tâche peu enviable de devoir gérer les sauvetages à répétition de la Grèce.

L'avantage de ce scénario est qu'il préserve une dynamique d'intégration à laquelle les classes dirigeantes du continent sont visiblement dévouées, tout en dégageant l'Allemagne de sa relation problématique avec les marges méridionales. Les États-nations resteraient liés par des institutions supranationales, et leur arrimage au système géopolitique transatlantique pourrait donc être préservé. C'est pourquoi ce scénario, qui n'est pas le plus rationnel du point de vue purement économique, a de bonnes chances d'être au moins envisagé.

3.2.10.4.3. Le retour aux monnaies nationales

Dans ce scénario, l'euro disparaît purement et simplement.

Cela peut se faire fondamentalement de deux manières : dans l'ordre, ou dans le désordre.

À tous points de vue, l'explosion dans le désordre est le pire scénario. C'est celui de la dislocation du *currency board* entre Argentine et États-Unis. Le coût de l'instabilité monétaire résultant de ce type de divorce est considérable. Dans le cas de la zone euro, il est à craindre qu'une explosion en désordre ne provoque une baisse considérable de l'activité économique. Très clairement, les partisans d'un abandon de la monnaie unique doivent reconnaître ici que leurs adversaires ont un argument valable à leur opposer : il faut retarder le divorce jusqu'au moment où le consentement mutuel sera possible.

L'explosion dans l'ordre est tout à fait envisageable. On a eu un très bon exemple en la matière en 1993, quand la République Tchèque et la Slovaquie ont décidé d'abandonner leur monnaie commune, la couronne tchécoslovaque. Cela s'est fait sans heurts et pour le meilleur intérêt des deux parties. Techniquement, cela n'a posé aucun problème.

À l'heure actuelle, la stratégie de certains partisans de la monnaie unique consiste très largement à interdire toute démarche visant à préparer une dislocation en ordre. De cette manière, le seul scénario de retour aux monnaies nationales qui reste envisageable est le scénario-catastrophe de l'explosion anarchique et conflictuelle.

Cette stratégie est criminelle. Si, pour diverses raisons, il apparaît que les scénarios de monnaie commune non unique et/ou de division de l'euro entre nord et sud ne peuvent pas être organisés, tôt ou tard, l'explosion de la zone et le retour aux monnaies nationales s'imposeront comme unique solution possible. La responsabilité du chaos devrait dans ce cas être politiquement attribuée aux partisans du maintien de l'euro, qui auraient interdit sa dissolution concertée. Il est important que leurs adversaires prennent date dès maintenant, et sensibilisent autant que faire se peut la population à ce problème, car on ne peut absolument pas exclure des évènements graves à court terme.

3.2.11. Un peu de prospective

3.2.11.1. Entre prospective et futurologie

Je n'aime pas beaucoup me livrer à l'exercice assez périlleux de la futurologie. En dépit des apparences, j'entends faire de la *prospective*. Si j'évoque des scénarios, c'est parce que c'est le seul moyen de réfléchir à l'interaction des divers domaines étudiés.

Mais en toute honnêteté, de par ma méthode, ou plutôt de par les lacunes de ma méthode, je dois me définir comme un prospectiviste qui cède constamment à la tentation coupable d'un flirt avec la futurologie. En particulier, je me sens obligé de formuler un scénario central, que je garde en tête comme la ligne de plus grande pente de l'histoire. Dans la mesure où, sur ce point, je ne respecte pas les règles fondatrices d'une démarche épistémologiquement construite, je dois préciser mes objectifs, faute de quoi mon propos risque d'être mal compris.

Je ne crois pas que l'histoire suivra nécessairement la ligne de plus grande pente que j'esquisse en posant un scénario central. En fait, il serait même assez surprenant que les choses se passent exactement comme on pouvait s'y attendre.

Mais il y a, certes, une ligne de plus grande pente, et il n'est pas inintéressant de la garder en tête, parce que c'est à partir d'elle que l'histoire peut dévier. Disons que le trajet finalement suivi par les évènements sera peut-être très éloigné de cette ligne, mais qu'il est tout de même intéressant de la tracer pour voir où se trouvent les bifurcations potentielles. C'est, dans mon esprit, uniquement de cela qu'il s'agit, quand je pose mon scénario central.

3.2.11.2. Retour sur quelques écrits antérieurs

3.2.11.2.1. Mon scénario central

À mes yeux, nous vivons actuellement en Occident le début de la fin de notre monde. Pour l'instant, ce monde existe encore. Mais comme il ne se maintient qu'en consumant sa substance, sa fin est proche. Comme disent les Anglais : « *the writing is on the wall* ». Faites une recherche sur Internet si vous ne connaissez pas le sens de cette expression.

Dans quelques longs articles de blogs réunis en petits livres, j'ai essayé, depuis une petite dizaine d'années, d'analyser les processus qui déboucheraient sur ce collapsus final. Je sais bien que mes tentatives sont vouées à l'échec : ce n'est qu'un travail d'amateur, qui manque de temps, d'informations et sans doute aussi de méthode. Mais chercher à se projeter dans l'avenir est en tout cas stimulant sur le plan intellectuel.

Une petite décennie après la rédaction de certains textes, il est instructif de les reprendre pour voir où je me suis trompé, et où j'ai eu raison. Le lecteur en déduira où il doit se méfier de la pensée dont il prend connaissance ici.

3.2.11.2.2. Crise ou coup d'État ?

Dans « Crise ou coup d'État ? », rédigé début 2009, j'ai tenté de démontrer que le système économique global était structurellement non viable – en surface, parce qu'il reposait sur une pyramide de créances irrécouvrables, et en profondeur, parce que des équilibres géostratégiques structurants sont sur le point d'être fondamentalement remis en cause. J'en déduisais que nous allions assister à une sorte de « coup d'État bancaire », le seul moyen pour les dirigeants de se sauver étant d'abolir les règles de la démocratie.

Je n'ai aucune raison aujourd'hui de revenir sur le diagnostic formulé à l'époque. Et cela même si, bien sûr, dans le détail, mon scénario central ne s'est pas toujours réalisé. L'élément essentiel de la projection, à savoir le durcissement des procédures de contrôle du centre impérial sur la périphérie, est bien là. En fait, sur ce plan, je dois dire que nos dirigeants ont hélas surpassé mes attentes. Je n'aurais pas imaginé en 2009 un tel déferlement d'anciens de Goldman-Sachs sur les postes de commandement des États européens.

3.2.11.2.3. Eurocalypse

Dans mes divers écrits des années 2005-2008, en particulier le roman collectif « Eurocalypse », j'avais avec quelques partenaires d'écriture évoqué l'avenir qui pouvait sortir de ce durcissement impérial. Une question me paraissait décisive : comment les structures politiques mises en place à l'horizon

2030-2050 allaient-elles encaisser le choc énergétique et écologique prévisible à peu près à cette date ?

Sur la base des informations disponibles à l'époque, nous arrivions en effet à la conclusion que finalement, les courbes tant moquées du club de Rome n'étaient pas si absurdes qu'on l'avait fait croire. Sauf imprévisible miracle technologique, nous allions bien vers un collapsus général, à une date située dans le deuxième quart du XXI° siècle – sans qu'il soit possible d'être plus précis.

Le scénario proposé dans Eurocalypse était le suivant :

☐ Une grande crise surviendrait dans les années 2010. Elle s'accompagnerait de guerres dévastatrices, qui déboucheraient sur un nouveau partage des ressources du globe, plutôt favorable aux USA et à la Chine, plutôt défavorable à l'Europe. Celle-ci serait en effet chargée par l'Amérique de supporter le poids d'un ajustement à la baisse de la richesse occidentale dans son ensemble.

☐ Vers 2020 émergerait un monde organisé autour de trois grands pôles : l'Union Panaméricaine, regroupant USA, Canada et Mexique ; l'Union Eurocorporative, englobant l'Europe et la Russie, cette dernière conservant toutefois une certaine autonomie ; la Sinosphère, Chine et périphérie. Aucun de ces pôles ne serait démocratique. L'Union Eurocorporative, en particulier, révèlerait la vraie nature de l'ancienne Union Européenne : un régime oligarchique et technocratique, organisant le pouvoir néo-féodal des grandes entreprises.

Le principal « flou » entretenu dans ce scénario concernait le rapport entre la Russie et l'Europe. La Russie, dans ce scénario, apparaissait comme la puissance dominante au sein d'un bloc oriental de l'Union Eurocorporative, bloc oriental renégociant en permanence ses rapports avec l'Europe occidentale. La nature exacte de ces rapports était volontairement décrite avec imprécision. En fait, nous n'arrivions pas à faire une prévision.

☐ Entre 2020 et 2030, les deux premiers pôles, Union Panaméricaine et Union Eurocorporative, fonctionneraient en symbiose pour définir progressivement un système quasi-intégré. Ces deux pôles partageraient la même monnaie, « l'eurodollar », mais cette monnaie commune ne serait pas unique. En Europe, les pouvoirs locaux seraient autorisés à émettre des monnaies à validité limitée, dans le temps et l'espace : les « consobons ».

☐ L'eurodollar serait la monnaie en vigueur dans les « Intrazones », c'est-à-dire les quartiers riches d'une société devenue franchement duale. Les « consobons » seraient, eux, la monnaie des « Extrazones », c'est-à-dire des quartiers pauvres, souvent organisés autour de regroupements ethniques, et ressemblant un peu à des favelas brésiliennes améliorées, contrôlées de manière assez lâche par un conglomérat instable associant une police eurocorporative militarisée à des forces de sécurité privées.

☐ L'Union Eurocorporative achèverait de dissoudre les États-nations. Les euro-régions deviendraient l'échelon de gouvernement local. À bien des égards, l'Europe de 2040 ressemblerait finalement à un mélange entre l'actuel Brésil et les sociétés postsoviétiques dominées par des oligarchies criminalisées, avec, ici ou là, des zones préservées du chaos, où un très haut niveau technologique garantirait à une fraction de la population une vie extrêmement confortable.

☐ Vers 2040, une conjonction de problèmes énergétiques, écologiques, économiques, financiers et sociaux finirait par faire voler en éclat ce système. Compte tenu des spécificités de la psychologie collective engendrée par cette société pathogène, la dislocation s'accompagnerait d'une période de troubles très violents. Les oligarchies tenteraient de capter ces troubles pour maintenir leur pouvoir, mais elles échoueraient pour finir. Ce « temps des troubles » finirait, après un combat aux péripéties incertaines, par donner naissance à un nouveau Moyen Âge.

Cette trame romanesque incluait un certain nombre d'éléments symboliques dont le lecteur ne pouvait ignorer qu'ils ne constituaient pas une projection ordonnée dans le temps. Cela étant, elle définit assez bien la structure générale du scénario central que nous avions imaginé à l'époque.

À vrai dire, je n'ai aucune raison de remettre fondamentalement en cause, aujourd'hui, ce que nous écrivions alors. Dans les très grandes lignes, pour l'instant, tout se passe comme si nous allions bien dans cette direction.

3.2.11.2.4. Crise économique ou crise du sens ?

La question de la psychologie collective, qui est au cœur du roman « Eurocalypse », me paraît absolument cruciale. Cet aspect de la réflexion doit être mis au centre de toute prospective, parce qu'il déterminera les réactions des populations confrontées aux difficultés à venir. C'est à mon avis là que se situe aujourd'hui le principal angle mort de la grande majorité des prospectivistes.

Dans « Crise économique ou crise du sens ? », en 2010, j'ai proposé un schéma interprétatif de cette psychologie collective *malade*. J'ai tenté d'expliquer que celle-ci constitue un phénomène nouveau dans l'histoire, en tout cas à son échelle. Pour la première fois, une fraction considérable de l'humanité est frappée par le syndrome de déréalisation qui, jusque-là, ne concernait qu'une petite classe de loisir située tout en haut de l'échelle sociale.

Je décrivais dans ce cadre le discours dominant dans nos sociétés. Je l'analysais comme le prolongement artificiel d'un grand mirage progressiste, comme une véritable *paraphrénie collective*. Et je formulais l'hypothèse que cette paraphrénie serait maintenue jusqu'au moment du collapsus proprement dit.

Je n'ai aucune raison de revenir sur cette analyse.

3.2.11.2.5. De la souveraineté

Sur la base de cet ensemble de réflexions, combinant informations et intuition raisonnée, j'avais, dans le chapitre 10 de « De la souveraineté », rédigé fin 2007 – début 2008, pris le risque de jeter les bases d'une sorte de scénario central flou pour le moyen terme. J'écrivais alors (*en italique, mes commentaires aujourd'hui*) :

« Si j'avais un pari à prendre (*sous-entendu : tout ceci n'est que prospective*), ce serait le suivant : d'abord un accroissement régulier des tensions économiques, sociales et ethniques, avec un glissement progressif de la variante euromondialiste du système néolibéral vers une quasi-dictature, étendue sur l'ensemble du continent. Je ne crois pas à un basculement dans la violence totalitaire pure et dure, sur le modèle de l'Allemagne nazie. Mais je crois en revanche à un glissement insensible vers une violence d'État ciblée et graduée (*Nous y sommes, comme le démontre l'évolution de plus en plus inquiétante de l'Union Européenne*). Il est très possible à mes yeux qu'un jour, je me retrouve devant la police politique pour le livre que je suis en train d'écrire. Soit dit en passant, j'en serais ravi : cela prouverait que mon livre a eu un impact (*Je ne désespère pas*).

« Après cette période de violence d'État croissante, le système craquera. J'ai exposé dans « Céfran » les détails de l'analyse qui m'amène à cette conclusion (*Voir plus loin*). L'examen des tendances lourdes laisse penser que l'effondrement se produira en deux temps : avant le grand chambardement, il y aura d'abord une secousse annonciatrice en France, peut-être ailleurs en Europe, secousse que je situe entre 2010 et 2020, ou disons au plus tard 2025 (*Je ne reviens pas sur cette évaluation ; pour l'instant, tout me confirme que c'est bien ce qui nous pend au nez*). Je pense que cette secousse sera très rude, avec probablement des affrontements, peut-être une véritable guerre civile. Le scénario de partition du pays, évoqué à l'étape 2, n'est pas inenvisageable. En fait, je ne vois pas d'autre méthode pour les USA, s'ils veulent maintenir leur domination, que de susciter des heurts au sein de leurs protectorats européens (*Il semble qu'à ce stade, nous échappions à ce risque en Europe occidentale, puisque les USA utilisent plutôt l'espace est-européen pour créer les conflits, par exemple en Ukraine, et sanctuarisent l'Europe de l'ouest – mais cela peut ne pas durer*).

« Il est très possible que l'affaire se solde par des millions de morts – et je pèse mes mots. Je sais que cette affirmation est choquante. Mais je maintiens : nous sommes peut-être à la veille d'une catastrophe comparable à la Première Guerre Mondiale. Nous ne pouvons plus faire comme si cette hypothèse était farfelue. (*Bien entendu, le fait que l'hypothèse ne soit pas farfelue ne doit pas laisser penser que je la pense nécessairement comme scénario central – disons que le risque ne peut plus être négligé.*)

« Pourquoi cette catastrophe devrait-elle avoir lieu d'abord en France ? Eh bien, parce que la France semble présenter une intéressante accumulation de facteurs de fragilité – fracture identitaire particulièrement forte, inadaptation du modèle social à la mondialisation néolibérale, inadaptation même de l'esprit national au modèle néolibéral. (*Ne pas confondre le contexte de cette affirmation avec celui étudié lors de l'exposé fait à Strasbourg : que la France soit économiquement inadaptée à la mondialisation néolibérale n'implique pas que la France n'ait pas les moyens de sortir de l'euro – il s'agit de deux problèmes tout à fait distincts : la capacité de notre pays à sortir du système impérial, et, inversement, sa capacité à y rester.*)

« Cela dit, il faut reconnaître que désormais, la Grande-Bretagne peut précéder la France dans le chaos, sans même que cela ait été véritablement programmé. L'Histoire peut accélérer à l'improviste... (*En fait, il semble qu'elle ait choisi d'accélérer plutôt en Europe de l'est sur le plan politique, et en Europe du sud sur le plan économique. Ici, je reconnais que je ne connais pas assez bien mon monde pour pouvoir dire par où il va craquer d'abord. Je présente sans doute un biais cognitif marqué : j'ai tendance à trop centrer mon regard sur l'Europe du nord-ouest – tout simplement parce que c'est celle que je connais.*)

« Il est impossible de dire ce qui sortirait de cette crise annonciatrice, mais je pense qu'elle marquerait un premier tournant :

- soit vers l'accentuation de la violence d'État à l'échelle continentale, avec peut-être une véritable dictature fasciste (*Pour moi, la forme contemporaine de ce que fut jadis le fascisme, c'est le complexe Manuel Valls/Nicolas Sarkozy – au sens où on définirait le fascisme comme un système autoritaire préservant les structures du capitalisme, bien entendu, pas au sens où le fascisme fut une réalité historique précise dans le contexte italien de 1920*),

- soit vers la constitution d'une résistance solide à l'entreprise euromondialiste,

- soit les deux à la fois.

« Un enjeu important serait précisément, dans ce scénario, la définition par l'espace français des instruments de la dissidence, à la faveur d'une crise française ou européenne. (*Nous sommes, je crois, au tout début de cette étape.*)

« Ensuite, je pense que le système connaîtra une stase momentanée (*Cela me paraît toujours le scénario le plus probable : un choc considérable dans la décennie 2010-2020, 2025 au plus tard, suivi d'une période de maintien du système au prix d'un durcissement général de son modèle*). Puis, si mon analyse est juste, il s'effondrera, lorsque le contrechoc de la crise se propagera, sans doute à la faveur des prévisibles déferlements migratoires que les pyramides des âges prévisionnelles de pays comme le Nigeria ou le Pakistan laissent augurer à l'horizon d'une génération. (*Ce qui se passe en ce moment en Méditerranée est peut-être le tout début de ce déferlement.*)

« Cet effondrement général, j'aurais tendance à le situer 10 à 20 ans après la crise française, disons entre 2030 et 2050 (*C'était le thème du roman d'anticipation collectif « Eurocalypse », rédigé à la même époque*).

« À mes yeux, des équations économiques, démographiques et psychologiques rendent cet effondrement inéluctable. (*Cf.* « *Crise économique ou crise du sens ?* »)

« Comment voudriez-vous que l'Europe reste l'Europe, alors qu'en 2040, elle risque d'avoir été littéralement submergée par l'Afrique ? Les Africains ignorent l'individu, ils ne peuvent pas entrer dans les logiques qui sous-tendent le néolibéralisme. Leur victoire démographique sonnera potentiellement le glas de la domination bourgeoise sous sa forme actuelle. (*L'actuelle situation économique de l'Afrique semble confirmer ce point. N'en déplaise aux optimistes indécrottables, on ne voit pas très bien où se situe en réalité le prétendu « décollage » du continent noir. Ici ou là, des zones d'activité émergent, mais généralement sous l'impulsion de multinationales qui exploitent des gisements de matières premières. La croissance des produits intérieurs bruts est tirée principalement par celle des populations. Si importer massivement des populations africaines en Europe veut dire importer le niveau de développement économique de l'Afrique, la récession risque d'être sévère !*)

« En outre, le mondialisme néolibéral, tel que nous venons de l'analyser, va produire une énorme dépression collective, un écroulement de tous les systèmes d'appartenance et de représentation des européens. (*Là encore, rien à modifier – c'est de plus en plus évident.*)

[...]

« Économiquement, le système reposera sur la croissance indéfinie du niveau d'endettement des classes moyennes et de la plèbe, jusqu'au point de rupture – donc rupture il y aura, plus ou moins brutale. (*Une telle rupture s'est produite une première fois dès 2008, quelques mois seulement après que j'ai rédigé ces lignes, mais le système financier international a été capable d'absorber le choc – pour cette fois, et on a vu à quel prix.*)

« Il me paraît impossible qu'aucun accident imprévisible ne vienne tôt ou tard perturber le fonctionnement de cette mécanique extraordinairement fragile, contradictoire et complexe.

« Ça va craquer. Pour moi, c'est couru d'avance.

« Mais évidemment, je peux me tromper. (*Je peux toujours me tromper, mais honnêtement, j'ai de plus en plus l'impression de ne pas me tromper.*) »

3.2.11.2.6. Céfran

Dans « Céfran », rédigé pour l'essentiel en 2006, j'avais par ailleurs évoqué un épiphénomène de la crise globale du système global : la mini-crise qui affecte notre propre système franco-français.

J'expliquais en substance qu'il y a une interaction très forte entre notre propre crise interne et la crise globale dans laquelle elle s'insère. Élaborer le scénario central de notre avenir français, c'est réfléchir à cette interaction. Il s'agit de situer dans le temps les deux crises, les deux effondrements, et de regarder comment ils vont interagir selon leurs calendriers respectifs. Il y a là énormément d'incertitude, parce qu'il suffit d'un décalage de quelques années dans un des deux calendriers par rapport à l'autre pour que l'impact d'un évènement donné change complètement de nature.

À l'époque, j'étais arrivé à la conclusion qu'il serait difficile de maintenir le système dominant en France au-delà de 2020, parce qu'il ne serait pas possible de financer le soi-disant « modèle social » indéfiniment. J'anticipais un recours à l'impôt, mais j'estimais que ce ne pouvait pas être une solution structurelle. J'écrivais : « Si l'État recourait à une fiscalité confiscatoire, la valeur des biens diminuerait très rapidement, précisément parce que leur rendement serait amputé du poids de la fiscalité. Ainsi, selon un mécanisme très classique, notre État en faillite verrait l'argent fuir devant lui au fur et à mesure qu'il tenterait de se l'approprier. »

Je continue à penser ainsi.

Comme je l'ai expliqué à Strasbourg, l'épargne des Français constitue un atout important pour faire face à une conjoncture *momentanément* dégradée du fait de l'explosion désordonnée de la zone euro. Mais si elle peut constituer un atout sur le plan conjoncturel et en perspective d'une relance dans un cadre nouveau, elle ne saurait en revanche constituer un tonneau des Danaïdes, où l'État pourrait puiser indéfiniment pour continuer à faire fonctionner un système *structurellement* non viable.

Dans ces conditions, je pensais, en 2006-2007, qu'il fallait s'attendre à un mini-effondrement français dans le courant de la décennie 2010-2020.

J'écrivais à l'époque, dans « Céfran » :

« Pour décider de ce qu'il convient de faire, il faudrait d'abord élaborer un ou plusieurs scénarios de référence à l'horizon d'une ou deux décennies. Malheureusement, il est beaucoup trop tôt pour édifier un scénario quelconque. Trop de variables sont encore indéterminées.

« On ne sait pas encore lequel des deux versants du bloc institutionnel français, fausse gauche ou fausse droite, va imploser en premier. On ne sait pas non plus si le recul de l'Occident dans le monde sera lent ou rapide. Et nous ne savons pas davantage comment va évoluer le monde musulman. Enfin, et peut-être surtout, on ne sait pas non plus comment le système économique mondial va encaisser le pic d'extraction des hydrocarbures, prévu par certains pour le début de la prochaine décennie, annoncé par d'autres pour beaucoup plus tard. Tout cela fait beaucoup d'incertitudes. Beaucoup trop pour édifier un scénario de référence crédible. D'autant que le système mondial, dans sa globalité, peut craquer avant sa variante française... »

Après ces précautions indispensables, je me risquais bien entendu à l'exercice dont je venais d'expliquer qu'il était trop tôt pour qu'on le conduise.

J'écrivais : « Il est possible qu'un gouvernement prudent bénéficiant d'une conjoncture porteuse parvienne à différer le collapsus jusqu'à la deuxième moitié de la prochaine décennie. Mais pas au-delà, car à cette date, la dette approchera un niveau manifestement intolérable. »

Là encore, je n'ai pas fondamentalement changé d'avis. Le système français s'est maintenu jusqu'ici en mode dégradé grâce à une conjoncture relativement porteuse, résultant des choix effectués par les grandes banques centrales pour maintenir à flot le système monétaire international. Mais à mon avis, ce n'est que partie remise. Il sera très difficile de maintenir le système actuel, dans le cadre de l'euro, jusqu'en 2020. D'ici là, mon scénario central est que :

☐ Ou bien la France aura abandonné la monnaie unique,

☐ Ou bien celle-ci aura été fondamentalement repensée,

☐ Ou bien le système de protection social français aura volé en éclat – comme il a volé en éclat, ces dernières années, au Portugal et en Grèce,

☐ Ou bien une combinaison de ces évènements va se produire.

Je ne crois pas qu'on puisse continuer jusqu'en 2020 à payer les retraites dans une monnaie administrée à l'Allemande tout en entretenant les clientèles électorales de plus en plus gourmandes qui vivent de l'assistanat. Une séquence s'ouvrira, probablement après les échéances électorales de 2017, où on sera bien obligé de le reconnaître.

Pourra-t-on encore retarder les échéances, après 2017 ? Il serait étonnant qu'on parvienne à différer les remises en cause pendant encore une législature, jusqu'en 2022. Ce n'est pas complètement impossible, évidemment. Mais ce serait vraiment très étonnant. Quant à faire tenir le « modèle social français » actuel dans le cadre de l'euro jusqu'à des échéances politiques plus lointaines, en 2027 ou 2032, c'est un scénario qui me paraît franchement relever de la science-fiction.

À mon avis, la date du collapsus de notre modèle sera très liée à celle du prochain retournement conjoncturel global. La chronique des récessions ou ralentissements marqués de l'économie mondiale semble indiquer une périodicité à peu près décennale : 1974, 1982, 1991, 2000 et 2009. Si le prochain retournement survient dans les temps, il devrait se produire à la fin de cette décennie, sans doute peu après les élections françaises de 2017. Pour les raisons expliquées précédemment, il risque d'être violent. Et venant frapper un pays surendetté, avec un taux de chômage très élevé, il pourrait bien constituer la vague non négociable capable de faire chavirer le bateau.

Bien sûr, je peux me tromper. En 2006, je pensais qu'il nous arriverait à peu près ce qui, en fait, est arrivé à l'Espagne. J'en déduisais, vu les fragilités politiques françaises, que nous basculerions dans une situation très dangereuse à une date que je ne pouvais pas préciser, mais que je situais à peu près vers 2015. En l'occurrence, je n'avais pas correctement évalué la capacité des classes dirigeantes mondialistes à se coordonner pour maintenir un système monétaire international manifestement absurde, mais capable de sauver temporairement le système financier international. Je me suis trompé sur ce point en 2006, donc je peux encore me tromper aujourd'hui.

Cela étant, cette fois, ce serait vraiment très surprenant. On peut maintenir une économie structurellement absurde en apesanteur un certain temps, mais enfin, ce « certain temps » doit bien finir par s'achever, tôt ou tard. Pour diverses raisons évoquées par ailleurs [*voir notes 3.2.3 à 3.2.10*], cette fois, je crois vraiment que nous approchons du point de rupture. On verra bien si je me trompe : rendez-vous dans une petite dizaine d'années.

Reste que sur le schéma, je n'ai rien à reprendre. Le paradoxe de la situation française actuelle, c'est que le système s'adosse à l'euro en tant qu'il définit une ligne de résistance principale de tous les conservatismes, alors que, dans le même temps, la logique ordo-libérale propre à une monnaie unique sous influence allemande rend cette monnaie fondamentalement incompatible avec le maintien du modèle d'assistanat. Aporie, qui finira par tuer le système clientéliste des partis politiques dominants en France.

Vraiment, sur ce schéma général, tout ce que je vois actuellement me confirme que le scénario central évoqué en 2006 doit, à ce stade, rester central.

En revanche, il y a un point sur lequel je rectifie aujourd'hui significativement ce scénario central : *je suis, pour la France, nettement moins pessimiste aujourd'hui qu'il y a neuf ans*. C'est que si les choses se déroulent dans les grandes lignes comme on pouvait le penser en 2006, des détails diffèrent déjà, qui indiquent que la « ligne de plus grande pente » ne sera pas suivie – l'histoire risque fort de bifurquer, et certaines des bifurcations possibles doivent nous redonner espoir.

J'écrivais en 2006 (*en italique, mes commentaires aujourd'hui*) :

« Le FMI ne gèrera pas la France en faillite comme il a géré l'Argentine en faillite. (*Ce qui se déroule actuellement le confirme : notre dette a été dégradée, nous ne respectons pas nos engagements européens, et les puissances financières internationales nous « passent » nos foucades et nos caprices – parce que nous sommes trop importants sur l'échiquier pour qu'on prenne des risques avec nous.*) D'une façon ou d'une autre, les autorités s'efforceront de ménager une transition à la France en échange des réformes de structures. (*C'est ce qui a commencé en 2012. En fait, sur ce point, je me suis même trompé en 2006 en sous-estimant la marge de manœuvre accordée à la France : je pensais à l'époque que la dégradation de notre dette provoquerait une spéculation, sur le modèle de ce qui est arrivé à la Grèce – on a vu que ce ne fut pas le cas. Nous sommes décidément bien traités, d'une certaine façon.*)

« C'est le seul scénario crédible. L'autre hypothèse, à savoir la purge libérale directe débouchant sur une implosion complète, serait porteuse d'un risque inacceptable : faire disjoncter l'ensemble du système financier international, au sein duquel la France joue un rôle bien plus important que celui joué par l'Argentine marginale en 2000, ou même par la Russie isolée des années 1990. Même les monétaristes du FMI n'oseront pas prendre le risque d'une France en dépôt de bilan (*Eh non, ils n'osent pas*).

« Cependant, même si la transition est relativement douce, en France, c'en sera fini du clientélisme qui, pour l'instant, permet au bloc institutionnel de maintenir son emprise malgré un discrédit croissant. En quelques années, on assistera donc à l'effondrement de pans entiers de l'identité en superstructure construite par le centralisme français. Des millions de gens, dont la vie ne tient plus que par les subsides de l'État, auront l'impression que le sol disparaît littéralement sous leurs pieds. Retraités, fonctionnaires, assistés en tous genres : gare à vous ! (*Il me semble que les intéressés le sentent venir...*)

[...]

« Ne nous faisons pas d'illusion : dans un premier temps, l'oligarchie choisira d'accélérer sa fuite en avant. Ses réactions face aux évènements récents – rejet du traité constitutionnel européen, crise des banlieues – ont clairement démontré que notre classe dirigeante est incapable de se remettre en cause. Elle a totalement oublié que l'Histoire est tragique. Lorsque les faits le lui rappelleront, elle choisira de ne pas les écouter (*L'actuelle dérive quasi-psychotique d'un Manuel Valls semble être faite pour illustrer le propos*).

« À l'horizon 2010-2015, les tendances actuelles seront donc accentuées à l'extrême. Nous traverserons probablement une période très dure, avec pour le moins une tentation totalitaire (*Nous y sommes, à Paris comme à Bruxelles*). Et puis, finalement, tôt ou tard et pour toutes les raisons que nous avons évoquées précédemment, ce sera l'écroulement...

« C'est là que l'avenir se décidera. En quelques années, peut-être en quelques mois, la physionomie du prochain siècle sera fixée – en France et, par contrecoup, en Europe. L'arène politique verra alors des affrontements bien plus violents que tout ce à quoi notre démocratie policée nous avait habitués. Comme des ressorts très longtemps comprimés se détendront d'un seul coup, nous verrons sortir plus d'un diable de sa boîte. (*Le climat s'est détérioré ces dernières années, mais à mon avis, ce n'est qu'un début. En fait, les choses pour l'instant, en France, sont restées plutôt plus calmes que ce que j'estimais probable il y a une dizaine d'années.*)

[...]

« Cela dit, comment réagiront les acteurs étrangers, une fois le chaos installé en France ? (*C'est là que se situent les faits nouveaux, qui me poussent à davantage d'optimisme pour notre pays.*)

« La réaction de l'oligarchie européiste dépendra beaucoup de l'écho que les évènements français trouveront au-delà de nos frontières. Si ces évènements n'éveillent pas de répliques, alors Bruxelles se sentira les coudées franches, et tentera sans doute d'agir sur Paris, afin d'organiser le dénouement de la crise dans un sens convenant aux euromondialistes. Si, en revanche, notre crise se communique à nos voisins, alors Bruxelles sera sur la défensive, et c'est une stratégie de mise en quarantaine qui sera suivie – on voit bien, là, que la priorité stratégique des subversifs français, de quelle obédience qu'ils se réclament, doit être de trouver des partenaires étrangers capables d'embrayer sur la banqueroute de la soi-disant république dite française pour enclencher le processus de mise en faillite de l'union dite européenne. Soyons certains que ces subversifs y travaillent assidûment. (*En fait, ce problème risque d'être résolu de lui-même : il se pourrait bien que la chute de la zone euro provoque celle de l'Union Européenne, et cela avant que la France elle-même ne soit en faillite : premier fait nouveau qui doit nous redonner espoir*).

[...]

« Certaines composantes de l'ensemble arabo-musulman prôneront le jihad, réclameront franchement qu'une partie voire la totalité du territoire français soit proclamée terre d'islam.

[...]

« Cependant, l'ampleur du phénomène ne peut pas être connue à ce stade. S'il ne s'agit que de quelques milliers d'excités, ils feront beaucoup de dégâts, mais leur action n'aura que peu de portée politique. En revanche, s'il s'avère qu'une véritable volonté de conquête existe, et qu'elle est portée par des forces, étatiques ou non, qui ont les moyens de leurs ambitions, alors un évènement inouï est envisageable : une guerre civile sur le territoire le plus nucléarisé de la planète. (*Je continue à penser que c'est un risque réel, même si, évidemment, ce n'est pas mon scénario central. Je pense aux évènements récents, en particulier l'instrumentalisation éhontée des réseaux djihadistes par diverses puissances musulmanes et non-musulmanes, en Lybie, en Syrie – pourquoi pas demain en France ?*)

[...]

« La Russie, jadis colosse au berceau, aujourd'hui puissance en lambeaux (*Elle n'est plus en lambeaux : voilà le fait nouveau majeur*), sera certainement la grande alliée stratégique des nationalistes français (*C'est désormais devenu une évidence*). Une France désarrimée du bloc atlantique, en tout cas capable de paralyser toute construction européenne d'inspiration mondialiste : voilà qui conviendrait sans doute très bien à Moscou (*Depuis le déclenchement de l'affaire ukrainienne, plus personne ne peut en douter*). C'est pourquoi il n'est pas douteux qu'en cas de crise grave en France, la Russie interviendra, au moins indirectement (*C'est commencé : tout le monde a pu constater que le Front National français avait récemment trouvé des financements importants en Russie*). »

3.2.11.3. Pourquoi je m'autorise un surcroît d'optimisme

En somme, les faits nouveaux qui me poussent à davantage d'optimisme pour la France, par rapport au scénario central qui était le mien en 2006, sont de deux ordres.

Premier point : la probabilité a fortement augmenté que l'Union Européenne ait le bon goût de voler en éclat *avant* que les finances de notre très démonétisée République ne passent allègrement à travers la caisse. Or, dans l'interaction entre le calendrier de la crise globale et le calendrier de la crise française, il s'agit beaucoup de savoir si Bruxelles sera en mesure de préempter l'exploitation de la crise française quand elle se produira. Si Bruxelles implose à peu près en même temps que nos finances, ce risque disparaît, et l'avenir est singulièrement plus ouvert.

Deuxième point : l'émergence du monde multipolaire s'est *énormément* accélérée depuis 2006. À l'époque, les USA paraissaient encore capables de maintenir leur suprématie jusqu'en 2030, voire jusqu'en 2040. Il semblait que l'Empire de la Banque, dans ces conditions, serait encore bien en place au moment où la crise française allait frapper. Dans ces conditions, je pensais certes possible une intervention russe dans les affaires européennes, mais j'estimais qu'elle ne pourrait en quelque sorte qu'amodier le contexte général créé par la domination des forces euromondialistes.

Aujourd'hui, et c'est pourquoi je suis bien plus optimiste qu'il y a dix ans, le contexte international de l'évolution française est coconstruit par des acteurs multiples, dont certains non seulement n'ont pas l'intention de se soumettre à la puissance dominante, mais en outre ont manifestement les moyens de refuser leur soumission. C'est pourquoi on voit émerger un scénario positif, qui aurait paru exagérément optimiste il y a dix ans : une faillite du système sur laquelle des forces de renouveau pourraient prendre appui pour proposer un projet refondateur de l'État-nation, très rapidement et de manière crédible.

3.2.11.4. Pourquoi je crie « vive la faillite ! »

C'est pour cette raison que j'avais intitulé la conférence de Strasbourg : « Vive la faillite ! ». Cet intitulé signifiait : il nous reste un espoir de faire dévier l'histoire de sa ligne de plus grande pente, et si cela doit arriver, ce sera à travers la faillite du système qui aujourd'hui nous administre.

Mon scénario central est simple : je pense extrêmement probable que nous connaissions en Europe un accident financier et politique majeur avant 2025. Je pense aussi que le maintien du modèle politico-social français actuel après 2020 constituerait un véritable tour de force, surtout si un retournement conjoncturel majeur doit nous frapper avant la fin de la décennie, comme c'est probable. Je ne sais pas en réalité dans quel ordre la crise de la zone euro et celle du modèle français vont se produire. Mais je les crois, l'une et l'autre, inéluctables, maintenant à assez court terme. C'est mon scénario central.

À plus long terme, mon scénario central est d'abord conçu en regard d'enjeux globaux qui dépassent le cadre français et européen. Je pense que nous allons vers une crise globale, à la fois énergétique, démographique et géopolitique, d'une ampleur sans précédent, à l'horizon 2040 ou un peu plus tôt – sauf miracle technologique imprévisible. Je n'ai évidemment aucune certitude, mais c'est là encore mon scénario central.

À partir de là, une des questions les plus importantes, c'est : qu'est-ce qui va se passer entre la crise financière et politique européenne et française anticipée à peu près pour 2020, et la crise globale, écologique, démographique, géopolitique, anticipée à peu près pour 2040 ? Dans quel état allons-nous sortir de la crise européenne de 2020, et qu'est-ce que cela impliquera quant à notre capacité à nous préparer à la crise globale de 2040 ? Chacun voit que ce ne serait pas la même chose d'affronter 2040 dans une France libérée des influences impérialistes, souveraine, insérée dans un réseau d'alliances solides et maîtrisées, ou bien dans une France arasée par la crise de 2020, totalement inféodée à des intérêts étrangers qui l'auraient définitivement vidée de sa substance.

À l'époque où j'écrivais « De la souveraineté », en 2008, je pensais que la défense de l'État-nation français était un combat d'arrière-garde. Un combat utile, qui nous faisait gagner du temps. Mais un combat perdu d'avance, contre des forces trop puissantes.

J'écrivais :

« Tout en réfléchissant à sa démarche propre, notre petit groupe de réflexion étudia bien sûr avec beaucoup de sympathie les dissidents qui défendent pied à pied les acquis démocratiques concrets du peuple de France – une société un peu plus douce pour les humbles, une instruction publique digne de ce nom, etc. Mais nous sommes sans illusion sur le résultat final de leurs actions. Ils nous font gagner un temps précieux, mais à long terme, leur combat est perdu d'avance. La machine mondialiste est irrésistible. »

Eh bien, sur ce point, je revois mon évaluation : même si a priori, la ligne de plus grande pente de l'histoire veut que ce combat soit perdu, il n'est pas absolument certain qu'il le sera. Disons que cela reste un combat d'arrière-garde, mais qu'il peut arriver qu'à la faveur d'un reflux inattendu de l'histoire, l'arrière-garde redevienne temporairement l'avant-garde.

Ce n'est pas le scénario le plus probable. Mais ce n'est plus un scénario inenvisageable.

Dans ces conditions, il devient assez important de savoir si nous disposons de marges de manœuvre économique nous permettant de saisir une opportunité politique, si, par une chance extraordinaire, cette opportunité se présente.

Sur ce point, il faut dire une chose clairement : à mon humble avis, pour la France confrontée à l'implosion de son actuel modèle clientéliste soi-disant social, *le vrai danger n'est pas économique*. C'était le sens de ma conférence de Strasbourg :

économiquement, on peut sortir de l'euro, la France a les moyens de sa souveraineté.

Il existe un certain discours démagogique consistant à affirmer que ce retour à la souveraineté sera facile. Il faut refuser ce discours : non, ça ne sera pas facile. Nous aurons à faire face à des forces puissantes, et certainement, la facture de notre inconséquence financière nous sera présentée. Les « marchés », pour l'instant, nous font des cadeaux, mais ils arrêteront de nous en faire le jour où nous prétendrons redevenir maîtres de notre destin. Ne soyons pas dupes : même s'ils disposent d'une relative autonomie, les « marchés » sont en réalité très largement un instrument de puissance de l'hégémon américain, et de ses alliés les plus proches, britanniques et israéliens [*voir note 3.2.3. Sur l'économie financiarisée contemporaine*]. Les « marchés », en particulier le marché des dettes souveraines, c'est quelque chose que certains acteurs peuvent piloter. Il suffit que quelques banques d'affaires s'entendent à Londres, pour que la dette française soit attaquée.

Mais il faut aussi refuser le discours démoralisant selon lequel le retour à la souveraineté serait impossible. C'est faux : il est possible. Dans un monde qui redevient multipolaire, il est concevable d'adosser les souverainetés. Si la France peut conduire une politique de la bascule entre Ouest et Est, elle aura les moyens de négocier une voie spécifique.

3.2.11.5. Bienvenue en Argentine

Oui, pour toutes les raisons expliquées précédemment, nous risquons d'être dans la situation de l'Argentine en 2002. Mais non, ce n'est pas forcément dramatique : nous pouvons faire une Argentine très convenable.

Si le *currency board* germano-centré qu'est en réalité l'euro explose demain, il se produira forcément un réajustement des monnaies en fonction de la force respective des deux économies.

Il n'est pas possible de quantifier précisément l'ampleur de ce réajustement, d'abord parce que nous ne savons pas ce que sera la valeur de l'euro au moment de l'explosion, ensuite parce que nous ne savons pas où en seront les économies européennes à ce moment-là. Mais ce qu'on peut dire, c'est que le mark reconstitué devrait monter, tandis que le franc reconstitué devrait descendre. Compte tenu de la structure des deux économies, c'est ce qui paraît logique.

Il vaudrait mieux pour tout le monde que ce mouvement soit coordonné. Dans l'idéal, on peut imaginer des gouvernements européens responsables organisant le découplage de manière à revenir à un système monétaire européen coordonné, sur la base de cours pivots révisables. Mais il n'est pas du tout certain que cet idéal sera atteignable, parce que :

□ D'une part, la situation risque d'être conflictuelle,

□ Et d'autre part, étant donné l'ampleur des désordres monétaires qui peuvent survenir dans les années qui viennent [*voir note 3.2.10. L'explosion de l'euro, quelle probabilité, quelles modalités ?*], il est très possible que de toute façon, même en s'entendant, les européens ne puissent pas maîtriser une spéculation déchaînée sur fond de panique générale. Quand la bulle obligataire va exploser, même une alliance franco-italo-allemande risque de ne pas peser bien lourd. En fait, il est même possible que *plus personne* ne soit en mesure de stabiliser le système monétaire international.

Quoi qu'il en soit, imaginons que dans quelques années l'euro explose en désordre. Ce n'est qu'un scénario parmi d'autres. Mais précisément : c'est un scénario possible [*voir note 3.2.10. L'explosion de l'euro, quelle probabilité, quelles modalités ?*].

Le mark renaît, et s'envole. Le franc renaît, et commence à perdre de la valeur. La spéculation s'en mêle. La baisse du franc le conduit largement sous son optimum économique.

Qu'est-ce que cela implique pour la France ?

Lorsqu'une monnaie est dévaluée brutalement et excessivement, dans un premier temps, le revenu par habitant décroît. C'est le premier effet, négatif, de toute dévaluation : les rentiers perdent une partie de leurs ressources, les importations coûtent plus cher, le pouvoir d'achat des ménages diminue.

Puis, dans un second temps, la balance commerciale se rééquilibre et la monnaie avec. À ce moment-là, ou bien les exportations repartent, ou bien on a développé les productions locales qui peuvent se substituer aux importations, ou encore les deux phénomènes se conjuguent. Dès lors, le revenu par habitant se rétablit. Puis, en général, il augmente assez significativement, du moins pour les catégories dont le pouvoir d'achat dépend avant tout des revenus du travail, devenu plus abondant.

L'Argentine post-2000 fournit un bon exemple de ce mécanisme : elle avait arrimé sa monnaie au dollar, ce qui est à peu près la situation des économies européennes arrimées à un euro géré comme l'était le Mark ; à partir de 1999, l'arrimage au dollar provoque une récession ; début 2002, l'Argentine désarrime sa monnaie, et fait défaut sur sa dette.

Résultat sur le produit intérieur brut argentin en volume :

	2000	2001	2002	2003	2004	2005	2006
Tx croissance du PIB	-1%	-4%	-11%	9%	9%	9%	8%

[Source : FMI]

Pour la France post-explosion de l'euro, le même mécanisme aurait toutes les chances de se produire. Dans un premier temps, un choc très rude : phase 1. Puis, dans un second temps, une phase d'expansion : phase 2. Au total, pour l'Argentine et en termes d'évolution cumulée : + 18% sur le PIB entre 2000 et 2006, après avoir touché un plus bas à − 15%. Pour la France, il semble probable que le choc initial serait moins rude, car le franc ne devrait pas connaître la chute vertigineuse du peso argentin. Mais ce choc initial aurait lieu, même s'il est atténué.

C'est là que l'épargne abondante de notre pays constitue un atout majeur : nous avons théoriquement les « matelas de confort

» qui permettent d'encaisser ce choc initial sans trop de dommages. Le risque, en effet, c'est qu'une économie se disloque pendant la phase 1, et ne soit donc plus en état de profiter de son potentiel de croissance, une fois le moment venu d'enclencher la phase 2.

Mais si nous nous organisons bien, nous avons tout à fait les moyens de maîtriser ce risque. Pour dire les choses simplement, les réserves accumulées par la fraction aisée de notre population sont amplement suffisantes, si on sait les mobiliser habilement, pour que la traversée de la phase 1 se déroule dans de bonnes conditions.

C'est par exemple ce que fit Antoine Pinay en 1958, à l'arrivée au pouvoir du général de Gaulle – dévaluation de 17% et émission d'un emprunt public pour sortir en partie de la dépendance financière externe. La même opération mutatis mutandis n'est pas impossible, dans une France qui devrait faire face aux conséquences de l'explosion de l'euro.

Encore une fois, si le recours à l'impôt ne saurait constituer une solution structurelle pour sauver un système absurde, la mobilisation de l'épargne publique est une possibilité pour refonder un nouveau système, rentable et cohérent. Aucun parti politique aujourd'hui ne l'admet, mais une fois au pied du mur, quel que soit le parti aux affaires au moment décisif, le seul choix envisageable sera d'organiser une véritable rigueur de gestion. Et précisons ici que cela n'a rien à voir avec ce qu'on appelle aujourd'hui « rigueur » : gérer rigoureusement, cela ne devrait pas signifier « s'enfermer dans une obsession de l'austérité » ; il s'agit de rendre possibles la mobilisation de l'épargne pour les investissements les plus efficients.

Bien sûr, ce sera plus difficile en 2017 ou en 2022 que cela ne le fut en 1958. La population est moins homogène, et surtout, elle a complètement oublié ce que veut dire une vraie période de restriction – chose que les Français de 1958 savaient fort bien. Une raison pour laquelle Pinay put leur administrer sa purge sans problème, c'est que des gens qui avaient vécu l'Occupation étaient, sur le plan psychologique, structurés par un souvenir collectif inverse de celui qui nous structure aujourd'hui : ils avaient connu, avec les années 30-40, une époque de brutale rétraction du pouvoir d'achat sous le niveau considéré jusque-là comme normal.

Ce sera difficile, mais c'est faisable. À condition que notre classe moyenne revienne dans le réel et que nos contemporains cessent de se croire victimes d'un crime contre l'humanité quand ils ne peuvent pas se payer le dernier modèle de téléphone portable, nous avons tout à fait les moyens de faire l'essentiel : tendre un filet de sécurité protecteur sous les fractions les plus fragiles de la population, pour ensuite reconstruire une nouvelle économie nationale plus solide, plus pérenne, plus saine.

Sous cet angle, nous sommes bien mieux lotis que l'Argentine de 2002. Ou que d'autres pays européens, déjà sur la corde raide, et demain peut-être confrontés au désordre économique induit par une explosion de l'euro en ordre dispersé. Ou même que les États-Unis, ce pays-phare, paraît-il, où pourtant le patrimoine médian est bien plus faible qu'en France.

Je suis donc relativement optimiste pour une France confrontée à la situation de l'Argentine. Je pense que nous ferions une Argentine très convenable – sur le plan économique, thème de la conférence de Strasbourg.

Pour la France, le vrai risque, au moment où le système actuel se disloquera, est *politique*. Sur ce point, comme expliqué précédemment, je conserve toutes les inquiétudes que j'avais exprimées il y a neuf ans, dans mon petit ouvrage intitulé « Céfran ».

Le sujet le plus important en France n'est pas l'économie. Le vrai sujet, c'est la *politique*. Ce qui déterminera notre avenir collectif, c'est notre capacité à éviter l'effondrement du pays, dans la foulée de la dislocation du système clientéliste qui a infiltré notre État.

3.2.12. Comment une société se bloque

3.2.12.1. Constat sur la société française

Il est aujourd'hui assez délicat de dénoncer le blocage de la société française. Souligner ce blocage est en effet une technique de rhétorique fréquemment utilisée par les propagandistes néolibéraux. En conséquence, dès qu'on aborde le sujet, on est suspect de défendre les mêmes thèses que ces propagandistes.

Et pourtant, ce n'est pas parce que Jacques Attali dit quelque chose que ce quelque chose est faux. Même s'il nous est désagréable de l'admettre, il peut arriver que Jacques Attali ait raison.

Que la société française soit percluse de blocages, c'est une évidence pour qui la connaît bien. Sous le vernis écaillé de la mythique « égalité républicaine », un observateur même inattentif découvre sans mal la juxtaposition des intérêts catégoriels concurrents.

Ces intérêts sont rivaux, mais ils s'adossent les uns aux autres à travers leurs rivalités. Cet adossement n'est paradoxal qu'en surface : c'est l'âpreté avec laquelle les uns défendent leur pré carré qui justifie la dureté dont font preuve les autres.

Le résultat est une France à plusieurs vitesses.

Il y a d'un côté une France protégée par des barrières statutaires ou para-statutaires. La vulgate néolibérale assimile systématiquement cette France protégée à la fonction publique, mais l'examen des réalités montre que cette assimilation est largement fallacieuse. Si, dans l'ensemble, les fonctionnaires bénéficient effectivement d'une forme de protection, ils ne sont pas les seuls. Beaucoup de professions dites « libérales » bénéficient également de diverses barrières règlementaires protectrices – les notaires par exemple. Et certaines corporations s'organisent très bien pour défendre leur pré carré : taxis, débitants de tabac, etc.

Certains lobbys du secteur privé peuvent à la rigueur se poser en défenseurs d'un monopole naturel, mais d'autres sont parfaitement parasitaires. Beaucoup ne relèvent que de l'égoïsme catégoriel le plus mesquin.

À l'inverse, tous les fonctionnaires ne sont pas protégés indument. Les fonctionnaires d'autorité, en particulier, bénéficient d'avantages parfaitement justifiés, eu égard aux spécificités de leur activité. Et si une partie de la fonction publique est effectivement parasitaire, une autre partie doit assumer une surcharge de travail constante et mal rémunérée. Tout le monde sait qu'en France, le système de santé « tient » grâce au dévouement du personnel soignant des hôpitaux publics. Tout le monde sait, aussi, que des sommes colossales sont englouties dans le maintien d'une bureaucratie surdimensionnée.

À côté de la France protégée, qui l'est parfois à bon droit et parfois pas, il y a la France exposée, qui de son côté n'est pas toujours à plaindre. Celle-ci se divise en effet en deux grands ensembles : la France compétitive, la France sacrifiée. La première, c'est celle des techniciens sur-efficaces qui valent, dans de nombreux secteurs, une réputation enviable à nos entreprises. La seconde, c'est celle des ouvriers voués au chômage structurel à partir de cinquante ans, et des jeunes qui vivotent de stage bidon en formation parking, avec quelques contrats à durée déterminée ici ou là.

Ce pays à deux vitesses se laisse deviner à certaines statistiques. La France est la championne d'Europe de l'emploi stable, avec 58% de ses actifs dans la même entreprise depuis plus de dix ans. C'est aussi, paradoxalement, la championne de l'emploi précaire, avec 12% de sa population active en CDD ou en intérim. En l'occurrence, aucun paradoxe : c'est la sur-stabilité de la France « stable » qui oblige la France « précaire » à être sur-mobile.

Dans ces conditions, la société française a tendance à se transformer en une collection de niches. En France, le but du jeu joué par les individus lucides est de parvenir à se glisser dans une « bonne place ». On cherche à avoir une « situation ». Et une fois qu'on en a une, on ne bouge plus – on est « planqué ». Il y a donc d'un côté une France protégée – statufiée, qui ne bouge pas ou peu, et de l'autre une France compétitive – sacrifiée, qui doit, pour compenser l'immobilité de la France « congelée », témoigner d'une sur-mobilité épuisante.

3.2.12.2. French bashing

Comment en sommes-nous arrivés là ?

À mon avis, la raison principale du blocage de la société française réside dans les mauvais choix effectués par les classes dirigeantes. Mais l'honnêteté oblige à reconnaître qu'il y a aussi, dans les fondamentaux anthropologiques de notre nation, quelque chose qui facilite ce type de dérive pathologique collective. Montherlant disait, à propos des Français et des dirigeants des années 30, que sur la longue durée, les peuples avaient le gouvernement qu'ils méritent. Il n'avait pas tort à son époque. Il n'aurait pas tort aujourd'hui.

Quand on aime vraiment son pays, on doit être capable de le regarder tel qu'il est. La France, c'est parfois le pays des collabos, et particulièrement des collabos par intérêt. Et il n'est même pas nécessaire de nous trouver en temps d'occupation pour le constater : la mentalité du *profiteur* est quelque chose d'assez spontané chez le Français.

Une très bonne illustration de notre tendance à jouer avec la perversité de notre propre système est fournie par une curiosité sociologique : le fonctionnement des files d'attente dans notre pays. En visitant plusieurs pays d'Europe, j'ai constaté que nous étions un cas particulier dans ce domaine.

S'il n'y a qu'une seule file d'attente, nous avons tendance à nous comporter comme des Anglais ou des Allemands : nous respectons la règle, nous attendons notre tour en regardant nos chaussures. Mais s'il y a plusieurs files, nous nous autorisons tacitement des stratégies d'optimisation, comme cela est souvent admis en Europe du sud. Voilà qui est très français : à l'intérieur de chaque file, on reste discipliné ; mais on peut déroger à la discipline d'ensemble en changeant de file, si on juge que c'est un bon calcul.

Disons que nous sommes malins – et peut-être un peu sournois, aussi. Chez nous, l'astuce ne consiste pas à se montrer indiscipliné – notre société est beaucoup plus caporalisée que la société italienne, par exemple. Mais nous jouons avec le système, plus facilement, je crois, que des Allemands ou des Anglais.

3.2.12.3. Le poisson pourrit par la tête

Cela étant, notre anthropologie ne se résume pas à notre esprit profiteur. Il existe une France des collabos. Mais il existe aussi une France des résistants.

Aucun peuple au monde n'est aussi politique le nôtre. Et ces mêmes Français, qui se comportent comme de parfaits petits salauds quand ils se laissent aller à leurs penchants sournois, peuvent témoigner dans l'adversité d'un très grand sens du devoir. Cela aussi, l'histoire l'a démontré plus d'une fois.

Dès lors, la question est : pourquoi, en ce moment, notre côté « collabo » prend-il manifestement le pas sur notre côté « résistant » ?

C'est sans doute à chaque Français de faire son examen de conscience. Mais voici en tout cas ma thèse : le poisson, comme d'habitude, a pourri par la tête.

Évidemment, la logique des avantages acquis ne peut que bloquer une société. Pour qu'une société avance, il faut toujours que certains acceptent d'apporter plus qu'ils ne retirent, au moins de manière temporaire. Il y a donc une part de vérité dans le discours institutionnel contemporain, qui dénonce rituellement la logique des avantages acquis et exige davantage de « souplesse » de la part des salariés français.

Mais ce qu'on doit remarquer, c'est que ce discours se garde bien de dénoncer les privilèges *des catégories supérieures*.

L'État qui organise la logique des avantages acquis est aujourd'hui précisément celui du capitalisme à la Française. Et bien précisément, si on parlait des avantages acquis *des oligarchies* ? Par exemple, les rémunérations de nos politiciens cumulards…

Derrière les avantages des politiciens « du système », il y a, aussi, les avantages de leurs clientèles. Par exemple, pourquoi le régime des intermittents du spectacle explique-t-il pratiquement à lui tout seul le déficit total de l'assurance-chômage ? Se pourrait-il que ce régime constitue une subvention déguisée à une nébuleuse assistée, associant les grands médias à un milieu culturo-mondain qu'on veut « tenir » ?

Autre question : on demande sans cesse plus de souplesse aux salariés. Mais ne pourrait-on pas poser aussi quelques exigences aux détenteurs du capital, eu égard à l'évolution du partage de la valeur ajoutée depuis quelques décennies ?

Ou encore, ne pourrait-on, avant de fustiger les bénéficiaires de la dépense publique, se poser la question du taux d'imposition des multinationales françaises ? Il paraît qu'elles payent parfois moins de 10% d'impôt sur leurs bénéfices. Un taux à faire rêver nos PME…

Cela me déplaît de devoir le reconnaître, mais quand Jacques Attali dit que la société française est bloquée, il n'a pas tout à fait tort.

Seulement voilà, Jacques Attali n'est pas forcément le mieux placé pour dire ce qu'il dit. Quand il a proposé, en 2008, 316 pistes pour « libérer » nos forces productives, il aurait pu en proposer 317.

Par exemple, avant de demander des efforts aux chauffeurs de taxi, il aurait pu exiger de Nicolas Sarkozy qu'il baisse son traitement, au lieu de l'augmenter comme il venait de le faire. Nul doute que cette mesure-phare aurait modifié la perception que les chauffeurs de taxi, par exemple, pouvaient avoir de l'effort qui leur était demandé. Peut-être les pauvres se montrent-ils davantage près au « changement » ... quand les riches donnent l'exemple.

Une structure sociale bloquée par la logique des privilèges doit être débloquée *à partir de ses classes supérieures*. Tant que les gros privilégiés refusent la remise en cause de leurs gros privilèges, les petits privilégiés s'entêtent. Un escalier se balaye de haut en bas. Une société aussi.

Voici le grand non-dit actuel : le problème de la France, c'est sa classe supérieure et dirigeante. Et c'est bien pour cette raison que cette classe ne peut pas résoudre le problème.

3.2.13. Et encore une erreur !

S'agissant des choix de notre classe dirigeante, quand je ne fais pas de prévisions, je me trompe dans mes constats !

En novembre 2014, on pouvait dire que la ligne politique suivie par Angela Merkel était devenue ouvertement atlantiste. D'où ma remarque pendant ma conférence à Strasbourg : je faisais référence aux propos pour le moins peu diplomatiques qu'elle venait de tenir en Australie, lors du sommet « G20 ». Concernant l'Ukraine, elle s'était alignée sur la position américaine, très dure à l'égard de la Russie.

Or, quelques semaines plus tard, nous vîmes la même Angela Merkel, flanquée de François Hollande, négocier à Minsk un accord avec Vladimir Poutine en vue de stabiliser la situation en Ukraine.

Que s'est-il passé, entre le sommet de Brisbane et la rencontre de Minsk, qui puisse expliquer ce qui ressemble tout de même à un assez net changement d'attitude de la part de Merkel ?

Plusieurs explications me sont venues à l'esprit :

☐ Elle a été très mal reçue en Allemagne à son retour de Brisbane. L'opinion publique allemande ne la suit pas sur l'Ukraine. Il est possible que la prise de conscience de ce rejet ait obligé les conseillers de Merkel à réviser leurs positions. Aussi atlantistes que soient les dirigeants allemands actuels, ils sont tout de même obligés de donner l'impression qu'ils travaillent pour leur pays.

☐ Une autre explication serait que les négociations sur le Traité Transatlantique ont l'air de ne pas très bien se dérouler. La ratification du Traité euro-canadien, qui sert actuellement de terrain d'exercice en vue de l'adoption du partenariat transatlantique, a été récemment bloquée, du fait de Paris *et Berlin*. Le blocage s'est produit officiellement à la fin de l'année 2014, donc entre Brisbane et Minsk. Est-ce là ce qui explique le changement d'attitude allemand sur l'Ukraine ? Entre sa traditionnelle alliance avec les USA et un partenariat à construire avec la Russie, l'Allemagne doit choisir. Il semble finalement qu'elle hésite encore.

☐ Ou bien est-ce l'évolution de la situation militaire sur le terrain qui a contraint les européens à plus de souplesse ? Entre Brisbane et Minsk, il y a l'échec majeur de « l'offensive antiterroriste » lancée par le régime de Kiev contre les insurgés du Donbass. Peut-être est-ce tout simplement la découverte du fait que la supériorité militaire était plutôt du côté russe qui a poussé les européens à entreprendre une démarche de négociation directe avec Moscou. Après tout, peut-être que

Merkel s'est tout bêtement souvenu que les batailles du Don, la Wehrmacht les perd.

Le problème, c'est que nous ne savons pas comment raisonnent nos dirigeants – ou plutôt : comment raisonnent leurs conseillers, car on peut penser qu'en ces domaines, nos dirigeants actuels ne sont que des acteurs, chargés de « vendre » une politique à la population. Nous ne connaissons probablement même pas toujours les noms des conseillers réellement influents. Nous ne savons même pas où ils se trouvent. En fait, nous ne savons même pas si Merkel, Hollande et Obama ont, ou n'ont pas, les *mêmes* conseillers.

Comment se forme la décision à l'intérieur des milieux dirigeant, en France, ailleurs en Occident, ailleurs dans le monde ?

Tout ce qu'on peut dire à ce sujet, c'est que l'examen des précédents historiques laisse penser que très souvent, la prise de décision stratégique ne renvoie que partiellement à une ligne définie à long terme. Ce sont bien souvent des rapports de force internes aux oligarchies qui, à un instant donné, amènent le décideur à privilégier telle ou telle option. Dans certains cas, la décision stratégique n'est même au fond qu'un moyen de régler un conflit oligarchique interne. Dès lors, comment anticiper, alors que ces conflits internes nous restent généralement cachés ?

C'est ce qui rend aujourd'hui toute prospective délicate sur le court et moyen terme. À long terme, les décisions des dirigeants n'ont pas forcément une grande importance – parce qu'à long terme, ce sont les dynamiques fondamentales du système qui devraient prédominer. Mais si ces tendances lourdes nous disent où nous allons, elles ne nous disent pas *comment* nous allons y aller. Et c'est là, dans ce comment qui définit notre trajet à court et moyen terme, que toute projection devient aléatoire : tout dépend des décisions qui seront prises par certains acteurs, dont le comportement semble à ce stade déroutant, voire illogique.

4. La stratégie de la tension

4.1. Texte de l'intervention

4.1.1. Pourquoi cette conférence ?

C ette conférence fait suite à un livre de Gabriele Adinolfi, « Orchestre rouge ». On m'a en effet fait l'honneur de m'en demander la préface.

Honnêtement, ce n'est pas l'histoire du fascisme italien qui m'intéressait, pas plus que celle du post-fascisme. Je suis né en 1968, et je vis en 2014, en France : pour moi le fascisme, tel qu'il a historiquement existé en Italie, c'est une technique de spectacularisation des processus de construction d'une certaine phase de l'État. Cette technique renvoyait à son contexte, construit par un capitalisme qui n'avait pas encore atteint le stade contemporain, ni au niveau mondial, ni dans la société italienne des années 1920. Les tensions de cette société encore largement rurale, structurée par l'affrontement entre socialisme et catholicisme, n'avaient pas grand-chose à voir avec les problématiques françaises actuelles.

Tout cela a existé, mais c'est une page d'histoire. Je comprends très bien que pour un Italien de la génération de Gabriele Adinolfi, ce soit un sujet en soi. Mais pour moi, en soi, le fascisme, qu'est-ce que ça veut dire ? Pas grand-chose. Ce n'est pas une catégorie qui m'intéresse. En tout cas pas si on parle du fascisme historique, tel qu'il a réellement existé, dans un pays qui s'appelait l'Italie.

En revanche, ce qui je trouvais très intéressant dans l'ouvrage de Gabriele Adinolfi, c'était la notion de stratégie de la tension. Il faut s'intéresser à l'histoire de l'Italie, telle qu'elle s'est déroulée entre la fin des années 60 et le début des années

80. Il se pourrait bien en effet que sur ce plan, le passé italien soit en partie le miroir de notre avenir. Malheureusement.

4.1.2. L'Italie des années 70, miroir de notre avenir ?

4.1.2.1. La fausse souveraineté

Bien sûr, comparaison n'est pas raison. Sous l'angle technique, la façon dont on déploie aujourd'hui une stratégie de la tension n'est plus du tout la façon dont on la déployait il y a 40 ans. Mais il y a tout de même des isomorphies frappantes entre le passé italien et le présent français.

Qu'est-ce que c'est, l'Italie des années 70 ?

C'est un faux État souverain, qui a été mis en place en 1945 par les vainqueurs.

Il s'est produit en Italie, en 1945, une sorte de petit Yalta interne. On a décidé qu'on laisserait au Parti Communiste Italien des zones à l'intérieur de la société italienne, pour qu'il puisse exercer une mainmise sur le prolétariat. En échange de quoi, sans être associé à la gestion du pays, qui se trouvait dans la sphère d'influence anglo-saxonne, il était cependant toléré.

Et puis, une structure de contrôle a été mise en place par les vainqueurs. On a en quelque sorte laissé croire au peuple italien qu'il continuait à avoir un État souverain, ce qui n'était absolument pas le cas. Cette structure de contrôle fut forgée par l'alliance de divers réseaux, certains financiers, d'autres politiques, mais aussi en grande partie tout simplement mafieux et criminels.

L'Italie des années 70 était un pays de fausse souveraineté, ce qui la plaçait dans une situation différente de celle de la France. Celle-ci avait à l'époque une souveraineté réelle.

Souveraineté limitée, bien sûr. On s'en est bien rendu compte quand de Gaulle a voulu aller un peu trop loin, quand on l'a rappelé à l'ordre, et puis quand on s'est arrangé pour mettre Pompidou à sa place. Mais il y avait tout de même une certaine souveraineté française, à cette époque.

Ce qui est en train de nous arriver, en ce moment, c'est que nous passons du statut de pays à souveraineté limitée au statut de pays à fausse souveraineté. En fait, nous sommes en train de rejoindre l'Italie dans le club des pays qui ont l'impression de continuer à exister, qui ont l'impression de continuer à avoir une vie démocratique, qui ont l'impression de continuer à avoir un gouvernement chargé de prendre des décisions... mais qui, en réalité, ne sont plus que des colonies, dirigées par une administration en trompe-l'œil, faux-nez des vrais pouvoirs, lesquels se situent à l'échelle transnationale.

Première isomorphie : nous devenons, à notre tour, un pays à fausse souveraineté.

4.1.2.2. Des pays problématiques

Une deuxième isomorphie, c'est que l'Italie des années 70 posait un problème aux gens qui à l'échelle transnationale, exerçaient une forme de contrôle sur elle – tout comme la France, aujourd'hui, en pose un, pour des raisons bien sûr différentes.

Il faut préciser ici qu'on peut très bien savoir qu'il existe un contrôle, et même savoir quand ce contrôle est fragilisé, bien qu'on ne sache pas exactement *qui* exerce ce contrôle.

Je ne sais pas si les organisateurs des structures de contrôle se trouvent plus particulièrement à la Commission trilatérale, au groupe Bilderberg, ou dans d'autres réseaux en interaction. Il est toujours difficile de situer le vrai pouvoir dans un système. J'ai tendance à penser qu'il va naturellement là où se trouve la plus grande concentration du capital, parce qu'il me semble qu'en dernière analyse, c'est la détention du capital qui, dans nos sociétés, décide du pouvoir. Mais situer le point de concentration du capital n'est, de toute manière, pas toujours évident. [*Voir note 4.2.1. Comment s'effectue le contrôle social ?*]

Quoi qu'il en soit, il semble logique que dans les années 70, l'Italie ait posé un problème aux gens qui exerçaient concrètement une forme de contrôle géostratégique sur elle. Elle devait poser problème parce que les structures de contrôles mises en place dans les années 45-50 n'étaient manifestement plus adaptées à la société italienne des années 70.

L'Italie avait énormément changé en une génération. Dans une certaine mesure, la société italienne avait changé de nature. Il fallait maintenant faire évoluer les structures de contrôle pour les adapter à cette nouvelle donne – et cela voulait dire, schématiquement, les rapprocher de ce qui avait été mis en place précédemment en République Fédérale d'Allemagne, avec une gauche sociale-démocrate totalement intégrée dans le système. Il fallait gérer cette transition, et c'était évidemment un problème complexe – tout comme c'est manifestement un problème complexe de garder la société française sous contrôle, actuellement.

On sait comme cela s'est fait dans l'Italie des années de plomb. Cela s'est fait par une stratégie de la tension.

Deuxième isomorphie : l'Italie était un pays potentiellement *rebelle*.

4.1.2.3. Des partis d'opposition puissants et engagés en géopolitique

Une troisième isomorphie apparaît : c'est l'existence dans le pays d'un parti lié à la principale alternative géostratégique officiellement présentée comme étant *vraiment* une alternative, un adversaire voire un ennemi.

Dans l'Italie des années 70, c'était le PCI – et ses liens avec l'URSS. Dans la France, c'est le FN – et ses liens avec la Russie.

Dans quelle mesure faut-il voir dans la Russie de Poutine l'héritière de l'URSS de Brejnev ? Dans quelle mesure peut-on parler vraiment d'opposition simple entre ce qu'était l'URSS de Brejnev et ce qu'étaient les USA de Nixon ? Ou entre ce qu'est la Russie de Poutine et ce que sont les USA d'Obama ? Cela aussi, c'est un débat ouvert. Les camps ne sont pas stables. Les points de focalisation autour desquels nous organisons notre réflexion ne doivent pas devenir trop fixes dans notre esprit.

Mais enfin tout de même, il y a un moment où les oppositions sont réelles. Il y a des frontières à tracer, à tout le moins, entre des pôles de puissance potentiellement rivaux. En ce moment, à l'heure où nous parlons, on voit bien que la définition de ces frontières est difficile entre d'une part la Russie, soutenue en arrière-plan par la Chine, et d'autre part les USA, et leurs annexes européennes. Il se passe beaucoup de choses en Ukraine. Et on sait ce qui s'est passé en Syrie ces dernières années.

Dans ce contexte-là, qui ressemble un peu à une sorte de nouvelle guerre froide, nous voyons le FN français, de plus en plus, s'ériger en représentant de l'alternative géostratégique russe sur l'échiquier politique français.

4.1.2.4. Connaître l'expérience italienne

Il y a donc de réelles isomorphies entre la situation française actuelle et celle de l'Italie des années 70.

Bien sûr, tout cela n'implique pas que les choses vont se passer de la même façon. Comparaison n'est pas raison, car les instruments qui permettent de gérer les transitions sont aujourd'hui beaucoup plus immatériels. Ils s'adressent à des sociétés différentes, imprégnées par le virtuel.

Des sociétés différentes aussi par le niveau de violence qu'il faut y déployer pour créer de la tension. Dans l'Italie des années 70, pour créer de la tension, il fallait des dizaines de morts dans un attentat. Aujourd'hui, pour créer de la tension, finalement, il ne faut plus grand-chose. La société s'est en quelque sorte féminisée, et il suffit d'un très faible niveau de violence pour obtenir certains résultats en termes de psychologie sociale. Les choses ne se passeront pas forcément de la même façon.

Mais enfin, il me semble intéressant que les gens en France, aujourd'hui, connaissent l'expérience de quelqu'un comme Gabriele Adinolfi. Il faut s'intéresser au trajet qui fut le sien, et à son discours sur les années de plomb en Italie, qui permet de comprendre à quel point une stratégie de la tension peut en cacher d'autres – à quel point, dans ce type de situations, le jeu politique peut être complexe. Et à quel point, bien sûr, les vraies forces agissantes ne sont généralement pas celles qui se laissent percevoir [*voir note 4.2.2. Pourquoi la stratégie de la tension est rentable*].

4.1.3. Message aux jeunes hommes énervés

Il me paraît utile de diffuser dans les milieux dissidents français une information autour de ces sujets.

Comme j'ai écrit quelques bouquins, certains lecteurs m'écrivent. Et j'ai remarqué qu'un discours revient de plus en plus, surtout chez les jeunes hommes nés après 1980. C'est un discours très simple et tout à fait compréhensible : les jeunes hommes nés après 1980 disent que quand on est né après 1980, dans ce pays, on n'a pas d'avenir. Ils disent que c'est insupportable, et que, donc, ils ne le supporteront pas.

Une génération a capté le pouvoir et la richesse : le baby-boom. Les jeunes hommes nés après 1980 le supportent de moins en moins. Ils se rendent compte qu'ils sont privés d'avenir dans un système capté par les baby-boomers. Ils sont très énervés.

Souvent ce discours d'énervement s'accompagne de constats du genre : mais finalement, qu'est-ce qui va nous arrêter, si on se révolte ?

Il faut reconnaître que c'est une bonne question. Est-ce qu'il y a beaucoup de CRS prêts à risquer leur peau, si les choses deviennent très tendues, pour sauver la mise à messieurs Hollande, Cahuzac et compagnie ? Je n'en suis pas certain. Je ne sais pas ce qui se passe sous les casques dans les barrages de CRS. À mon avis, ces gars-là sont intelligents, désormais. Ils sont beaucoup plus instruits que leurs devanciers. Beaucoup ont fait des études supérieures. Et ils doivent quand même se demander ce qu'ils font là, exactement, par moment.

Alors c'est vrai, il devient tentant de pousser le barrage de CRS. Pour voir s'il tombe. Et si jamais il tombe, après qu'est-ce qui les arrêterait, ces jeunes hommes énervés ? Le courage physique de François Hollande ? Hum.

Sauf que.

Sauf que l'expérience de Gabriele Adinolfi montre que c'est un peu plus compliqué que ça.

La barrière de CRS, ce n'est rien. À la limite, ça fait partie du spectacle. Les vraies procédures de contrôle sont ailleurs, et elles se jouent à un autre niveau. Il faut les situer par rapport aux problématiques internationales. Il faut penser aux forces transnationales qui peuvent en ce moment précis regarder la France, l'Europe, et se dire : « voyons, en Ukraine, ça se passe comme ça ? Et en Hongrie, Orban, il nous fait quoi ? Il travaille avec les Russes pour ses histoires d'énergie ? Ah oui ? Tiens. Ah bon, donc, madame Le Pen est allée en Russie. Elle a été reçue à la Douma, et pas par un obscur député venu du fond de la Sibérie… »

Il faut avoir en tête comment ces gens peuvent voir les choses.

Aller au contact, c'est une option ouverte pour ceux qui veulent agir en politique. Pour former des militants, il faut le reconnaître, ce peut être une option. Mais il faut bien avoir en tête, aussi, tout ce que ça peut enclencher, et qu'on ne maîtrisera pas.

4.2. Notes complémentaires

4.2.1. Comment s'effectue le contrôle social ?

Une des difficultés qu'on peut rencontrer, quand on essaye d'informer les gens sur les stratégies de la tension, c'est que certaines personnes confondent le contrôle social avec les acteurs qui en sont explicitement chargés.

Pour beaucoup de gens, quand un groupe de manifestants jette des pavés sur des CRS, la situation est simple : d'un côté les CRS, qui sont chargés d'opérer le contrôle social pour le compte du pouvoir, et de l'autre les manifestants, qui contestent ce contrôle.

Mais dans la réalité, les choses peuvent être beaucoup plus compliquées. Il est possible que le déploiement des CRS n'ait pas été organisé par les plus hautes autorités. Il peut résulter de l'initiative d'un officier subalterne ignorant du plan réel de ses supérieurs. Il est possible que les manifestants soient manipulés par des policiers infiltrés, chargés d'organiser une émeute pour justifier un état d'urgence. Dans ce cas, les forces du contrôle social sont en réalité les manifestants, et celles qui s'opposent à ce contrôle sont paradoxalement à rechercher du côté des « forces de l'ordre ».

C'est pourquoi, en réalité, on ne sait jamais ce qui se passe dans une situation de ce type. On croit savoir, mais on ne sait pas vraiment.

Voilà un cas de figure où un véritable clivage apparaît dans l'opinion. Mais il n'y a pas d'un côté ceux qui savent ce qui se passe, et de l'autre ceux qui ne le savent pas. Il y a d'un côté ceux *qui savent qu'ils ne savent pas*, catégorie n°1, et de l'autre côté, il y a ceux *qui croient savoir*, catégorie n°2.

À mon avis, le travail de ré-information sur la stratégie de la tension consiste largement à faire passer les gens de la catégorie n°2 à la catégorie n°1. Il faut faire comprendre aux gens qu'en réalité, ils ne savent pas ce qui se passe.

En ce sens, le pire message à faire passer, s'agissant de la stratégie de la tension, est celui hélas diffusé par certains conspirationnistes de bonne foi, mais maladroits et peut-être parfois manipulés. Le conspirationniste, qui dit qu'il sait qu'il y a une conspiration, ne fait que cautionner l'opinion dans l'idée fallacieuse qu'on peut savoir ce qui se passe. Il fonctionne en reflet du discours officiel, qui généralement énonce, lui, qu'il n'y a pas de conspiration, et qu'on peut en être certain.

Ce n'est pas ainsi qu'on sape une stratégie de la tension par une action de ré-information.

En dernière analyse, l'objectif d'une stratégie de la tension est celui de toute stratégie d'intoxication : il faut emmener la cible dans un récit irrationnel et déréalisé. Or, construire ce récit imaginaire et en imposer la narration représente un coût. Pour lutter contre la stratégie de la tension, il faut faire augmenter ce coût.

Si la population a appris à douter, le nombre d'informations à lui diffuser pour l'amener à rétablir une cohérence trompeuse sera plus important. Et donc, le coût de la stratégie de la tension augmentera. S'il augmente suffisamment, cette stratégie peut devenir beaucoup moins rentable. Elle peut même se retourner contre le pouvoir.

Ce que doivent obtenir ceux qui combattent la stratégie de la tension, ce n'est donc absolument pas une certitude sur son existence. C'est au contraire l'apparition d'un *doute* sur cette existence.

Pour amener les gens à accepter la fatalité de l'incertitude, je pense que la meilleure méthode consiste à élever leur niveau d'analyse. C'est cela qui rend pensable l'incertitude sur les faits. Quand on a appris à se représenter un système non comme un enchaînement de faits, mais en tant qu'il fait système, il est beaucoup plus facile de s'autoriser le doute sur les faits eux-mêmes. On a dans l'esprit quelque chose de stable, auquel se raccrocher pour continuer à raisonner, bien qu'on ait admis qu'on ne savait pas réellement ce qui était en train de se passer à un instant donné.

Faire prendre conscience de la diversité des acteurs du contrôle social constitue une première étape. Une fois que quelqu'un a réalisé que ces acteurs peuvent être directs ou indirects, conscients ou inconscients, visibles ou invisibles, ce quelqu'un sera beaucoup mieux armé pour opposer son scepticisme aux manipulations diverses.

Sont à la fois conscients, directs et visibles les acteurs et outils explicites du contrôle social – ceux qui se donnent pour tels. On citera : la police, la magistrature et d'une manière générale l'appareil judiciaire, ainsi que le personnel administratif de l'État et des collectivités, le personnel politique et l'ensemble des fonctions d'encadrement et de direction des entreprises, qu'elles soient privées ou publiques. On peut parfois verser les clergés religieux dans cette catégorie.

Tous ces gens ont conscience d'être acteurs et outils du contrôle social. Et les citoyens les perçoivent comme tels. Ici, tout est explicite, direct, conscient – et presque tout est visible, en théorie du moins.

D'autres acteurs sont conscients et directs, mais invisibles. Entrent dans cette catégorie les faux opposants infiltrés, les vrais opposants retournés, les indicateurs de police, et d'une manière générale les agents d'observation chargés de renseigner le sommet de la structure sociale sur sa base. C'est tout un bestiaire, dans lequel on rencontrera des spécimens improbables défiant toute classification. Il faut avoir traîné ses guêtres en lisière de l'action militante groupusculaire pour prendre conscience de l'existence de cette faune, car elle se tient généralement dans les recoins obscurs de la construction sociale.

Il existe aussi des intervenants conscients et visibles, dont l'action de contrôle reste indirecte. Entrent dans cette catégorie l'ensemble des acteurs chargés de manipuler d'autres acteurs en filtrant l'information, ou en la présentant de manière à rendre son interprétation difficile. Ici, l'ensemble du système médiatique est potentiellement concerné, même si toutes ses composantes ne peuvent pas être résumées au contrôle social.

Enfin, il existe des acteurs manipulés et donc inconscients. Ici, tout le corps social est potentiellement concerné. Tout militant manipulé par un provocateur est un outil de contrôle des autres militants. Tout citoyen désinformé qui répand une information erronée est, à son corps défendant, un instrument de contrôle social.

Une seconde étape du processus de conscientisation réside dans la compréhension que ces acteurs forment nécessairement un système, et que ce système a des règles de fonctionnement. On peut même théoriser ces règles, sur la base de quelques déductions peu contestables.

Quels acteurs servent-ils à contrôler les autres acteurs ? Et, si l'on remonte à l'origine du contrôle social : quel acteur contrôle, sans être lui-même contrôlé ?

Répondre à cette question n'a rien d'évident si on part de l'observation des faits en eux-mêmes. Dans la plupart des systèmes sociaux, le pouvoir est diffus. On peut même se demander s'il existe des acteurs contrôlant non contrôlés, car après tout, rien n'interdit d'imaginer un système de contrôle social prenant la forme d'un mécanisme circulaire autocontrôlé, dont aucune composante n'émergerait franchement comme dominante.

Mais admettons qu'il existe au moins des acteurs qui exercent sur les autres acteurs un contrôle *relativement* plus fort que celui exercé en retour par ces derniers. Qui sont ces acteurs *relativement* dominants ?

La logique voudrait que ces acteurs présentent les caractéristiques suivantes :

☐ Ils disposeraient de moyen de coordination interne non exposés au brouillage externe.

☐ Ils auraient à l'inverse une grande capacité à parasiter les outils de coordination interne des autres acteurs.

☐ Leur pouvoir serait relativement discret – car le pouvoir le plus difficile à combattre est évidemment celui dont on ignore jusqu'à l'existence.

☐ Ils disposeraient à l'inverse d'une excellente capacité de renseignement sur les autres acteurs.

Les acteurs bénéficiant de telles asymétries sont probablement :

☐ Dans le domaine économique, les banques d'affaires et les états-majors des plus grandes multinationales.

☐ Dans le domaine politique, les cercles dirigeants des principales agences de renseignement.

☐ Éventuellement, les réseaux de pouvoir capables d'organiser la coordination entre les acteurs ci-dessus et les détenteurs des outils de contrôle direct. Où l'on reparle par exemple du Groupe Bilderberg et de la Commission Trilatérale.

En revanche, on remarquera que les milieux politiciens ne bénéficient *pas* de ces asymétries. Ils sont visibles. Leurs procédures de coordination interne sont en partie explicites. Même constat pour les autorités de police officielles. Même constat pour les hiérarchies militaires.

Un citoyen, qui a pris conscience de la manière dont doit logiquement fonctionner le contrôle social comme système, a compris l'essentiel. Il sait que ce qu'il voit, en la matière, ne lui permet pas de savoir ce qui se passe réellement. Mais il sait aussi qu'il peut, en réfléchissant aux dynamiques logiques du système, circonscrire l'univers des possibles, et en déduire ce qui peut ou ne peut pas se passer. C'est généralement suffisant pour briser la dynamique des manipulations.

4.2.2. Pourquoi la stratégie de la tension est rentable

La stratégie de la tension vise à créer un contexte tel que les capacités de contrôle du Pouvoir augmentent spontanément, sans que celui-ci ait à assumer ouvertement leur accroissement. Un certain contexte, en mettant sous tension le corps social, permet en effet d'induire la prédominance des logiques les plus favorables au contrôle.

Cette stratégie coûte très peu cher à déployer, dans la mesure où, pour l'essentiel, il suffit au pouvoir de ne pas opérer de contrôle sur ses ennemis les plus stupides pour bénéficier de leur action spontanée. Pour la même raison, cette stratégie peut être relativement discrète. Il suffit souvent de couper les crédits au service de police chargé de contrôler les opposants les plus irresponsables pour qu'ils fassent exactement ce qui arrange le pouvoir. On aimerait penser que les démarches contre-productives de ce genre d'opposants sont dues à leur infiltration par des agents provocateurs – mais bien souvent, même pas : ce n'est que pure bêtise. Et c'est pourquoi il est souvent impossible de prouver une stratégie de la tension : elle a été conduite non en faisant quelque chose, mais au contraire *en ne faisant rien*.

Peu coûteuse, la stratégie de la tension donne généralement d'excellents résultats politiques.

La plupart des gens réagissent à la menace par un réflexe légitimiste. La peur les pousse à solliciter la protection du pouvoir. On en a eu une illustration très impressionnante lors des attentats de Paris, en janvier 2015 : les cotes de popularité du

Président Hollande et du Premier Ministre Valls ont fait un bond soudain de + 20% pendant environ un mois – après quoi, presque aussi soudainement, elles sont retombées pratiquement à leur niveau d'avant les attentats. Il est probable que les sondages n'étaient en l'occurrence pas truqués. Il y a donc une personne sur cinq pour changer complètement d'avis sur le plan politique, sous le coup d'une émotion manipulée.

Un autre aspect de la tension, très positif du point de vue du pouvoir, réside dans l'augmentation du niveau de méfiance à travers la société civile. L'intermédiaire des autorités devient alors plus nécessaire pour constituer une association. La société devient plus lisible pour les autorités, dans la mesure où elle n'ose plus se parler à elle-même directement.

La stratégie de la tension devient « dure » quand elle permet d'enclencher un cycle de répression lui-même « dur ». C'est le cas par exemple de l'Algérie des années 90. Il est hors de doute qu'une bonne partie de la violence « islamiste » fut tolérée voire fabriquée par la Sécurité algérienne elle-même, pour justifier la suspension du processus électoral, puis des vagues d'arrestations arbitraires. Dans ce cas, la rentabilité de la stratégie de la tension est inestimable : elle rend possible la suppression des libertés civiles avec l'assentiment d'une grande partie de la population.

Après les attentats de janvier 2015, en France, nous avons pu voir à l'œuvre cette stratégie, quand il s'est agi de « vendre » à l'opinion une très dangereuse « loi sur le renseignement », en fait un *Patriot Act* à la Française. C'est le contexte créé par les attentats de janvier qui a justifié la rédaction de cette loi.

Dans tous les cas, la rentabilité de la stratégie de la tension repose sur l'incapacité des citoyens à la percevoir, ou, s'ils la perçoivent, à en deviner les ressorts profonds.

En particulier, on peut remarquer que beaucoup de gens ont du mal à comprendre qu'un pouvoir peut se construire sur sa capacité à résoudre un problème qu'il crée par ailleurs. Trop de gens ont une lecture « premier degré » des évènements.

Par exemple, quand ils voient des dirigeants français condamner « l'islamophobie », ils ont tendance à en déduire que ces dirigeants sont « favorables à l'islam ». Mais la réalité est bien plus complexe. En réalité, les dirigeants peuvent susciter les tensions entre musulmans et non-musulmans pour pouvoir ensuite « vendre » une offre politique aux musulmans, ou, symétriquement, à tous ceux qui auront peur des musulmans.

On peut raisonnablement penser que le Parti Socialiste, en particulier, voit d'un œil favorable la montée des tensions entre musulmans et non-musulmans. Cela lui permettra de rallier un vote musulman défensif dans les années qui viennent. Bien entendu, c'est terriblement dangereux pour la cohésion nationale. Mais les dirigeants actuels ne s'en soucient guère : ce sont de petits esprits, qui raisonnent à court terme. Ils n'ont pas conscience du fait que leurs actes auront demain des conséquences dans un contexte très différent de celui où ils posent aujourd'hui ces actes.

Cette idée très simple, qu'un acteur politique peut créer un problème parce qu'il pense qu'il sera le seul à pouvoir le résoudre, est difficile à admettre pour beaucoup de gens. C'est curieux : les mêmes personnes, qui comprennent très bien le scénario d'un film noir sur un gang de racketteurs, refuseront jusqu'à la possibilité qu'une stratégie du même ordre soit à l'œuvre dans le domaine politique. À mon avis, cela vient du fait que beaucoup de gens ont peur d'affronter la réalité. Au fond, ils sont contents de se laisser manipuler.

Plus on monte dans la complexité supposée des jeux d'acteurs envisagés, plus les scénarios possibles sont difficiles à accepter pour le grand public. Il y a une certaine tendance chez les gens ordinaires à ne pas croire possibles les choses extraordinaires. Ce n'est nullement une marque de bêtise. C'est simplement la preuve que notre esprit fonctionne trop souvent en projetant notre paradigme propre sur des problématiques externes à ce paradigme.

Dans ces conditions, lutter contre la stratégie de la tension, c'est d'abord informer le public de son existence et de ses rouages. Il s'agit de diffuser, aussi largement que possible, une culture du renseignement, vulgarisée intelligemment. C'est un chantier énorme, mais potentiellement décisif. Si, demain, le pouvoir décide de passer à l'offensive contre la minorité lucide des dissidents, la seule protection dont ceux-ci disposeront, ce sera le recours à l'opinion publique. Encore faut-il que celle-ci ne se laisse pas manipuler.

4.2.3. L'affaire Charlie

Du 7 au 9 Janvier 2015, trois individus lancent une série d'attaques terroristes à travers la région parisienne. Ils se revendiquent du groupe « Al-Qaïda au Yémen ». Outre les terroristes eux-mêmes, il y a dix-sept morts, dont une bonne partie de l'équipe de l'hebdomadaire « Charlie Hebdo », connu pour avoir caricaturé le prophète Mahomet.

Le 11 janvier sont organisés des rassemblements à travers toute la France pour « défendre la liberté d'expression ». Ils se déroulent très largement sous le mot d'ordre « Je suis Charlie ». Quatre millions de personnes y participent. De nombreux chefs d'État étranger défilent en tête du cortège, à côté d'un François Hollande scandaleusement satisfait. Le Premier Ministre israélien, Benjamin Netanyahou est de la fête, mais pas le Président des États-Unis.

Le 14 janvier, Charlie Hebdo vend un numéro évidemment très spécial à 7 millions d'exemplaires. Le nombre d'abonnés au journal passe de 10 000 à 200 000.

Voilà pour les faits.

Quelques observations :

☐ L'ampleur des réactions est sans commune mesure avec l'importance réelle de l'évènement. Il est assez délicat de le faire constater, parce que cela peut passer pour un manque de respect à l'égard des victimes, mais vingt morts, objectivement, à l'échelle de la France, ce n'est pratiquement rien. C'est l'équivalent de deux jours d'accidents de la route. Il est évident que la réaction de la population française a été excessive.

☐ On peut aussi remarquer que cette réaction a été sans commune mesure avec celle qui avait suivi des attaques terroristes précédentes. En particulier, le contraste est frappant avec la relative apathie publique dans laquelle s'était déroulée l'affaire Mohammed Merah.

☐ Il est évident qu'une des causes de l'emballement qui a conduit à la manifestation du 11 janvier est à rechercher dans le fait que des journalistes, dont certains très connus, ont été touchés. Cela a énormément amplifié l'impact psychologique des attaques, pour au moins deux raisons :

▪ Tout d'abord, la profession journalistique s'est sentie directement menacée, et elle a donc donné un écho phénoménal à l'évènement. Une écoute même peu attentive de France Info, le soir du 7 janvier, permettait de comprendre que les journalistes étaient, littéralement, en état de choc. Apparemment, la classe parlante n'avait pas réalisé, jusque-là, que la guerre est quelque chose de réel, et que ça n'arrive pas qu'aux autres.

▪ D'autre part, la notoriété de certaines victimes était considérable. Et ce n'est évidemment pas la même chose d'apprendre que des anonymes ont été tués, et de découvrir qu'une voix qu'on connaissait ne se fera plus entendre.

☐ Cependant, l'examen de la chronologie des faits amène à relativiser ces explications. On observera en effet que :

▪ Le gouvernement français a décidé l'organisation des manifestations du 11 janvier alors que l'état d'alerte terroriste n'avait pas été levé. Il faut se souvenir que ce même gouvernement avait interdit des rassemblements les 7 et 8, rassemblements prévus de longue date et sans lien avec les attentats. On peut tout de même s'interroger sur la cohérence d'un gouvernement qui, à trois jours d'intervalle, demande à la population d'éviter les rassemblements publics, puis organise le plus grand rassemblement public de l'histoire du pays.

▪ Pour revenir sur la soirée du 7 janvier, l'écoute des médias dominants laissait une étrange impression de formatage. Il existait manifestement une ligne éditoriale partagée par tous les grands médias, ligne dont les points saillants étaient : pas d'amalgame entre les terroristes et les populations issues de l'immigration, et pourtant mise en accusation parallèle et donc paradoxale de la religion musulmane, mise en accusation d'ailleurs elle-même très ambiguë. Comment expliquer un formatage aussi immédiat, pratiquement dans les heures suivant l'évènement ?

Ces constats appellent analyse. Trois questions :

☐ Pourquoi ces attentats sont-ils survenus ? Et pourquoi *maintenant* ?

☐ Quelles furent les lignes de force de la propagande officielle ?

☐ Si 4 millions de Français sont descendus dans la rue pour « être Charlie », où étaient les 64 autres millions ?

Commençons par la date de survenue des attentats de Paris. On peut remarquer que l'affaire des caricatures était déjà vieille quand les frères Kouachi ont frappé Charlie Hebdo. Pourquoi attendre si longtemps ?

Beaucoup plus récents sont les faits suivants :

☐ Implication française dans la déstabilisation de la Lybie et de la Syrie.

☐ Implication française dans la lutte contre l'État islamique.

☐ Quasi-reconnaissance de la Palestine par la République Française.

Dans ce contexte, une question vient à l'esprit : et si le facteur déclenchant des attaques était tout autre que leur prétexte ? Si ces attentats ont eu lieu maintenant, c'est peut-être parce qu'un acteur des conflits proche-orientaux a voulu prouver qu'il pouvait frapper sur le sol français. Dans l'histoire, les caricatures ne seraient alors qu'un prétexte.

On nous dit que cet acteur est « Al-Qaïda au Yémen ». Mais on nous dit ce qu'on veut bien nous dire. Et d'ailleurs, quand bien même il s'agirait d'Al-Qaïda, qui est-ce, Al-Qaïda ?

Prenons un scénario possible, parmi d'autres. Imaginons qu'une fraction de l'appareil d'État israélien souhaite une montée des tensions entre musulmans et non-musulmans en France. Cela pourrait accélérer l'émigration juive vers Israël. Et il n'est pas impossible que cela pousse la France à s'aligner sur une ligne antimusulmane en politique internationale.

On relèvera, à l'appui de cette thèse, les propos pour le moins explosifs de l'ineffable Benjamin Netanyahou, qui a réagi à ces attentats en soulignant que la France devait combattre les « forces de l'islam ». Le même Netanyahou, décidément très inspiré, avait d'ailleurs pronostiqué quelques semaines plus tôt que la France serait victime d'attaques terroristes si elle n'était pas solidaire d'Israël – sous-entendu : si elle commettait l'erreur de reconnaître la Palestine – ce qu'elle a quasiment fait.

Les services israéliens ont tout à fait les moyens de manipuler une branche d'Al-Qaïda. Bien entendu, nous ne savons pas si ce scénario correspond à la réalité. Mais force est de constater qu'il n'est pas impossible. Et ce constat est en soi intéressant [*voir notes 4.2.1. et 4.2.2.*].

Examinons à présent la propagande officielle déployée par le pouvoir socialiste français. Elle s'est articulée globalement comme suit :

☐ Point À : souligner le risque de dérapage, d'engrenage.

☐ Point B : créer une équation assez binaire : défendre la liberté d'expression = dire non au terrorisme = être Charlie – ce qui est évidemment faux : on peut très bien être révolté par ces attaques terroristes ET simultanément désapprouver la ligne éditoriale de Charlie Hebdo.

☐ Puis, laisser la peur induite par le point À aveugler le public jusqu'au point où il adhère au point B.

☐ D'où une vague de réactions hystériques, avec des prolongements judiciaires et policiers disproportionnés – des enfants entendus par la gendarmerie pour apologie du terrorisme, la mise en garde-à-vue de l'humoriste Dieudonné pour un « tweet » tout juste ambigu et maladroit, l'arrestation tragicomique de pochetrons coupables d'avoir beuglé des insanités sur le sacro-saint Charlie. Etc. etc.

Le résultat obtenu concrètement, au-delà du provisoire rebond de quelques politiciens, c'est :

☐ D'une part, l'officialisation d'un déplacement du sacré. Publier des caricatures obscènes pour ridiculiser le sacré des catholiques ou des musulmans, c'est revendiquer sa « liberté d'expression ». Par contre, se moquer de la Shoah, comme le fait l'humoriste Dieudonné, c'est un « appel à la haine » antisémite.

Pour qui voit les choses objectivement, la « République » hystérique de Manuel Valls reprend complètement à son compte l'attirail d'intimidation qui fut jadis celui de l'inquisition catholique, et elle tient apparemment à ce que tout le monde constate qu'elle en a désormais le monopole.

Cette évolution me paraît cohérente avec l'impression générale donnée par l'actuel pouvoir socialiste français. Il y a dans le laïcisme du gouvernement actuel un côté « ordre moral inversé » assez déroutant. On dirait qu'en achevant de triompher de l'ancien catholicisme d'État, l'anticatholicisme républicain français doit absorber sa personnalité pour la mettre au service de son idéologie propre, et cela jusque dans les excès les plus caractéristiques de cette personnalité. Va-t-on brûler ceux qui refuseront de se découvrir devant les processions à Saint-

Charlie ? À quand la révocation de l'Edit de Nantes appliquée aux musulmans ?

☐ D'autre part, l'organisation d'un unanimisme de façade rappelant de manière désagréable les grandes opérations psychologiques des régimes totalitaires. En janvier 2015, ne pas être Charlie, dans certains milieux, à Paris, c'était un peu comme s'avouer trotskiste à Moscou en 1937.

À ce propos, on remarquera le caractère ambigu voire contradictoire de la ligne officielle. Les éléments de langage instillés par les médias sont flous, et ce flou est visiblement recherché. Il s'agit de pouvoir justifier une ligne contradictoire, mais aussi de pouvoir mettre en accusation virtuellement n'importe qui :

☐ Qui dit qu'il convient de limiter les implantations de mosquées s'expose au risque du procès pour islamophobie.

☐ Qui dit qu'il convient de ne pas les limiter se verra soupçonné de sympathie pour la « radicalité », voire « l'extrémisme ».

Enfin, dernière question et sans doute la plus importante : où étaient les très nombreux Français qui, le 11 juillet 2015, « n'étaient pas Charlie » ?

Le problème est qu'il n'est pas facile de déterminer la motivation de ces gens. Quand quelqu'un porte un autocollant « Je suis Charlie », on peut l'identifier, et donc on peut l'étudier. Mais quand autour de lui, il y a quantité de gens qui ne portent pas cet autocollant, il n'est pas possible de savoir qui s'est abstenu parce qu'il avait autre chose à faire, et qui s'est abstenu parce qu'il était contre.

Essayons tout de même de nous faire une idée de la France « non-Charlie ».

En premier lieu, il semble que lors des rassemblements du 11 janvier, il y ait eu une assez bonne corrélation inverse entre le vote FN et le nombre de participants aux « marches républicaines ». L'ouest a d'une manière générale plus « marché » que l'est. L'Aisne a très peu « marché ».

Apparemment, l'électorat FN s'est révélé relativement imperméable à la manipulation orchestrée par le pouvoir dans la foulée des attentats. C'est assez logique. D'abord, il y a assez peu de lecteurs de Charlie dans cet électorat. Ensuite, la lecture des forums Internet montre que les diverses interprétations des attentats par les sympathisants du FN ont *toutes* été différentes de celle prônée par le discours officiel :

☐ Une partie de cet électorat a vu dans ces attentats un épisode de la « guerre de civilisation » – au vrai une narration, autour de laquelle il reconstitue une cohérence à partir des fragments d'information dont il a connaissance.

☐ Une autre partie de ce même électorat y a vu, comme Jean-Marie Le Pen, la « patte des services secrets ».

Bien différentes, ces deux sensibilités ont en tout cas un point commun : elles ne sont ni pour ni contre Charlie, elles sont ailleurs. Elles sont « hors Charlie ». L'électorat FN n'est plus du tout inscrit dans la narration « républicaine » du bloc institutionnel UMPS.

Ensuite, les photographies des « marches républicaines » du 11 janvier montrent, sans surprise, une sous-représentation des populations issues du monde arabo-musulman. Il y eut bien sûr des manifestants musulmans. Mais il n'y en eut pas autant que le poids de l'islam dans la population du pays l'aurait exigé.

Comment s'en étonner ? Pourquoi des musulmans se sentiraient-ils « Charlie » ? S'il est probable que la majorité condamne le terrorisme, seule une minorité peut aller jusqu'à faire cause commune avec une tendance fondée sur l'insulte systématique à l'égard de tout ce que ces gens aiment profondément.

À ces deux groupes, qui pèsent déjà, réunis, un gros tiers de la population, il faut sans doute ajouter les très nombreux

Français qui n'ont pas vu l'intérêt de descendre dans la rue en se collant un autocollant sur le blouson.

En effet, pour qui voit les choses froidement, les « marches républicaines » étaient un peu hors sujet. Les autocollants n'arrêtent pas les balles. Pour lutter contre le terrorisme, il faut : une police efficace, une politique étrangère cohérente et des services secrets féroces. On ne voit pas très bien où les « marches républicaines » viennent se ranger dans ce dispositif.

Pour lutter contre le terrorisme, il faut, aussi, une population qui ne se laisse pas impressionner. Il est évident que si les terroristes constatent que leur action ne terrorise pas, ils seront moins enclins à la répéter. Sous cet angle, la « marche républicaine » des « Charlie » était ambigüe. Cette surprenante *boloss'pride* des classes moyennes bien-pensantes a certes démontré que celles-ci étaient prêtes à descendre dans la rue quand on les menaçait, ce qui est à leur honneur. Mais elle a aussi prouvé qu'on pouvait traumatiser un grand pays avec trois kalachnikovs et autant d'abrutis pour les tenir. Difficile de savoir ce que les sponsors du terrorisme en ont déduit.

Au final, ce que l'épisode Charlie Hebdo aura le plus clairement démontré, c'est que la société française est mentalement en train d'exploser. Elle n'a plus de récit collectif partagé. Il y a plusieurs récits, qui structurent des « bulles » distinctes.

Celles-ci s'entrechoquent, comme si elles tentaient d'une certaine façon de se faire mutuellement exploser. Il y a une « bulle » UMPS/Bloc institutionnel/population urbaine aisée, une « bulle » FN/population « de souche », une « bulle » Enfants de l'immigration, et autour de ces bulles gravitent des masses de population qui n'ont plus de récit référentiel, et sombrent par à-coups dans une indifférence politique glaciale.

Il n'est plus possible à un pouvoir quelconque de « parler » réellement à cette société explosée. Ne reste, pour le pouvoir actuel, que la stratégie qu'il a choisie avec l'affaire Charlie : imposer « sa » narration, au besoin en criminalisant les autres narrations. S'enfermer dans « sa » bulle, et essayer de faire exploser les autres bulles en la projetant contre.

Avec le risque, évidemment, que ce soit « sa » bulle qui explose, pour finir. La propagande qui s'est déchaînée dans la foulée de l'affaire Charlie a engendré une distorsion cognitive douloureuse pour une grande partie de la population. D'où une crispation accrue.

Si le but était de faire exploser les « bulles » rivales de celle structurée par le discours officiel, c'est raté : elles risquent plutôt d'avoir été solidifiées. Si c'était au contraire de diviser encore plus profondément les Français, hélas, c'est parfaitement réussi.

5. Conclusion : que faire ?

5.1. Le calme avant la tempête

On reconnaît un mauvais film à ses clichés. Par exemple, les mauvais films de guerre contiennent souvent cette réplique : « C'est calme, *trop* calme ».

Si la réplique est mauvaise, c'est parce que le spectateur s'attend au « trop calme » dès qu'il entend le « c'est calme ». Et s'il s'y attend, c'est parce que le phénomène décrit par cette réplique est bien connu.

L'intuition nous le fait pressentir. Quand il y a beaucoup de raisons pour que la situation ne soit pas calme, il est inquiétant qu'elle le soit. En général, dans ces cas-là, il se passe quelque chose qu'on ne voit pas. Des forces s'accumulent qui vont bientôt se déchaîner. Et plus le calme dure, pire sera le déchaînement final.

Eh bien, au risque de conclure ce modeste ouvrage par une réplique de mauvais film, l'auteur avoue qu'il a actuellement envie de dire : « C'est calme. *Trop* calme. »

Le système politique français se durcit progressivement. Tout se passe comme si la classe dirigeante se préparait à faire face à une situation qu'elle ne pourra pas maîtriser dans un cadre démocratique. Visiblement, les dirigeants se mettent en mesure de museler toute opposition – par la violence d'État, si nécessaire.

Comme expliqué précédemment [*voir note 3.2.11. Un peu de prospective*], dans les grandes tendances, mon diagnostic des années 2006-2009 m'apparaît à peu près juste. Bien entendu, mon « scénario central » n'a pas été vérifié en tous points – ce qui ne me surprend pas. Je me suis surtout trompé sur la manière dont les dirigeants du monde occidental allaient gérer la crise de

2008 : fondamentalement, j'ai sous-estimé leur habileté conjoncturelle et surestimé leur sens des responsabilités historiques. Mais les grandes lignes de force sont confirmées, qui nous conduisent à des évènements graves vers la fin de cette décennie ou le début de la décennie suivante, en France.

Pour l'instant, tout est relativement calme. La France va peut-être bénéficier d'un petit regain de croissance grâce à la baisse de l'euro – même s'il est probable que les euro-optimistes seront une fois de plus en partie déçus. Bon an mal an, la vie reste chez nous somme toute relativement agréable pour la majorité. Bien sûr, les Français grognent. Mais on le sait depuis belle lurette : c'est quand ces râleurs impénitents cessent de grogner qu'il faut s'inquiéter.

Mais en juxtaposant les trois conférences regroupées dans cet ouvrage, on voit se dessiner une configuration globale que je qualifierais d'intéressante :

☐ Le système géopolitique global approche d'un point de rupture où les équilibres stratégiques seront brutalement redéfinis entre d'une part la coalition autour du plus fort, et d'autre part la contre-coalition autour de son challenger.

☐ L'instrument monétaire est au cœur du processus de contrôle de sa coalition par la puissance dominante.

☐ Le système monétaire international devra probablement être refondé dans la période qui s'ouvre.

☐ Cette refondation pourrait être déclenchée par la disparition d'une grande monnaie, par exemple l'euro.

☐ La France et l'Allemagne sont les deux pays qui ont les moyens de décider cette rupture et d'y faire face. Et la France est en réalité celui des deux qui a le plus de marges de manœuvre par rapport à la puissance dominante, même si la soumission de ses classes dirigeantes dissimule pour l'instant cette réalité.

☐ Le système politique français devient instable. Il n'est pas fait pour gérer une situation de tripartisme, et il y est conduit par l'usure de ses fondements clientélistes. Tout peut arriver. Et un des trois partis en présence se présente comme celui de la rupture avec l'euro.

☐ Le pouvoir semble chercher à créer des tensions interethniques à travers le pays, tout en affectant de les combattre, pour pouvoir les instrumentaliser.

Nous sommes dans la situation des passagers d'un navire qui savent par le bulletin météo qu'un ouragan approche, tandis que leur embarcation vogue pour l'instant sur une mer d'huile. Que faire du répit que l'histoire nous offre ?

5.2. Les milieux dissidents en France

5.2.1. En finir avec la politique comme protestation

Un des avantages de donner des conférences, c'est qu'on rencontre des gens. Cela permet de prendre la température des milieux que l'on traverse.

Dans l'ensemble, les gens que j'ai rencontrés à l'occasion de mes déplacements comprenaient très bien où nous en étions. Je n'ai pas eu l'impression de leur apprendre grand-chose. Ce qui les intéressait dans mon propos, c'était surtout la structuration que j'essaye d'y introduire. À mon avis, beaucoup de mes auditeurs recherchaient d'abord des instruments de hiérarchisation de l'information – ce qui laisse penser qu'ils entendent utiliser cette information en vue de définir des plans d'action.

De plus en plus de gens sont maintenant lassés de la politique comme protestation. Ils savent parfaitement qu'au regard des enjeux globaux qui surdéterminent les résultats de leurs actions, leurs marges de manœuvre sont infinitésimales. Mais ils ont compris que depuis des décennies, on leur avait progressivement inculqué une forme d'impuissance apprise. Et ils veulent en sortir.

L'attitude protestataire infantile reste largement répandue chez les Français, mais elle est de moins en moins partagée par la minorité consciente des dissidents réellement impliqués. Je trouve que c'est une excellente nouvelle, et j'ai bien l'intention de faire tout mon possible pour que cette tendance positive se renforce constamment.

5.2.2. Les perspectives sidérantes

Sur ce point, je dois faire mon autocritique. Je n'ai pas suffisamment anticipé un risque associé à mon discours.

Dans mon esprit, le fait de définir un scénario central pour réfléchir aux évènements futurs n'implique évidemment pas que ceux-ci soient écrits par avance. Mais malheureusement, il semble que certaines personnes aient du mal à envisager la possibilité d'une catastrophe globale sans céder à la fascination du néant. Mon propos, conçu pour inciter à l'action, a donc fonctionné, parfois, comme une perspective sidérante. Je crains que la détermination relativement arbitraire d'un scénario central n'ait ainsi poussé certains à la passivité.

C'est pourquoi je tiens à le répéter : l'avenir *n'est pas* prévisible. Et on peut très facilement le démontrer : le simple fait de formuler une prédiction change le réel que cette prédiction était supposée décrire. L'avenir dépend de nos actes, lesquels dépendent évidemment de la prévision que nous faisons de ce qui se passerait si nous n'agissions pas.

L'avenir n'est pas écrit, et donc on peut le changer. Voilà ce que je voudrais que mes lecteurs n'oublient pas, quand ils lisent mes élucubrations prospectivistes.

Une tendance inquiétante et qu'il nous faut combattre : l'attitude consistant à rester figés devant la perspective sidérante de l'effondrement, tel un lapin pris dans les phares d'une voiture.

Nous savons que nous sommes dans une impasse. Nous savons que nous allons finir par percuter le mur au fond de l'impasse. Mais il ne faut pas croire que nous ne pouvons rien faire. Avant le mur, nous avons le temps de prendre une position qui rendra le contact moins rude. Ce n'est pas la même chose de percuter un mur la tête la première ou les pieds en avant.

Ensuite, il ne faudrait pas croire que quand nous aurons percuté le mur, la terre va s'arrêter de tourner. Nous allons traverser le mur – en plus ou moins bon état, il est vrai. Et derrière, il y aura quelque chose. Le fait que nous sachions qu'il y a un mur au fond de l'impasse ne doit donc pas nous dissuader de préparer l'avenir qui se trouve derrière ce mur – parce qu'en tout état de cause, il y aura quelque chose derrière.

5.2.3. Une attitude raisonnable

Cela dit, il faut reconnaître qu'envisager l'action est aujourd'hui difficile. Pour la fraction de la population qui a pris conscience de la situation réelle, définir une ligne d'action n'est en effet pas évident.

Nous, esprits libres, ne sommes pas devant un problème simple, appelant une solution simple. Nous sommes devant une intrication complexe de problèmes potentiels dont les paramètres nous restent largement inconnus.

Cette situation n'a rien d'original. La plupart du temps, les êtres humains ne peuvent pas savoir ce qui se passe autour d'eux. Est-il excessif d'énoncer, comme je m'y suis risqué, que l'humanité se divise entre ceux qui savent qu'on ne sait jamais, et les autres ? J'en laisse le lecteur juge.

Quoi qu'il en soit, résumons ce que nous croyons savoir. Cela ira vite :

☐ Nous savons qu'il existe des scénarios où notre survie est problématique. Nous savons qu'il ne nous est pas possible de déterminer la probabilité de survenue de ces scénarios, mais nous pouvons raisonnablement penser qu'elle n'est pas négligeable.

☐ Nous savons qu'il n'y a pas de choix garantissant l'évitement de l'intégralité des scénarios fatals potentiels, mais nous pouvons identifier quelques schémas généraux accroissant nos chances d'éviter la plupart des scénarios en question.

Quelle *théorie de la décision*, dans notre situation ?

☐ Dès lors qu'il y a des scénarios fatals dont la probabilité de survenue n'est pas négligeable, le critère principal de la décision ne doit pas être la maximisation de notre espérance de gain. Nous devons privilégier la minimisation de la probabilité de survenue des scénarios fatals. Il s'agit d'adopter une posture réaliste : nous allons avant tout chercher à garantir notre survie collective. Nous édifierons plus tard la Cité idéale de nos rêves ; pour l'instant, il s'agit de faire face aux réalités du siècle, dans toute sa brutalité.

☐ Étant donné qu'il existe des schémas généraux accroissant nos chances d'éviter la plupart des scénarios fatals, nous devons déployer ces schémas autant que faire se peut.

☐ Toutefois, étant donné que ces schémas généraux ne réduisent pas à néant la probabilité des scénarios fatals, nous ne devons pas cesser d'observer notre environnement, pour actualiser nos stratégies. Nous devons rester constamment aux aguets. Il n'y a pas de recette miracle à appliquer pour être tranquille une fois pour toutes, et il ne faudrait pas que le déploiement de nos schémas nous le fasse oublier.

Reste à définir précisément les schémas à déployer.

Sur ce point, voici ma contribution. Fondamentalement, je ne modifie pas les propositions formulées il y a quelques années, dans mon petit ouvrage intitulé « De la souveraineté ».

Les schémas à déployer peuvent inclure un soutien aux forces politiques de renouveau, quelles qu'elles soient. Ces forces de renouveau peuvent surgir de divers points de l'échiquier politique. Il faut rester à l'écoute de toutes les tendances. Actuellement, seul le Front National constitue une force d'opposition réelle et significative au bloc institutionnel prétendument « républicain ». Il n'en sera pas nécessairement ainsi de manière permanente. Nous devons bannir toute idéologisation. L'important, ce n'est pas ce que les forces politiques disent, mais l'effet qu'elles peuvent avoir. Il faut garder en tête notre objectif : survivre. Et nous demander constamment quelle force peut nous y aider, volontairement ou non.

Cela étant, le schéma le plus intéressant ne me semble pas se trouver dans le champ politique. J'avoue que la notion même de « politique française » me paraît aujourd'hui presque évanescente. La politique est la vie de la Cité, et la France est une Cité mourante. Alors la politique française...

Le schéma le plus intéressant est extérieur à la politique. Il s'organise au contraire dans la création de ruptures à travers les continuums de la Cité. Peu importe la nature de la rupture. Elle peut être informationnelle, dans le cas des sites de ré-information. Elle peut être économique, dans l'économie coopérative libre. Elle peut être sécuritaire et logistique, dans les projets de bases autonomes durables. Mais toujours, rupture il y a.

Toutes ces ruptures sont positives. Qu'elles soient diverses est une excellente chose. Si elles s'opposent, c'est parfait : elles créent ce faisant des ruptures de ruptures. L'important est de segmenter l'espace social selon des lignes non programmables par le pouvoir. Les manipulateurs aiment bien diviser la société contre elle-même, mais ils détestent qu'elle se divise selon des frontières qui concurrencent celles qu'ils ont tracées.

Une des forces des milieux dissidents en France, c'est sans aucun doute leur multiplicité. Dieu soit loué, nous ne sommes pas d'accord entre nous. La seule chose sur laquelle les esprits libres doivent se montrer unanimes, c'est le refus de l'unanimisme.

En dernière analyse, ce qui assurera le mieux notre survie collective et, parfois, individuelle, c'est notre capacité à ne pas dépendre du système dans lequel nous sommes pour l'instant enfermés. Ou il tient, ce qui est peu probable, et il ne pourra le faire qu'en nous détruisant à petit feu. Ou il ne tient pas, comme je le pense, et il risque de nous tuer en s'écroulant sur nous.

D'ores et déjà, ce système est toxique, à tous points de vue : il empoisonne nos cerveaux et nos corps. Alors, la priorité pour ceux qui lui font face, c'est de lui redonner une extériorité. Il s'agit tout bonnement de pouvoir en sortir si nécessaire. Vu l'état des lieux que nous venons de dresser, ce ne serait pas une mauvaise chose, n'est-ce pas ?

6. Orientations bibliographiques

Les ouvrages ci-dessous ont été lus ou consultés dans le cadre de la rédaction de ce texte. Certains d'entre eux peuvent intéresser les lecteurs désireux d'approfondir tel ou tel aspect du propos.

Adinolfi, Gabriele, « Orchestre Rouge – L'internationale terroriste des années de plomb », Avatar éditions
[Sur la stratégie de la tension – lire aussi les autres ouvrages de Gabriele Adinolfi, une des rares personnes en France qui puisse parler du sujet en connaissance de cause.]

Algan, Yann et Cahuc, Pierre, « La société de défiance », Éditions Rue d'Ulm
[Sur le blocage du modèle social français – cf. note 3.2.12.]

Brzezinski, Zbigniew, « Le Grand Échiquier », Hachette
[Sur les stratégies de l'Empire – Actualisé depuis par un autre ouvrage, cf. plus bas]

Clouscard, Michel, « La Bête sauvage », Éditions Kontre Kulture
[Sur les mutations de la lutte des classes – en partie à l'origine de la réflexion présentée en note 3.2.2.]

Dale-Scott, Peter, « La route vers le nouveau désordre mondial », éditions Demi-Lune
[Sur l'État profond américain, la géopolitique et la stratégie de la tension contemporaine – fournit des bases de réflexion transversale]

De Benoist, Alain, « L'idée d'empire »
http://files.alaindebenoist.com/alaindebenoist/pdf/l_idee_d_empire.pdf

Elsässer, Jürgen, « Comment le Djihad est arrivé en Europe », Xenia
[Sur l'instrumentalisation du terrorisme islamique]

Friedman, Milton, « Capitalisme et liberté », LEDUC Éditions
[Un ouvrage de vulgarisation – et de propagande – révélateur non de la pensée de l'auteur, mais de l'image qu'il acceptait d'en donner]

Graeber, David, « Dette, 5000 ans d'histoire », LLL
[Une somme d'informations et de réflexions sur l'histoire monétaire – contestable mais stimulant, en particulier pour tout ce qui touche au lien entre religion et finance]

Heinberg, Richard, « La fin de la croissance », éditions Demi-Lune
[Actualisation des thèses du club de Rome – Correspond au cadre général retenu en référence dans mon scénario central – À contrebalancer par l'ouvrage de Jeremy Rifkin, voir plus bas]

Hillard, Pierre, « La marche irrésistible du Nouvel Ordre Mondial », De Guibert
[Sur les réseaux mondialistes – Une cartographie méthodique]

Huntington, Samuel, « Le choc des civilisations », Odile Jacob
[Sur les stratégies impérialistes]

Keynes, John Maynard, « Théorie générale de l'emploi, de l'intérêt et de la monnaie », Payot
[Critique évidemment interne au système capitaliste – Mais reste finalement la source théorique principale de mes modestes réflexions sur la question de l'euro]

Lacroix-Riz, Annie, « Le choix de la défaite », Armand Colin
[Pour mettre en perspective historique les rapports entre l'oligarchie française et le capital international et/ou allemand]

Lazar, Marc et Matard-Bonucci, Marie-Anne (direction), « L'Italie des années de plomb », Éditions Autrement
[Une vision classique de la stratégie de la tension en Italie – pour contrebalancer la perception de Gabriele Adinolfi]

Marx, Karl, « La question juive »
http://classiques.uqac.ca/classiques/Marx_karl/question_juive/question_juive.pdf

Montaigne, « Les Essais », La Pléiade, Gallimard
[Pour respirer un peu]

OFCE, « L'économie française 1998 », La Découverte
[Rare – permet de vérifier qu'à l'introduction de l'euro, les économistes lucides savaient à peu près ce qui allait se passer.]

Quigley, Caroll, « Histoire secrète de l'oligarchie anglo-américaine »,
Le Retour aux Sources
[Sur l'origine des réseaux mondialistes]

Rifkin, Jeremy, « La nouvelle société du coût marginal zéro », LLL
[Sur l'hypothèse d'une sortie de crise par le haut via une nouvelle
révolution industrielle – scénario que je considère comme possible,
mais non comme le plus probable]

Roche, Marc, « La Banque, Comment Goldman Sachs dirige le
monde », Albin Michel
[Pour comprendre le fonctionnement interne de la haute finance
mondialisée – ne renseigne pas sur les cercles supérieurs, mais
instructif concernant les échelons inférieurs et intermédiaires]

Roszak, Theodore, « La menace américaine », le cherche midi
[Une analyse du système idéologique américain contemporain, tel
qu'il fonctionne à l'intérieur des États-Unis – pour essayer de situer
l'idéologie impérialiste américaine dans la typologie floue esquissée
en note 2.2.3.]

Roudaut, Mickaël, « Marchés criminels, un acteur global », puf
[À lire en parallèle à l'ouvrage de Milton Friedman indiqué ci-dessus
– pour comprendre la différence entre le capitalisme rêvé et le
capitalisme réel]

Sapir, Jacques, « Si l'Italie sortait de l'euro… »
http://russeurope.hypotheses.org/3036

Scholem, Gershom, « La Kabbale », folio essais
[Sur la kabbale frankiste, entre autres]

Soral, Alain, « Comprendre l'Empire », Blanche
[cf. note 2.2.2. Sur l'idée d'empire – à l'origine de l'usage de ce terme
au sein de la dissidence française]

Tainter Joseph, « L'effondrement des sociétés complexes », Le Retour
aux Sources
[Source principale de la réflexion présentée en note 2.2.6.]

Thucydide, « La Guerre du Péloponnèse », Librairie Garnier
[En partie à l'origine de la conférence sur le mondialisme]

Todd, Emmanuel, « L'invention de l'Europe », Le Seuil
[Cf. note 3.2.7.]

Veblen, Thorstein, « Théorie de la classe de loisir », Gallimard
[À l'origine en partie de ma réflexion présentée en note 3.2.12.]

Quelques ouvrages consultés sont malheureusement, à ma
connaissance, indisponibles en français. Les voici tout de même, pour
les lecteurs anglophones et/ou germanistes :

Brzezinski, Zbigniew, « Strategic vision », Basic Books
[Il s'agit de l'actualisation du « Grand échiquier », et probablement du
testament politique de l'auteur. Incontournable sur la géopolitique
contemporaine.]

Fratzscher, Marcel, « Die Deutschland-Illusion », Hanser
[Mon évocation de la ligne euro-optimiste allemande renvoie en partie
à cet ouvrage – mais au-delà de cet aspect de la question, c'est tout
simplement un excellent livre.]

Keen, Steve, « Debunking Economics », Zed Books, version 2011
[Publié en français sous le titre « L'imposture économique » –
disponibilité incertaine – démontage en règle de l'économie néo-
classique]

Knapp, Friedrich, « La théorie étatique de la monnaie »
En Anglais :
http://socserv2.socsci.mcmaster.ca/econ/ugcm/3ll3/knapp/StateTheory
Money.pdf
[non-disponible en français à ma connaissance – un classique séminal,
largement à l'origine de la pensée de Keynes sur la question
monétaire]

Sarrazin, Thilo, « Europa braucht den Euro nicht », DVA
[Non-disponible en français – Thilo Sarrazin fonctionne un peu
comme le retour du refoulé dans l'oligarchie berlinoise – Son livre
m'a servi à comprendre la ligne « eurosceptique » allemande.]

Von Philippovich, Eugen, « History of the Bank of England »,
Washington Government Printing Office, 1911
[Un classique – fut traduit en anglais pour les membres du Congrès
des États-Unis, lors des débats qui précédèrent la constitution de la
Réserve Fédérale]

Éditions Le Retour aux Sources

ÉDITIONS
LE RETOUR AUX SOURCES
PAUL DAUTRANS
LA DIXIÈME PORTE
SI VOUS TRAVAILLEZ EN ENTREPRISE, MÉFIEZ-VOUS DE CE LIVRE...

ÉDITIONS
LE RETOUR AUX SOURCES
MAURICE GENDRE & JEF CARNAC
LES NOUVELLES SCANDALEUSES
LE MONDE DANS LEQUEL VOUS VIVEZ N'EST PAS LE MONDE QUE VOUS PERCEVEZ...

ÉDITIONS
LE RETOUR AUX SOURCES
PAUL DAUTRANS
MANUEL DE L'HÉRÉTIQUE
UN LIVRE QUI METTRA EN COLÈRE ABSOLUMENT TOUS LES CONS

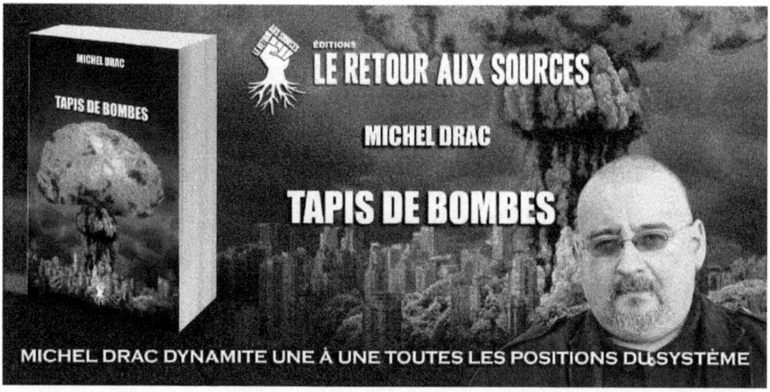
MICHEL DRAC
TAPIS DE BOMBES
ÉDITIONS
LE RETOUR AUX SOURCES
MICHEL DRAC
TAPIS DE BOMBES
MICHEL DRAC DYNAMITE UNE À UNE TOUTES LES POSITIONS DU SYSTÈME

JEF CARNAC
VENDETTA
ÉDITIONS
LE RETOUR AUX SOURCES
JEF CARNAC
VENDETTA
L'ARGENT, LE POUVOIR, LA CÉLÉBRITÉ...
RIEN NE VOUS PROTÈGERA

MICHEL DRAC
VOIR MACRON
ÉDITIONS
LE RETOUR AUX SOURCES
VOIR MACRON
8 SCÉNARIOS POUR UN QUINQUENNAT
MACRON : UN ILLUSIONNISTE.
SON ÉLECTION : UN TROMPE-L'OEIL.
SA POLITIQUE : DU THÉÂTRE.
MICHEL DRAC

www.leretourauxsources.com

9 781913 057732